G. Wolf

Judentaufen in Österreich

G. Wolf

Judentaufen in Österreich

ISBN/EAN: 9783743320826

Hergestellt in Europa, USA, Kanada, Australien, Japan

Cover: Foto ©Lupo / pixelio.de

Manufactured and distributed by brebook publishing software
(www.brebook.com)

G. Wolf

Judentaufen in Österreich

JUDENTAUFEN

IN

OESTERREICH.

VON

G. WOLF.

Nach Archivalien des k. k. Ministeriums des Aeussern, der k. k. Staats-, Finanz- und Justizministerien, der k. ungar. Hofkanzlei, des k. k. obersten Gerichtshofes, der n. ö. Statthalterei und des Wiener Magistrates.

WIEN.

VERLAG VON HERZFELD & BAUER.

—

1863.

Vorwort.

Wir übergeben dem Publikum eine geschichtliche Abhandlung, beruhend auf Quellenforschung. Es war unsere
Absicht zunächst, den Anforderungen, die man an eine
derartige historische Forschung stellt, gerecht zu werden.
Die Frage, die wir behandelten, kann jedoch in jedem
Momente praktische Bedeutung erlangen, wenn nämlich
plötzlich da oder dort in den weiten österreichischen Landen eine Zwangstaufe an Juden verübt wird, und wir glauben daher, dass es an der Zeit sei, dieselbe zum Abschlusse
zu bringen.

Wir hegen die unerschütterliche Ueberzeugung, dass
sie in gerechtem, humanem, liberalem Sinne gelöst werden
wird. Das Erscheinen dieser Monographie gibt Zeugniss dafür,
dass ein gerechter, humaner, liberaler Sinn das Staatsruder
leitet, indem es uns gegönnt wurde, die Schätze, welche
die hiesigen k. k. Archive in Betreff Judenangelegenheiten in
sich bergen, in der umfassendsten Weise zu benützen, und
sagen wir dafür zunächst Sr. Excellenz dem Herrn Staats-

minister, Ritter v. Schmerling, dem das Wort: „Wissen ist Macht" keine leere Phrase ist, im Namen der Wissenschaft unsern tiefgefühlten Dank. Diesem schlossen sich andere höchste Centralstellen an, denen wir uns auch zu Danke verpflichtet fühlen, welche uns ebenfalls in unbeschränkter Weise die Benützung der Archive gestatteten.

Wir sagen auch unsern wärmsten Dank sämmtlichen Archivsbeamten, welche unermüdlich sind, uns in unserem wissenschaftlichen Streben zu unterstützen.

Wien, im Juli 1863.

Das Christenthum ist, wie allgemein bekannt, eine Tochter des Judenthums und doch wandelte die Tochter zumeist auf anderen Wegen als die Mutter. Wir wollen nicht auf Einzelheiten eingehen. Hervorheben wollen wir jedoch: das Judenthum suchte stets, sich nach Innen zu vertiefen; das Christenthum nach Aussen zu verbreiten. Während das Judenthum in der Wüste geboren wird und einsam seinen Lebensweg antritt, sendet das entstehende Christenthum seine Apostel hinaus in die Welt, um die Nichtchristen zu bekehren. Einmal geschah es, unter Johannes Hyrkanes, dass Heiden zum Judenthume gezwungen wurden, und schwer und bitter hatten die Juden dieses zu büssen, so dass ausgesprochen ward: Proseliten sind für das Judenthum eben so schädlich wie Geschwüre am gesunden Leibe. Mit Bezug auf die Bekehrung der Ruth wurde gesetzlich festgestellt, dass demjenigen, der in das Judenthum aufgenommen werden will, oftmahl Vorstellungen gemacht werden müssen, um denselben von seinem Vorhaben abzuhalten [*]). Das Christenthum hingegen hat wiederholentlich, oft mit Feuer und Schwert, Andersgläubige bekehrt und zahllose Juden wurden wegen ihres Glaubens hingeschlachtet. — In Oesterreich hat man es in

---

[*]) Im Tract. Jebamoth p. 47 a heisst es: Wenn ein Nichtjude Jude werden will, ist es Pflicht ihn zu fragen, aus welchem Grunde er diesen Schritt mache. „Ist es dir etwa unbekannt, dass die Juden in Leiden und Drangsalen leben; gekränkt und verstossen, geplagt und gemartert werden?“ Man muss den Proseliten ferner damit vertraut machen, dass das Judenthum seinen Bekennern grosse Entbehrungen, in Beziehung auf den Genuss mancher verbotenen Speisen, auf die Enthaltsamkeit von der Arbeit und vom Erwerbe am Sabbate, auferlegt. Das Judenthum verlangt überdiess die Armen und Dürftigen stets zu bedenken etc. Vergl. Jore Deah §. 268.

dieser Beziehung von Seite der Gesetzgebung zur offenen
Gewalt nicht kommen lassen. Man hat die Juden gewissermassen indirect gezwungen, den Glauben zu verlassen und
zur „alleinseligmachenden" Kirche überzugehen; — man hat
sie gequält, gemartert, gepeinigt, vertrieben etc. aber man forderte nicht direct von ihnen die Taufe. Vergewaltigungen, wie
dieselben bei dem nachmaligen heil. Simon in Trient, Abeles
in Prag vorkamen etc., wenn auch vielleicht mit Gutheissen
der Behörden, können nicht diesen allein gänzlich zur
Last gelegt werden. Herzog Friedrich I., der Streitbare,
ordnete in dem Judenstatute vom 1. Juli 1242 an, dass
derjenige, der ein jüdisches Kind entführt, um es gewaltsam
taufen zu lassen, wie ein Dieb bestraft werden soll*). Als
die Juden aus Wien und Niederösterreich am 1. December
1572 unter Max II. ausgewiesen wurden, eröffnete man ihnen
die freundliche Perspective: „Die von Ihrem Jüdischen Irr-
thumb absten, sich zu dem Christenthumb begeben vnd zu
dem wahren christlichen Glauben bekehren vnd darbei be-
stendigklich beharren wollten, denen solle die kayserliche
Gnad widerfahren vnd christliche Liebe erzeiget werden."

Die Juden waren um so weniger in der Lage, von
dieser Begünstigung (?) Gebrauch zu machen, da die
Ausweisung überhaupt nicht stattfand.

Carl V. berücksichtigte in der Bestätigung der Privilegien der Juden in Deutschland (Augsburg, 12 August
1530) dieses Moment, und es heisst in demselben:

„Item das man auch khainen der vorgenannten Juden, Ire Weyb vnd Khinder zu der Tauf dringen soll."

Nichts destoweniger suchte man durch allerhand
Mittel die Juden vom Glauben abwendig zu machen, und
für eines der vorzüglichsten, ausser den Gewaltmassregeln,
hielt man: die Juden über die seligmachende Lehre des

---

*) S. (Jos. Wertheimer): Die Juden in Oesterreich I. S. 35 und
Rauch: *Scriptores rerum Austriacorum I. S. 201*, u. *Hurter: Innocenz III.,
I. Thl. S. 336.*

Christenthums zu unterrichten: ein Mittel. welches auch von Luther gebilligt wurde.

Diese Bekehrungspredigten wurden insbesondere unter Ferdinand II. gepflegt. In Folge eines Auftrages des Kaisers an die Hofräthe, ihm in dieser Beziehung Vorschläge zu unterbreiten, berichten dieselben am 12. März 1630 unter anderem über die Localität, wo die Predigten in Wien zu halten wären:

„Wo aber und an welchem Orth die Juden zu der Christenpredig khomen und dieselbe hören sollen, khan solches in kheiner Kirchen, wo das *venerabile Sacramentum* aufbehalten werdet beschehen, dahero die Theologi vermeinten, dass irgend in der Judenstatt erkhundigung eingezogen würde, ob allda in eines oder des andern Judenhaus etwa ein so grosser Platz oder Gewelb vorhanden wäre, darin alle Juden zusammen khomen khunden, welches aber dess Herrn Cardinal Vermuthen nach darumben nicht sein werde khönnen, dieweilen die Juden nicht sehr grosse Orth oder Gewelber zu bauen in Gebrauch, gleichwol khunde hier in den Augenschein eingezogen werden und auf den Fall kein genugsamer Orth daselbst zu finden, wäre er der meinung, dass hierzu ein Auditorium auf der Universität, deren thails ohne das lehr und ein ziemblich grosse weitten haben zu gebrauchen. Ob sich zwar, wie Er Herr Cardinal von den Patribus abnehmen khönnen, dieselben wegen allerhandt besorgender Verlegenheiten nicht gern hierzu verstehen wurden, so khunde doch E. M. gdst. Decret und Auftrag bei der Universität alles wirkhen."

Zugleich bemerken sie dass in den Localitäten, wo gepredigt würde, Wachen aufgestellt werden müssten, damit kein Zuhörer einschlafe oder sich entferne. Die Jesuiten, unter welchen die Universität damals stand, wollten es nicht zugeben, dass daselbst gepredigt werde und die Juden hatten, wie es sich von selbst versteht, wenn auch aus andern Gründen, als diejenigen, die der Cardinal Khlesl angibt, keinen verfügbaren Platz. Herr Greiner, ein Kanzleibeamte, und der Bürgermeister von Wien, Daniel Moser, (am 20. März 1632 in den Ritterstand erhoben) erhielten daher den Auftrag, „den Ort bei den barmherzigen Brüdern anzusehen"*).

Der Bericht dieser Herren lautete günstig für die projectirte Localität. das Spital der barmherzigen Brüder. Die Juden wohnten damals in der Nähe dieses Spitals in dem „untern Wert"**) jetzt Leopoldstadt genannt***). Die Leopoldstadt war zu jener Zeit noch sehr wenig bevölkert —

---

*) Das Spital der barmherzigen Brüder in der Leopoldstadt wurde unter Kaiser Mathias ins Leben gerufen, 1615 begann der Bau desselben. Die Kirche daselbst wurde erst später erbaut.

**) Bezüglich des Wortes „Wert" mag bemerkt werden, dass „Werl" oder „Werder" eine Fluss-Insel bedeutet. Daher auch der Name Donauwört. Nach einer Conjunctur im „Magazin für die Literatur des Auslandes" 1862 Nr. 44 stammt auch der Name Berlin von Wert, Werl, Werling, Berling ab.

***) Die Juden bewohnten damals in der Leopoldstadt die heutige Sperl-, Josefi-, Herren-, Bad- und Pfarrgasse etc. In der letzteren stand die Synagoge, (die ihrer schönen Ausstattung wegen Veranlassung zu Demonstrationen gab und es wurde Klage geführt, dass die Juden die Bewilligung überschritten und „fast einen Tempel" gebaut, worauf eine Untersuchung dieses Factums angeordnet wurde (S. Beilage. I.), die kein weiteres Resultat hatte. Als die Juden vertrieben wurden, 1670, wurde diese Synagoge in eine Kirche umgestaltet, wovon an einem andern Orte. Abgesehen von der Gemeindesynagoge hatten noch drei Personen das Privilegium Synagogen halten zu dürfen: Serachja Lewy, Veit Munk und Jakob Bassevi Edler v. Treuenburg (der letztere hatte dieses Privilegium auch für Prag). Ausser den Häusern, welche die Juden in der Leopoldstadt besassen, war es ihnen auch gestattet in der Stadt 18 offene Gewölbe zu haben (1648 hatten sie 39) und zwar wie es in dem betreffenden Erlasse heisst: „auf dem Kienmarkt in der einen gassen von den Kazbekhischen Hauss an, gegen den Salzambt werts, an welchem Ort sie es auch vor diesem gehabt, dergestallt wiederumb allergnädigst verwilligt und hinzugelassen, dass Sy in demselben allerhand guete, frische vnd gerechte wahre auch von Gold, Silber u. Jubellen keineswegs aber alte Klaider, Bethgewandt vnd ander Tandelwerk haben vnd führen, sondern, mit dgl. vor der Statt an den Ort, wo ihnen ihre Wohnung aussgezaichnet, verbleiben sollen." Als man später den Juden dieses Recht streitig machen wollte, wurde ihnen neuerdings, 24. Sept. 1627, dasselbe bestätigt. — Am Kienmarkt war auch das Schwanserische Haus, welches den Juden zum Ankaufe, 7. Oct. 1622, bevor sie nach der Leopoldstadt 1624 (s. meinen Ferdinand

— 5 —

die Juden zählten beiläufig 3000 Seelen. die christliche Bevölkerung war daselbst, wie es scheint und aus dem Folgenden hervorgeht, bedeutend geringer — und die Communication mit der Stadt sehr mangelhaft. Die Schlagbrücke, jetzt Ferdinandsbrücke, allein stellte die Verbindung mit der Stadt her. Im Winter jedoch fehlte öfters auch dieses Verbindungsmittel, da sie nicht selten vom Eisstosse weggerissen wurde. Der Uebergang zur Stadt konnte dann nur durch Kähne vermittelt werden. Deshalb befürwortete der Bischof Wilderich im März 1670, als die Juden unter Kaiser Leopold aus Wien und Niederösterreich weggeschafft wurden, bei dem Kaiser, „dass ein eigener Curatus" in der Leopoldstadt begründet werde. In dieser Eingabe heisst es:

„Es wäre gut, da die Leopoldstadt mit Christen besetzt werde, dass daselbst eine Filialkirche gestiftet, und ein eigener Curatus gestiftet und erhalten werde. Die Seelsorge in der Stadt ist zu weit und oft in grobem Ungewitter fällt es schwer *cum venerabili ad providendos infirmos* zu gehen, besonders wann die Schlagbruckhen durch das Eyss abgerissen wird, wie dieses jetzt *de facto* ist. In diesem Fahl

---

II. und die Juden. Wien, Braumüller S. 15) übersiedelten, gestattet wurde, um dasselbe zur Synagoge umzugestalten, wofür sie dem *magistri sanitatis* jährlich 500 fl. gaben; im übrigen wurde das Haus steuerfrei erklärt. (S. Beilage Nr. II). Zur Ergänzung meiner daselbst aufgestellten Behauptung, dass die Juden selbst ein Ghetto wünschten, um vor Insulten sicher zu sein, bemerke ich, dass der Kaiser an den General Colalto schreiben lässt „dass sie (die Juden) von dem Kriegsuolkh vnd menniglich vor Gewalt gesichert seyn khundten." Sie baten sogar, dass es ihnen gestattet werde, eine Schutzmauer aufzuführen, wie aus folgender Entscheidung vom 12. Feb. 1625 hervorgeht: Per Imp. Die Juden zu Wien haben Supplicando angebracht „dass sie an den Innen zur Wohnung eingegebenen Platz zu weniger beschwer der Christen vnd dass Sie vmb so uiel mehreres von Innen separirt sein können eine gewisse Mauer vnd Gassen zwischen den Juden vnd Christen führen wollten" sie wollen deshalb das Haus sammt Garten des Lieutenants Hofer kaufen. (Israel Wolf, Hofjude, bat um die Gnade, dass es ihm gestattet werde jenen Garten zu kaufen.) Es wird daher befohlen, dass dieses Grundstück den Juden um einen billigen Preis gegeben werde.

möchte die Jüdische Synagoge dienlich seyn vnd auss dem Schatten anss liecht verkehrt werdten."

Nachdem daher durch einen kaiserlichen Befehl vom 18. August 1630 die Einführung der Judenpredigten in Prag anbefohlen wurde, schrieb der Kaiser, Regensburg, 19. August 1630, an Cardinal Khlesl, vorläufig Jesuiten zu Judenpredigern für Wien zu bestellen, da diese mit der hebräischen Sprache und den „phrases" vertraut sind.

Man glaubte in solcher Weise — wenn Prediger bestellt werden, welche, so zu sagen, den Juden mundgerecht das Wort zu führen im Stande sind — desto gewisser das Ziel zu erreichen. Es ist übrigens bekannt, dass noch jetzt die Missionsprediger im Allgemeinen sich bestreben, den Massen gerecht zu werden. In der Missionskirche zu Jerusalem, wo man sich bemüht, Juden zu bekehren, liegen hebräische Gebetbücher *) und Bibeln auf, und bekanntlich ist es eben die englische Missionsgesellschaft, welche für die Verbreitung der Bibel sorgt und Millionen Exemplare hebr. Bibeln gehen aus ihren Officinen hervor, welche auch unter den Juden sehr verbreitet sind.

Leider wird dieses Moment von manchen jüdischen Predigern und Rabbinen, die auf ihre Glaubensgenossen einwirken wollen, übersehen, und sie gebrauchen öfters eine Sprache und bewegen sich in einem Gedankenkreise, welche den Zuhörern fremd sind.

---

*) Frankl (Nach Jerusalem II) berichtet: „Die Kirche strebt mit 3 Spitzbogen empor, zwischen denen braunes Holzgebälke ist. Auf dem Hochaltare kein Kreuz, statt dessen zwei schwarze Marmortafeln, auf denen die zehn Gebote mit hebräischer Goldschrift eingegraben sind. Auf den einfachen dunklen Holzbänken, die an aufstrebenden Eichenstäben bunte Glaskugeln zur Beleuchtung beim Abendgottesdienste — tragen, lag ein zufällig liegengebliebenes Gebetbuch in hebräischer Sprache. Es enthält die üblichen, althergebrachten jüdischen Gebete mit kleinen Weglassungen wohl auch Einschaltungen, die sich auf den christlichen Glauben beziehen. So wird die Anschauung und Phantasie des neuen Christen nicht nur geschont, sondern ihnen vielmehr gehuldigt und der Neugetaufte so zum andern Glauben allmälig herüber gewöhnt."

Auf eine Anfrage der geheimen Räthe bei dem Rector *societatis Jesu*, ob sich ein Geistlicher dieser Gesellschaft vorfinde, welcher das Predigeramt bei den Juden zu übernehmen im Stande wäre, und dem der Rector die Bewilligung dazu geben wollte; bemerkt dieser, in der Voraussetzung der Genehmigung dieses Schrittes von Seite des Ordensgeneralen in Rom und bis sich ein anderes dazu taugliches Individuum vorfinden werde, bestimme er vorläufig einen Geistlichen dieses Ordens für das besagte Amt.

Nachdem diese der Sache günstigen Vorverhandlungen geschlossen waren, bestimmte der Kaiser, dass in dem langen Gange des Gebäudes der barmherzigen Brüder jeden Samstag zwischen 8 und 9 Uhr Morgens, die Predigten abgehalten werden sollen. Zugleich wurde Folgendes bestimmt: Bei diesen Predigten müssen wenigstens 200 Personen anwesend sein, der dritte Theil davon mindestens „Weibspersonen" und 40 junge Leute in einem Alter von 15—20 Jahren. Für jede Person, die nicht erscheint, haben die Eltesten der Juden das erstemal einen Reichsthaler, das zweitemal zwei Reichsthaler u. s. w. zu bezahlen; diese Strafgelder sollen denjenigen Juden, welche durch die Predigten zum Christenthume bekehrt werden, zufallen. Ueberdies trägt der Kaiser den geheimen Räthen auf, dass sie auf gute Ordnung sehen und den Juden das Schwätzen *) und Schlafen während der Predigt nicht gestatten. Auch sollen sie nicht durch Ränke oder List diese „Gottselige Intention" stören lassen.

---

*) Das Schwätzen während des christl. Gottesdienstes — hier speciell während der Predigt — scheint zu jener Zeit oft vorgekommen zu sein. Kaiser Leopold sah sich sogar genöthigt mittelst eines Decretes, 11. Dec. 1668, diejenigen, welche in der Kirche schwätzen und müssiger Weise daselbst herumgehen (es ist insbesondere von der Stefanskirche die Rede) mit Strafen zu bedrohen. — Leider gibt es noch jetzt viele Synagogen, in welchen während des Gottesdienstes viel geschwätzt wird und Personen, die während der Predigt ein gemütbliches Schläfchen halten.

Der Wortlaut jenes kaiserlichen Schreibens an die geheimen Räthe und Deputirte ist:

Ferdinand.

Alss wir noch vor diesem mit dem Hochwürdigen (Cardinals Klessely) alss *ordin. Loci* wegen der Wienerisch Judenschaft conferiren lassen, wie nemblich dieselbe zu Anhörung der katholischen Predigten gebracht und gehalten werden möchte, haben wir darauff diese vnsere gdst. intention auch mit der Pragerischen Judenschafft zu werkh zu setzen Firsehung gethan, vnss bereits darüber auf gewisse mass vnd Ordnung allergdst. resoluirt vnd entschlossen.

Wann wir es dann mit der Wienerischen Judenschafft gleichergestalt gehalten wissen wollen, vnd vnss auss des Cardinals hinor in dieser Sachen gegebenen wolmainung so uiel firgebracht worden, dass Er berait wegen eines Predigers so der hebr. Sprach erfahren mit denen *Patribus societatis Jesu* zu Wienn tractiret vnd sich auch denselben auf eine Zeit lang vnd bis durch ermeltes Cardinalen zueschreiben nach Rom von dem Generalen ein ander ordinary Prediger deputirt vnd verordnet werde darzustellen anerbotten. So wollen wir demnach. dass im Namen des allerhöchsten. zu dessen Ehre es auch zuvörderst angesehen, nunmehr alsbalden besagte Prediger bei denen *Fratribus misericordiae* enthalb der Schlagbruckhen in Iren zur Erden new erbautten langen Gang anfangen. vnd vmb dass in der hebräischen Sprach so wol bey der pronunciation befindtlichen grossen Vnterschiedes auch anderer gewisser besorgender difficulteten willen allain in Teutscher Sprach, deren so wohl fremde vnd aussländisch als auch die Wienerische Juden maistentheils khundig sein. gepredigt; solche Predigten auch allein am Sambstag fru zwischen 8 vnd 9 Vhren gehalten vnd Jedesmahls dabei zum wenigsten 200 Juden, die hellft Manns, die andere hellft oder zum wenigsten der dritt thail weibs Personen vnd darunter von beiderlay Geschlechts nit mehr als 40

Junge von 15 bis 20 Jahr Iren alters sein und erscheinen
sollen. Welche ausbleiben würden, von Jeder Persohn, so
viel derselben von obberuerter Anzahl abgehen, für das
erste mahl ain Reichstaller, vnd da es zum andern
mahl beschieht, dopelt wie auch zum dritten mahl drei-
fach vnd also forth, nach der Anzahl des Ausbleibens mit
so viel Reichstaller gestrafft vnd solche Straff durch eine
gewisse hierzu bestellte Persohn von denen Eltesten der
Juden abgeuordert auch volgendts vnd diejenigen, so sich
zum christl. Glauben bekhennen, ausgethailt werden sollen.

Damit aber das Predigen hören mit desto besserer
Ordnung vnd mehreren nuzon beschehen möge, wie wir
dann auch desswegen obenerwehnten Cardinal Clessely
zueschreiben thuen, alss beuehlen wir Euch gdst. dass Ir
mit demselben, wie auch mit dem *P. Rectori societatis Jesu*
und denjenigen so zum Predigen verordnet, dess Modi
halber wie nemblich und auf wass wise vnd weg es mit
den Juden bei den Predigten zu halten comunication
vnd Ordnung pfleget vnd darüber fleissiges aufsehen zu
halten bestellet, auf dass denen Juden das schwäzen vnd
schlaffen unter den Predigten nit gestattet, noch andere
Verordnungen weder von Christen noch von Juden eingeführt vnd verübt, viel weniger diese Vnsere gottselige intention Irgend durch ainicherley gebrauchende Renke vnd
Listigkeit vnterbrochen vnd eludirt werde, massen dann
auch Vnser gdsts. Verthrauen zu Euch gestellet ist. Ir
auch diese Vnsere gdste Resolution denen Juden auf habende
nachrichtung, dass Jemandt zum Predigen allberait deputirt seyn alssbalden zu verkhünden vnd zu publiciren,
auch darob vestiglich handt zu halten werdet haben. Ir
vollzieht auch hievon Vnser gdst. gefelligen willen vnd
mainung. Seind Euch darnebens mit kaiserl. vnd landesfürstl. Gnaden wolgewogen.

Gegeben Regenspurg 4. Feber 1630.

Unter dem 28. Sept. zeigen die Hofräthe insbesondere
dem Cardinal Klesel an, wie es mit dem Hören der Juden-

predigten anzufangen sei. Dieses Schreiben, welches im Originale da und dort kaum mehr leserlich ist, lautet:

„Hochwürdigster Fürst! Gnädigster Herr, massen sich die Röm. k. M. vnser allergdst. Herr Esq. der allhisigen Judenschafft vnd dass dieselbe hinfir zur anhörung der katholischen Predigten gehalten werden solle, gdst. resoluirt haben Ewer hochfürstl. Gnaden auss beyliegender Copia gdst. mit mehreren zu ersehen.

Wan wir da dess modi halber vnd wie nemblich auch auf wass mittel vnd weg es mit besagten Juden zu halten vordist mit E. hochfürstl. Gnaden, da der Pater *Rectori soc. Jesu* vnd derjenige Lat. zum Predigen verordnet wirdet vnd reduug (?) zur Pflege, es höchsterinnert Vnserer k. M. allergdst. beuelhen werden.

Alss haben wir allein hirüber derselben erclärung vnd von Ihnen der hierzu eingelegten Zeit belieben wirdet vernehmen . . . . . dieselbe aber göttlich protection gannz empfehlen wollen.‟

Wir wissen nicht, welche Erfolge die Predigten der katholischen Geistlichen auf die Juden hatten. — In Wien dauerten sie nicht lange und hörten jedenfalls mit der Ausweisung der Juden, 1670, auf. Es sind uns aber überhaupt die Erfolge dieser Predigten, an allen Orten, wo sie gehalten wurden, unbekannt. Die Kirche in Rom an der Brücke *quatro capi*, gegenüber dem Ghetto, trägt eine Aufschrift in hebräischer und lateinischer Sprache, das Wort des Propheten Jesaia (65, 2); „Ich strecke meine Hand aus allezeit nach einem abtrünnigen Volke, das da geht einen Weg, der nicht gut ist, nach seinen eigenen Gedanken‟ *). Doch die Juden betrachten diese Mahnung nicht als an sie gerichtet und halten vielmehr die Christen als jenes abtrünnige Volk, welches seiner ehrwürdigen Mutter entronnen ist. — Die Ge-

---

*) Bis vor kurzer Zeit mussten zu Rom viermal des Jahres 300 Juden und 50 Jüdinnen einem christlichen Gottesdienste in der Kirche St. Angelo Pescheria beiwohnen und die Predigt eines Geistlichen anhören. „Wenn am Charsamstag jeden Jahres die Juden am Taufbecken

schichte zählt nicht die Namen der Juden auf, welche in
Folge dieser Predigten bekehrt wurden, und ebensowenig
geben statistische Urkunden, wo solche vorhanden sind,
genügenden Aufschluss darüber. Die englische Missionsgesellschaft, welche von Zeit zu Zeit Bericht über ihre Bestrebungen ablegt, ist nicht in der Lage, von grossen Erfolgen
auf diesem Gebiete zu berichten, und die Judenseelen, die
sie da und dort fängt, sind um sehr hohe Preise erkauft und
selbst bei diesen ist sie nicht stets des Erfolges ganz sicher;
denn nicht selten werden diese Bekehrten wieder rückfällig,
oder sie nahmen im Vorhinein das Christenthum nur zum
Schein an, um die Mittel zum Leben zu erhalten.

Es mag bemerkt werden, dass die Kenntniss des jüdischen Charakters und des jüdischen Wesens, wie sie der
Apostel Paulus besass, welcher bekanntlich ein Schüler R.
Gamaliels war, ihn dazu vermocht haben mag, sich sofort
statt an die Juden, an die Heiden zu wenden. Paulus verstand es bekanntlich bei seiner Heidenbekehrung die agadi-
sche Auslegungsweise' zu gebrauchen *). Er hat sich jedoch
wohl gehütet, den Juden gegenüber mit diesen Mitteln zu
kämpfen. Bei dem freien Geiste, der im Judenthume zu allen
Zeiten waltete, hätte man sich wohl von der Form, so sehr
sie Einfluss auf die Gemüther übt, nicht beirren lassen, und
die Widerlegungen wären nicht ausgeblieben. Desto mehr
jedoch wirkten seine Reden, die in der Weise neu, geist-
und gemüthanregend waren, auf die Heiden. Und seit jener
Zeit hat das Christenthum eine Wirksamkeit auf die Heiden
ausgeübt, welche selbst von jüdischen Coriphäen — wir
nennen Maimonides — als eine heilsame bezeichnet wird**).

---

stehen, die im Laufe des Jahres sich zum christl. Glauben bekannten,
so sind es sehr wenige, gewöhnlich nur Einer." (S. das Ghetto in Rom,
von Theodor Mannheimer, Wiener Jahrbuch für Israeliten, 1847, und
Gregorovius, Figuren.)

*) S. Grätz, Geschichte der Juden, III. Theil, 2. Aufl. S. 316.

**) Die Stelle im Maimonides Jad hachsaka Hilchot Melachim,
11. Abschnitt, welche in den meisten gedruckten Exemplaren wegen
Censurverhältnisse nicht vorhanden ist, lautet auszugsweise: Die Aufgabe

Eigenthümlich genug aber ist es, dass der Beschluss, Anstalten zurBekehrung der Juden zu treffen, von einer, gewissermassen reformatorischen, ketzerischen Kirchenversammlung,
ausging. Dieser Beschluss wurde nämlich in der 19. Sitzung
der Baseler Kirchenversammlung, am 7. September 1434,
gefasst *).

„Papst Eugen IV. hatte den Kampf gegen eine Versammlung, welche auf dem Standpunkte des Constanzer Con-
ciliums stehend, sich gegen das Oberhaupt der Kirche auf-
lehnte. Diese Versammlung veranlasste sogar den Kampf
mit weltlichen Waffen gegen die Besitzungen des Papstes,
und sie erklärte diesen Papst für abgesetzt." (S. Philipps
Kirchenrecht IV. 450 u. s. w.) Den Juden gegenüber beob-
achtete die Versammlung ebenfalls eine feindliche Haltung.
Aehnliche Erfahrungen haben die Juden bei den Reformatoren
späterer Zeit gemacht, und wenn auch Luther in den ersten
seiner Schriften da und dort ein freundliches Wort für die
Juden spricht; der grösste Theil der Werke, die er später
verfasste, zeigt von seinem Hasse gegen dieselben und die
Reformatoren der neuesten Zeit. auf christlich-dogmatischem
Gebiete, haben sich um nichts wohlwollender gegen die Juden gezeigt**).

---

des Christenthums wie des Islam ist, das messianische Reich herbeizu-
führen und die ganze Menschenwelt für die reine Gottesidee empfäng-
lich zu machen. Ein Theil dieser Aufgabe ist bereits gelöst. Auf dem
ganzen Erdenrunde, selbst auf den entferntesten Eilanden, kennt man
schon die Messiasidee, die Thora und die wichtigsten Gesetze etc. — Wir
bringen den interessanten Originaltext in der Beilage III. nach einem
Manuscripte des Jad hachsaka im Besitze des Herrn Nathan Coronel, von
welchem Herr Prediger Mannheimer eine Abschrift besitzt. Das in der hiesigen Hofbibliothek vorhandene Manuscript des Jad hachsaka hat denselben Text wie der, den wir bringen, jedoch ist er nicht correct copirt.

*) Bei Gelegenheit dieses Beschlusses wurde auch das Studium der
orientalischen Sprachen auf den Universitäten angeordnet und hat jedenfalls die Wissenschaft dadurch gewonnen. Gregorovius, Figuren,
gibt an, als hätte erst Gregor XIII. — 1572 — auf Veranlassung eines
getauften Juden, Andreas, Predigten für die Juden angeordnet.

**) Wir machen bei dieser Gelegenheit auf die vortreffliche Schrift:

Diese Predigten waren jedoch ihrer Natur nach, viel harmloser als die Disputationen, welche damals öfters zwischen Christen und Juden gehalten wurden. Wohl kamen bei diesen Predigten manche Dinge vor, welche nicht sehr angenehm waren. Die Häscher hatten besondere Aufmerksamkeit auf die Juden, welche theilnahmslos oder schlafend da sassen, und ein Peitschenhieb oder der Schlag mit einem Stocke ermahnte die Zuhörer, ihrer Pflicht nachzukommen; aber die Gemüther wurden dabei weniger erhitzt als bei den Disputationen, die kein anderes Resultat als die gegenseitige Erbitterung haben konnten *).

Man besass überdiess so viele Mittel und brachte sie auch oft zur Anwendung, um den Juden das Christenthum aufzunöthigen, dass der Zwang, katholische Predigten anzuhören und Gesetze, die dem ähnlich waren, wie in Ungarn, dass Juden nur da wohnen dürfen, wo ein Bischof sich befindet, als wahrhaft harmlos erscheinen.

Man vindicirt für das Mittelalter das Epitheton „erfindungsreich“ und wahrlich man muss die Phantasie bewundern, welche für die Juden so viele Marter und Qual

---

Die freie christliche Kirche und das Judenthum, Sendschreiben an J. Ronge von Dr. B. Beer, Leipzig, 1848, aufmerksam.

*) Bald nach dem Schlusse des Basler Concils, 1441, fand bekanntlich die Disputation, vermöge einer Anordnung des Papstes Martin V., zwischen dem getauften Juden Geronimo de santa fé (ehemals Josua Halorki genannt) und Isak Albo statt. In Folge dieser Disputation sah sich Albo veranlasst, sein berühmtes Werk: „Ikarim“ zu verfassen, worin die 13 Glaubensartikel, welche Maimonides aufgestellt hat, auf drei zurückgeführt werden. Es dürfte bei dieser Gelegenheit nicht überflüssig sein zu bemerken, dass das Judenthum keine Dogmen hat und die Aufstellung der Glaubenssätze von Maimonides und von Albo — denen bereits Saadia aus Fajum vorangegangen ist — nur darum geschah, um dem Islam und dem Christenthum desto nachhaltiger entgegenwirken zu können. Ausführlicher darüber handelt Mendelsohn in seinem „Jerusalem.“ Wir finden es um so nothwendiger, diesen Punkt zu berühren, weil noch immer da und dort von jüdischen Dogmen etc. gesprochen wird.

ersann. Man pferchte sie in engen, schmutzigen Gassen ein*), erfand für sie eine eigenthümliche Tracht**), welche sie dem Spotte und Gelächter preisgab, man verengte und verschränkte ihnen den Lebensweg, selbst die natürliche Fortentwicklung und Fortpflanzung wurde gesetzlich beschränkt und eine Familienzahl bestimmt. Zu dem kam, dass die Juden ausserordentliche Steuern zu zahlen hat-

---

*) Der Name Ghetto wurde schon mannigfach gedeutet. Wir geben hier eine Version, welche uns der vor kurzer Zeit verstorbene S. Romanin, Verfasser der *storia Venezia documentata* mittheilte. Dieser meinte, dieses Wort stamme von *Getto,*, Kanonengiesserei ab. In S. Gerolamo in Venedig, wo jetzt das Ghetto ist, befand sich früher die Kanonengiesserei der Republik. Dieser Platz wurde *il getto* genannt und im Munde des Volkes bildete sich die Aussprache *il ghetto*. Ich muss hinzufügen, dass die Schreibart in den Erlässen der Republik längere Zeit nicht fixirt ist und es heisst bald Getto, bald Ghetto. In dem betreffenden Decret: In Rogatis vom 19. März 1516 lautet der Passus: *et debbin andare immediate ad habitar unde in la Corte de case che sono in Getto oppresso San Gerolamo.*

**) Das lateranische Concil 1215, geschlossen 30. Nov. verordnete die Judenabzeichen und wir könnten einige Nummern eines Modejournals mit den Angaben der Trachten füllen. Da mussten sie einen dreieckigen Hut und dort einen Hut mit einem Horne tragen. In Italien mussten sie gelbe Plüschhüte aufsetzen. In Oesterreich und Deutschland herrschte der gelbe Fleck und bestand das Gesetz für die Männer, dass sie sich lange Bärte wachsen lassen. In Italien gab es besondere Privilegien für Personen, denen es gestattet war, einen schwarzen Hut zu tragen. Es ist uns nicht bekannt, dass anderswo ähnliche Privilegien bestanden, welche einzelne Personen von der Judentracht enthoben hätten. Eigenthümlich genug, dass, nachdem Kaiser Josef II. 7. Mai 1789 die besondere Judentracht abgeschafft hatte, (ein Anonymus, der darum beim Kaiser petitionirte, gibt an, die Juden verstecken unter den Oberkleidern die Diebstähle; die Kleidung veranlasse grossen Putz und Luxus und es schämen sich die Christen deshalb mit Juden zusammen zu sein) schon unter Leopold II. der Kampf gegen die galizischen Juden begann, welche die jüdische Tracht nicht ablegen wollten. Damals petirten sämmtliche Webermeister in und um Wien, dass es den Juden gestattet werde, noch 2 oder 3 Jahre die Kleidertracht zu behalten, damit die Weber ihren Vorrath an Kitai (ein Art Baumwollstoff) verkaufen können. — Die niederösterreichische Regierung befürwortet diese Bitte und begründet sie: 11.000 Menschen ernähren sich von dieser Arbeit und

ten und von Zeit zu Zeit wurden noch besondere Contributionen aufgelegt*). Und alles das genügte noch nicht. Die Laune eines Machthabers, die Willkühr eines Beamten, der Glaubenseifer (wie wir euphemistisch die Predigten gegen die Juden etc. nennen wollen) manches Geistlichen, der Eigennutz der Bürger, vermochte es, Gesetze hervorzurufen, welche die Juden von Haus und Hof wegschafften. Verdächtigungen — wie sie kaum phantastischer

---

der Werth des Vorrathes beläuft sich auf 111.000 fl. Auch die Sammtbandmanufactur würde durch diese Massregel einbüssen. Während jetzt 250 kostbare Maschinenstühle im Gange sind, würden diese, wenn das Gesetz aufrecht erhalten wird, auf die Hälfte reducirt werden. Kaiser Leopold rescribirt hierauf, 26. Mai 1790: „So billig es ist den Juden in ihrer Tracht keine Unterscheidungszeichen von den übrigen christlichen Unterthanen aufzudringen; so will Ich sie dennoch nicht zur Ablegung einer Kleidung nöthigen, an die sie gewohnt sind; es hat daher gänzlich von diesem Zwangsgesetze abzukommen und steht den Juden frei, sich nach ihrem Gutfinden zu kleiden, wornach also auch das Gesuch dieser Bittwerber seine Erledigung erhält.“

Der Kampf wegen der Kleidertracht in Galizien, trotzdem die Regierung wiederholentlich eine Reform wünschte, besteht bekanntlich heute noch.

*) Kein Finanzminister der Neuzeit hat so viele Arten von Steuern erfunden, wie sie früher für die Juden bestanden und wollen wir nur an eine der drückendsten erinnern, welche bis vor kurzer Zeit in Oesterreich Geltung hatte, die Lichterzündesteuer in Galizien. Der Jude musste für die Sabbathlichter, die er anzünden sollte (manchmal hatte er nicht das Geld sie anzuschaffen und sass im Finstern) Steuer zahlen, und wenn er das nicht that, wurde er gepfändet. Es kamen Fälle vor, dass oft aus Mangel an einem Objecte, welches man als Pfand hätte nehmen können die Hauskatze oder der Teig, der zum Brote geknetet ward, gepfändet wurde. Unter Kaiser Ferdinand I. hatten die Juden in Niederösterreich eine besondere Steuer, nämlich fünf Pfund gesponnenen Goldes zu bezahlen, welches die Töchter des Kaisers, die in Innsbruck wohnten, erhielten, und es mag erwähnt werden, dass man, wie aus den Documenten, die wir in den Beilagen bringen (IV, V, VI, VII) hervorgeht, nachdem die Juden am 2. Jänner 1554 aus Wien ausgewiesen wurden, auf dieses Einkommen nicht gerne verzichtete. Allerdings galt dieses Gesetz der Ausweisung, wie das ihm vorangegangene vom 31. Jänner 1544 und die ihm nachfolgenden vom 31. Oct. 1567 und vom 1. Febr. 1572 u. s. w. für nicht lange Zeit. Die Juden kamen wieder; die zerrütteten Staatsfinanzen konnten ihrer

ersonnen werden können — die Juden vergiften die Brunnen, entweihen die Hostien, rauben Christenkinder, um deren Blut am Passafeste zu gebrauchen, genügten, um Scheiterhaufen anzuzünden und die Juden auf denselben zu verbrennen oder sie in die Fluthen der Donau und des Rheines etc. zu jagen.

All der Sorge und Qual, des unsäglichen Jammers und Elends konnte man sich mit einem Zuge entledigen. Das Taufwasser wusch jeden Schmutz und jeden Makel weg, und der, der gestern noch gramgebeugt einherging, konnte heute stolz das Haupt emporheben; — noch mehr, er wurde mit Ehren und Würden ausgezeichnet*).

In Polen wurden die getauften Juden geadelt, und in Rom — wo der Gebrauch war, dass die Täuflinge den Namen des Pathen annahmen — erhielten die Juden die Namen der edelsten Patricier. Nun standen ihnen alle Aemter und Ehrenstellen offen, ja sie konnten sogar den Stuhl des h. Petrus besteigen**). Erst wenn der Jude seinen Gott und Glauben abgeschworen, wenn er seine

nicht lange entbehren. Aber es dauerte einige Zeit bis sie sich wieder gesammelt hatten, und die Töchter des Kaisers mussten längere Zeit das Einkommen entbehren. Es mag ferner bemerkt werden, dass ebenso wie die Wiener Universität aus den Häusern der im Jahre 1421 vertriebenen Juden erbaut wurde, so war der Leibzoll der Juden, den sie zu Stein entrichteten, bestimmt, den Professoren der Wiener Universität den Gehalt zu bezahlen. (S. Kink Geschichte der Wiener Universität.) Wie wir bereits berichteten, S. 5, trugen die Juden in Wien auch die Last, dem Stadtarzt, *magistri sanitatis*, den jährl. Gehalt pr. 500 fl. zu zahlen. Und trotz all dem behauptet man noch da und dort, die Juden hätten an dieser oder an jener Stadt- oder Staatseinrichtung keinen Antheil. Das bestandene Cultusministerium machte sogar den Wiener Juden den Vorwurf sie hätten nichts zur Gründung und zum Gedeihen der hohen Schulen beigetragen. (S. meine Geschichte der hiesigen Cultusgemeinde.)

*) Die Bevorzugung der Getauften wurde bereits vom Concilium zu Toledo 963 ausgesprochen: *Nam aequitatis ordo deposcitat qui fide Christi decorantur, coram hominibus nobiles ac honorabiles habeantur.* (S. Hardouin, Concilia, Tom. IV. Col. 1797.)

**) Der Gegenpapst von Anaklet II. (gest. 1138) Pierro Leone, soll

religiösen Ueberzeugungen verschachert hatte — und d e r
Schacher war gestattet und auf jede Weise begünstiget —
dann wurde er als Mensch anerkannt und als Begnadigter
und Erleuchteter geehrt. Dass es Juden gab, welche ihre
Ueberzeugungen verleugneten und ihren Glauben abschwo-
ren — wer wollte sich unter den Umständen und Verhältnissen, wie sie früher an der Tagesordnung waren,
darüber wundern. Worüber man sich aber wundern muss,
ist — dass es noch Juden gibt.

Wie gross und gewaltig, wie beseligend muss die
Lehre des Judenthumes sein, wenn weder Verlockung und
Verführung, noch Tod und Gewalt; weder Feuer noch
Wasser seine Anhänger vernichten konnte, und ein jüdischer
Dichter spricht mit Recht in einem Gebete aus :

> „Ein Volk, das man in Feuer
> Und Wasser bringt hinein,
> Muss, Dir wieder theuer
> Gereinigt von der Sünde sein" **).

---

ein getaufter Jude oder der Sohn eines getauften Juden gewesen sein.
Die getauften Juden in Rom trugen die Namen der ältesten und angesehensten Adelsfamilien, und es gab jüdische Colonna, Massimi, Orsini
etc. — Als zu Anfang dieses Jahrhunderts in Oesterreich getaufte Juden,
die Geschlechtsnamen hoher adeliger Familien annahmen: Lichtenstein,
Zamoyski etc. erschien eine Verordnung, 18. November 1802, dass diese
Personen sich andere Namen beilegen müssen und konnte die Veränderung des Familiennamens nur mit Bewilligung der Behörde geschehen. Durch eine allerh. Entschliessung vom 1. Juni 1826 wurde es gestattet, dass diejenigen, die sich taufen lassen, ohne besondere Bewilligung hiezu, die Namen verändern können.

**) S. Zunz: Synagogale Poesie. Wir müssen hier überhaupt den
Leser auf das Capitel „Leiden" in dem genannten Werke hinweisen. In ge-
drängter Kürze entwirft der Grossmeister der jüdischen Wissenschaft
ein Bild der Verhältnisse der Juden von Constantin bis auf Karl V.,
das, nach allen Seiten und Richtungen hin, classisch genannt werden
kann. Wir erlauben uns die einleitenden Zeilen zu diesem Capitel her-
zusetzen: „Wenn es eine Stufenleiter der Leiden gibt, so hat Israel
die höchste Staffel erstiegen; wenn die Dauer der Schmerzen und die
Geduld, mit welcher sie ertragen werden, adeln, so nehmen es die Ju-

Es ist hier nicht unsere Aufgabe zu schildern, in welcher Weise diese Apostaten gegen ihre ehemaligen Glaubensbrüder handelten. *Tobia ben Elieser* (im 11. Jahrhundert) erklärt die Stelle im hohen Liede (1. 6): „„Die Söhne meiner Mutter grollten mir““ „Dieses sind jene sündhaften Israeliten, welche uns vermittelst des Christenthums wehe thun.“ Und wahrlich man könnte behaupten, dass der grösste Theil der Leiden, die über die Juden kamen, von Ueberläufern herbeigeführt wurde. Erst in der neuesten Zeit — von der wir noch sprechen werden — wo die Taufe mehr ein politischer als ein religiöser Act war, und sich Juden taufen liessen, um politische Rechte zu erhalten; um da oder dort wohnen oder Grundbesitz ankaufen zu dürfen, um ein Amt oder eine Professur zu erhalten oder ein Avancement zu erlangen, hörte im Allgemeinen die Feindseligkeit der Apostaten gegen ihre ehemaligen Glaubensgenossen auf.

Furchtbarer als die Gewaltmassregeln, welche gegen erwachsene Juden gebraucht wurden, um sie von ihrem Glauben abwendig zu machen und zum Christenthum hinüberzuführen, waren die Gesetze und die Willkürmassregeln, jüdische Kinder gewaltsamer Weise wider den Willen der Eltern zur Taufe zu zwingen. Bevor wir jedoch daran gehen, die interessanteren Ereignisse in Oesterreich, so weit sie uns durch vorhandene Documente bekannt geworden sind, zu erzählen, halten wir es für nothwendig, einiges über die Taufe selbst, welche, wie so manche andere christliche Institution, jüdischen Ursprunges ist, anzugeben.

Wir wollen hier den Streit ausser Acht lassen, ob Jesus und Johannes der Täufer, zu dem Orden der Essäer gehörten und *Toble Schacharith* (Morgentäufer) ἡμεροβαπτισται waren und verweisen in dieser Beziehung auf die reichhal-

---

den mit den Hochgebornen aller Länder auf; wenn eine Literatur reich genannt wird, die wenige classische Trauerspiele besitzt, welcher Platz gebührt dann einer Tragödie, die anderthalb Jahrtausende währt, gedichtet und dargestellt von den Helden selber?“

tige Literatur über den Orden der Essäer. — Bekannt ist es,
dass „das Baden des Leibes im Wasser" bei verschiedenen An-
lässen und insbesondere bei körperlicher Verunreinigung im
alten Testamente geboten ist. Bezüglich eines Proseliten, der
zum Judenthume übergeht, hält auch der Talmud *(Jebamot
71)* den Grundsatz fest, dass die Beschneidung allein den
Proseliten noch nicht zum Juden macht, sondern in Verbindung derselben muss das Bad sein *(mol w'lo tobal k'ilu
lo mol);* ebenso muss die Proselitin, wenn sie in's Judenthum aufgenommen wird, ein Bad nehmen *). Es besteht
noch heute für jüdische verheiratete Frauen das Gesetz, dass
sie nach der Menstruation ein Bad nehmen, ebenso müssen
Bräute vor der Brautnacht baden *(Jore Dea §. 192).* Die
sogenannten Chassidim nehmen auch jetzt noch öfters
Quellbäder — manchmal sogar um Mitternacht. —

Johannes richtete seinen Aufruf, sich taufen zu lassen,
(Matth. 3, Marcus 1.) ebenfalls an die Erwachsenen, und
Jesus war bereits 30 Jahre alt, als er sich taufen liess. Da
Johannes das Volk überdies aufforderte, Busse zu thun, so
konnte er sich umsoweniger an die Kinder wenden. „Die
Apostel haben auch erst dann die Taufe gespendet, wo
ihre Botschaft eine gläubige Aufnahme fand." — In der
ersten Zeit des Christenthums bestand die Taufe darin,
dass der ganze Leib des Täuflings im Wasser gebadet
wurde**). Dieselbe wurde anfänglich von den Bischöfen
vorgenommen, später ging sie auf die niedere Geistlichkeit über, endlich wurde die Taufe überhaupt, gehörig
ausgespendet, selbst von Seite eines Juden für giltig
erklärt.

Die Frage bezüglich der Kindertaufe wurde schon
frühzeitig erörtert. Der Kirchenvater Tertullian (lebte

---

*) *Jore Dea §. 268.*
**) Das Wort „taufen" stammt von tauchen ab und meint Ade-
lung, Wörterbuch, dass es mit dem hebräischen טבע stammverwandt sei.
Das griechische βάττυ und das lateinische *baptisare* heissen ebenfalls
tauchen.

2*

160—240) ist dagegen, dass Kinder getauft werden, und nur unter der Bedingung spricht er sich dafür aus, dass Pathen bestellt werden, welche statt des Täuflings das kirchliche Glaubensbekenntniss ablegen, und diese übernehmen dann die Verpflichtung, den Täufling im christlichen Glauben zu erziehen*). Aus dem Grunde müssen die Taufpathen auch Christen sein. Ueberdies wurde bestimmt, dass die getauften Kinder, wenn sie zu selbstständiger Einsicht gelangt sind, „gefirmt" werden müssen. Bekanntlich besteht auch neben dem Sacrament der Taufe das Sacrament der Firmung.

Das Christenthum jedoch hat seiner Tendenz nach, von Anfang an darnach gestrebt, das Wort zu verwirklichen: „Wer nicht für mich ist, ist gegen mich," und seine „ganze Tendenz ist auf die Ausrottung derjenigen Lehren gerichtet, welche die Menschen von dem Eintritte in die christliche Kirche entfernt halten"**). Dass es dabei

---

*) *Tertullian, de baptismo.*

**) S. Philipps Kirchenrecht II. Ebendaselbst S. 413. heisst es: „Die Kirche hat sich in dieser Beziehung der Juden hilfreich und schützend angenommen und musste es umsomehr, als die einheimischen Rechtsprincipien in manchen Staaten, z. B. im deutschen Reiche, sie in eine äusserst ungünstige Stellung versetzte, und hier der Grundsatz, dass der Kaiser alle Juden tödten und ihre Schuldforderungen cassiren dürfte, doch immer gleich einem Schwerte des Damocles über ihnen hieng". Wir gestehen aufrichtig, es ist schwer zu entscheiden, wer in der trübseligen Zeit von 1800 Jahren den Juden mehr Leid zugefügt hat, und wollen wir keineswegs das Wohlwollen mancher Päbste für die Juden verkennen. Oefter jedoch als die Päbste haben sich die Kaiser der Juden angenommen. Zur Erhärtung der obigen Stelle beruft sich Philipps in seinem deutschen Privatrecht 1, §. 45, auf ein Document Carl IV., worin es heisst: „Alle Juden gehören mit Leib und Gut unserer Kammer und sind in unserer Gewalt und in unsern Händen." Dieses ist aber keinesfalls buchstäblich zu nehmen und Carl der IV. selbst, der Bedrängnisse halber mit den Juden schacherte und sie verkaufte (s. unsern Ferdinand II. und zur Geschichte der Juden in Worms), hat ihnen Privilegien gegeben, welche sie schützten. Es gibt überhaupt kein Beispiel, dass ein deutscher Kaiser die Juden zur Schlachtbank geführt und eine Bartholomäusnacht für sie angeordnet hätte. Sie haben sie aus-

nicht immer einen Kampf gab, wo „die Geister aufeinander platzen", dass man sich auch gegen die Leiber wendete, brauchen wir nicht weiter auseinanderzusetzen.

Im vierten Concil zu Toledo, 633, wurde die Frage zum ersten Male verhandelt, ob überhaupt Juden zum Christenthume gezwungen werden sollen. Es lag nämlich der Fall vor, dass der König der Westgothen, Sisebut, die Juden seines Reiches unter den furchtbarsten Grausamkeiten, worüber sich selbst zeitgenössische Bischöfe sehr missbilligend aussprachen, zum Christenthume zwang. Das Concil beschloss: „Künftig darf kein Jude mehr zur Annahme des Christenthums gezwungen werden. Wie der erste Mensch aus freiem Willen, der Schlange gehorsam, den geistigen Todes gestorben ist, so soll jeder nur mit Willensfreiheit im Glauben lebendig werden. Diejenigen aber, die unter König Sisebut gezwungen wurden, da diese das göttliche Sacrament der Taufe erhalten, die heilige Oelung empfangen und an dem Leibe und Blute des Herrn theilgenommen haben, müssen, obschon sie mit Gewalt zum Christenthume geführt, den Glauben beibehalten, damit nicht Gott gelästert und der Glaube, den sie angenommen, verächtlich gemacht werde." Ferner lautet ein Beschluss: „In Betreff der Juden, welche den christlichen Glauben angenommen haben, aber später wieder jüdische Gebräuche begehen und sogar an andern die Beschneidung vollziehen, beschliesst die heilige Synode unter Zustimmung des Königs Sise-

---

gewiesen, bedrückt etc., sie waren gegen den einen oder den andern Juden hart — gegen die Juden im Allgemeinen nicht. Sie haben oft — freilich zumeist ohne Erfolg — sich der Juden angenommen, und keine der gegen Juden stattgefundenen Metzeleien etc. wurde von einem deutschen Kaiser angeordnet oder öffentlich gebilligt. Selbst in Beziehung der Taufe übten sie keine Gewaltthat aus. Obschon Scotus den Landesfürsten das Recht zugestehet, Judenkinder wider den Willen der Eltern durch das *jus armorum* taufen zu lassen (hinzufügend, dass man verhüten müsse, dass die getauften Judenkinder nicht von ihren Eltern umgebracht werden), haben die deutschen Kaiser den Juden Schutz gewährt, und ihnen gestattet, ihre Religionsübungen unbeirrt zu beachten.

nand. dass solche Verbrecher durch den Bischof zur Rückkehr zum Glauben gezwungen werden sollen. Sind die
von ihnen Beschnittenen ihre Söhne, so sollen sie von den
Eltern getrennt; sind sie aber Sclaven, so sollen sie frei
werden *)."

Leider sind diese Beschlüsse, trotzdem das Concil
zu Toledo kein allgemeines war, massgebend geblieben,
und gingen von der canonischen Gesetzgebung in die weltliche über. Allerdings wurde auch auf diesem Concile verordnet, Judenkinder nicht ohne Einwilligung der Eltern
zu taufen und die gewaltsamen Verführer solcher Kinder
zu strafen (de Judaeis autem praecipit Sa. Synodus: Nemini
deinceps vim inferre, cui enim vult Deus miseretur et quem
vult indurat, non enim tales inviti Salvandi sunt sed volen-
tes, ut integra sit forma justitiae) — sobald jemand getauft
war, musste er es auch bleiben.

Allerdings wurde noch zu wiederholtenmalen die Frage
behandelt, ob es recht sei, Andersgläubige zum Christenthume
zu zwingen, und das Resultat war fast immer, dass dies nicht
geschehen dürfe. Wohl berief man sich, um die Zwangstaufe
zu rechtfertigen, unter Anderem auf Mathatias Maccabi. Es
wird nämlich im I. Buche der Maccabäer. 2. Cap. 46. V. er=
zählt: Circumciderunt pueros incircumcisos quotquot invenerunt
in finibus Israel und meinte man, dass ebenso, wie es dem
Mathatias gestattet war, die Kinder zum Judenthume zu führen, so müsste es auch den Christen gestattet sein, nicht-
christliche Kinder zum Christenthume zu leiten. Hierauf
bemerkt jedoch Scotus: Mathatias durfte dieses thun, da
es Kinder jüdischer Eltern waren; hätte er in solcher Weise
gegen Kinder von Heiden gehandelt, so würde er sehr
gefehlt haben. Ferner wird als Entschuldigung für Mathatias
angeführt, dass er die Kinder gleichsam als im Kriege

---

*) S. Hefele Conciliengeschichte III. 78 u. s. w. und die licht-
volle Darstellung dieser Beschlüsse in der Abhandlung: „Die westgo-
thische Gesetzgebung in Betreff der Juden" von Dr. H. Grätz.

gefangen betrachten durfte und da sei das *jus armorum* eingetreten *).

Thomas von Aquino **), der berühmte Dominikaner.
behandelte auch diesen Gegenstand und im 3. Theile *quaest.*
68 Nr. 10 spricht er sich darüber aus:

*Respondeo dicendum, quod pueri infidelium filii aut ha-
bent usum rationis aut non habent. Si nondum habent usum
liberi arbitrii, secundum jus naturale sunt sub cura parentum,
quamdiu ipsi sibi providere non possunt, ideo contra justitiam
naturalem esset, si tales pueri invitis parentibus baptisarentur,
sicut etiam si aliquis habent usum rationis baptizaretur invitus,
esset enim periculosum taliter filios infidelium baptisare, quia
de facili ad infidelitatem redirent propter naturalem affectum
ad parentes, et ideo non habet hoc Ecclesia consuetudo, quod filii
infidelium invitis parentibus baptisarentur.*

(Entweder haben diese Kinder schon Verständniss oder
nicht. Haben sie noch kein Verständniss, so stehen sie unter
dem Schutze der Eltern und man würde gegen das natürliche Recht verstossen, wollte man die Kinder den Eltern
entziehen. Besitzen die Kinder jedoch schon Verständniss,
so würde der Zwang nichts nützen; da die Kinder dem natürlichen Gefühle gemäss, wieder in den alten Unglauben, zu
dem die Eltern sich bekennen, verfallen würden.)

---

*) Es ist wohl ganz überflüssig Mathatias zu vertheidigen, da er,
wie dieses sich jedem aufdrängen wird, in vollem Rechte war. Die Kinder waren von jüdischen Eltern und es lag ihm daher nach dem jüdischen Gesetze die Pflicht ob, dem Abfalle mancher Juden, welche sich
insbesondere der Beschneidung schämten, weil sie bei den eingeführten
gymnastischen Spielen von den Griechen verlacht wurden, vorzubeugen.
Das jüdische Gesetz *(Jore Dea §. 261)* stellt in dieser Beziehung fest, wenn
der Vater die Pflicht der Beschneidung verabsäumt, so muss die Religionsbehörde dafür Sorge tragen. Mathatias handelte daher ganz correct.
Sonderbar ist es jedoch, dass der Streit in Bezug auf Mathatias erhoben
ward, da hätte schon die Frage aufgeworfen werden müssen. mit welchem
Rechte Josua (Cap. 5, 3) die Israeliten beschnitten hat.

**) Es mag bemerkt werden, dass mehrere Schriften von Thomas
von Aquino ins Hebräische übersetzt wurden. (S. die interessante Schrift:
„Thomas von Aquino in der jüdischen Literatur" von Dr. A. Jellinek.)

In ähnlichem Sinne sprachen sich aus die Päbste: Gregor der Grosse *(Can. Qui sincera)*, Alexander III. *(Conc. Later. III App. XX)*, Clemens III. *(Cap. Sicut Judaei)*, daselbst heist es: *ut nullus invitos vel nolentes Judaeos ad baptismum venire compellat, — quippe Christi fidem habere non creditur, qui ad Christianorum baptismum non spontaneus, sed invitus cogitur pervenire.* Ja selbst Pabst Julius III., welcher 1554 anbefohlen, den Talmud zu verbrennen und dadurch die Lebensader des Judenthums unterbinden wollte, bestimmte eine Strafe von 1000 Ducaten für diejenigen, welche *in casu invitorum parentum hebraeorum* die Taufe vornehmen und die *Sacra Congreg. sancti officii*, welche am 30. März 1638 gehalten wurde, schliesst sich dieser Ansicht an. Pabst Benedikt XIV. sprach in einer Bulle: *Postremo mense* vom 28. Februar 1747 *(Bullario Rom. p. XI. Tom XVII)* und in einer *Constitutio: Probe te* vom 15. December 1751 *(Bulla 56 Tom XII)* in ausführlicher Weise über die Taufen, und auch dieser sagt: *Quod nefas sit Hebraeorum infantes reluctante Parentum arbitrio baptisare* (es ist unrecht, wider den Willen der Eltern die Kinder eigenmächtig zu taufen*). Auf die letzteren Documente werden wir noch Gelegenheit haben zurückzukommen.

Allerdings wurden auch entgegengesetzte Ansichten ausgesprochen und wird das Beispiel vom Carl dem Grossen angeführt, welcher vom Pabste Adrianus dafür belobt wurde, dass er die Heiden in Sachsen bekehrte; ebenso lobt Mariana Ferdinand und Isabella von Spanien, dass sie den jüdischen Kindern, wider den Willen der Eltern, die Taufe aufgedrungen haben. Doch stehen diese Ansichten vereinzelt da, und berichtet Am. Loisset, dass die Sachsen sich freiwillig taufen liessen und Ferdinand und Isabella wären durch das *jus armorum* gerechtfertigt. —

Wir versuchten es kurzgefasst ein Bild der Verhandlungen über diesen Gegenstand zu geben und das Resul-

---

*) *Steph. Fornacensis* sagt: *Raro accidit, ut de plebis circumcisi in novam Ecclesiae renatus infantium fideliter aliquis conversetur.*

tat ist gewissermassen ein Widerspruch, wie ihn das To-
letaner Concil fasste: Juden sollen nicht zur Taufe gezwungen werden; ist der Zwang dennoch verübt worden,
so sind die Getauften Christen.

Trotz päbstlicher Bullen und Concilbeschlüssen gab es
doch in dem katholischen Oesterreich Momente, wo der sacra-
mentale Character der Taufe nicht anerkannt und beachtet
wurde. Zum ersten Male geschah dieses unter Carl VI. Die
Juden in Friaul und im Littorale wendeten sich nämlich mit
einer Beschwerdeschrift an den genannten Kaiser und beklag-
ten sich, dass man öfters ihre Kinder gewaltsam taufe
und sie ihnen entziehe, wodurch überdies die jüdischen
Privilegien verletzt würden. Carl VI. decretirt hierauf,
dass er dieses wider die natürlichen und geistlichen Rechte
laufende Verfahren sehr missbillige und befiehlt, dass
man die den Juden abgenommenen und vorenthaltenen
„Taufkinder" den Eltern ungesäumt wieder zurückstelle;
da die Juden in ihren Privilegien geschützt werden sollen.
Ohne sich weiter auszusprechen, ob den Juden die Bitte
gewährt werden soll, dass die gewaltsam getauften Kinder
bis zum 14. Jahre bei den Eltern zu verbleiben hätten,
wo es ihnen dann freistehen sollte, sich zu entschliessen,
ob sie beim Judenthum verharren, oder. zum Christenthum übergehen wollen, befiehlt der Kaiser, dass ihm Vorschläge gemacht werden, in welcher Weise diejenigen,
welche Judenkinder gewaltsam taufen, bestraft werden
sollen.

Der Wortlaut des interessanten Documentes ist:

Carl etc.

Bey uns hat die gesambte in unssern österreichischen
Friaul und littorali sich befindente mit landes fürstlichen
Privilegiis versehene Judenschafft in hiebei verwahrten
Original anbringen *de praes.* 13. Sept. letzthin mit billiger
Beschwehrde und Wehmüthigkeit überhaupts vorgestelt,
was gestalten ihnen theils von dorthigen christlichen Ein-
wohnern entweder aus ohnbescheidenen Religions Eyfer

oder aus sonstiger Absicht und verwegenheit, ihre deren Judenkinder unter scheinbahrer beybringung der christl. Tauf entzogen und ihnen so dann vorenthalten und ferneres bedroht würden, mithin umb diessfällige Ernstliche abstellung in unterthänigkeit gebetten, mit dem anhang, dass disser auff solche ohnerlaubte art getauffte Kinder denen Eltern ohne allen anstand solange wider zugestellet werden sollen, bis selbe das 14. Jahr ihres Alters erreicht haben und in stand sein werden, selbsten eine Religion zu erwählen.

Da wir nun obangeführtes wider die natürlichen und geistlichen Rechten laufendes Verfahren höchstens missbilligen, folgsam eingangs erwohnte Judenschafft bei denen ihr ertheilten landesfürstlichen Privilegien in allem geschutzt wissen wollen ;

Als habt ihr anförderst Einertheils gehörig darob zu sehen, damit wiederholter Judenschafft, die ihre etwa in dgl. eraigneten begebenheithen abgenohmmen und annoch vorenthaltene Tauff Kinder ohngesaumbt in denen Elterlichen gewalt wiederumb zuruckgestellt, künftighin auch derley widerrechtliches anmassen gegen die Judenschafft bey Vermeydung scharffen einsehens auf das gemessenste eingestellt werde. Andern Theils aber habt uns ihr gutachtlichen zu berichten, wie etwa die vermessenen übertretter nach eines jeden Standes und herkommens, ohne rücksicht Strafbahr anzusehen wäre, deme ihr in ein und andern Recht zu thun wisset. Wir verbleiben übrigens etc. Wien, 7. Oct. 1739.

Um dieses Rescript Carl VI. in vollem Masse zu würdigen, ist es nothwendig einiges über die Verhältnisse der Juden zu jener Zeit mitzutheilen. Wir hoffen der Leser wird uns diese Digression gestatten.

Zu den Zeiten Carl VI. betrachtete man, wie gar oft, die Juden als ein nothwendiges Uebel. Die Finanzen des Staates waren sehr *en déroute*, die Juden aber zahlten Steuern, borgten Geld etc. etc. und man duldete sie. Was wusste

auch jene Zeit vom Menschenrechte, und was kümmerte
sie sich darum? Die Atmosfäre war von den feindlichsten
kirchlichen Anschauungen über Juden und Judenthum erfüllt, die man überdies sehr wenig kannte. Wenn daher die Nothwendigkeit der Anwesenheit der Juden nicht
vorhanden war, oder dass man sie als nicht vorhanden
wähnte, suchte man sich ihrer zu entledigen, d. h. man
wies sie aus dem Lande; trotz der Privilegien der Kaiser
und trotz der Lehren der Kirche (S. *Reiffenstuel, Jus canon.*)
Wir dürfen uns umsoweniger über diese Anschauungen
wundern, da auch jetzt noch trotzdem dass man dem hu-
manitären Principe der Religion mehr Rechnung zu tragen sucht, als der Starrheit einer scholastischen Doctrine;
trotzdem man das Menschenrecht höher stellt als ein Ka-
stenprivilegium, und das Recht überhaupt dem Vorrechte
vorzieht und trotz der Fortschritte auf dem Gebiete der
Nationalöconomie: — diese Vorurtheile immer noch gehegt
und gepflegt werden.

Wir führen beispielsweise an: Im Jahre 1670 wurden
die Juden aus Wien vertrieben. Die Bürger versprachen
sich von dieser Massregel ausserordentliche Erfolge. Nun,
meinten sie, werden die Geschäfte blühen etc. Berauscht
von den glücklichen Tagen, die sie erwarteten, versprachen
sie die Steuern für die Juden zu bezahlen. (Die Juden
in Wien bezahlten jährlich 10,000 fl. und die auf dem
Lande in N. Oe. 4000 fl. als directe Steuern. geschweige von
den indirecten Steuern und der ausserordentlichen Contributionen, die ihnen öfters auferlegt wurden.) Die Juden
wurden ausgewiesen — doch die Geschäfte gingen schlech-
ter als zuvor. Die Bürger zahlten nicht die Steuern, die für
sie bemessen waren, um so weniger jene für die Juden und
die Hofräthe sahen sich genöthigt an den Kaiser eine Vorstellung zu richten, damit die Juden wieder zurückkehren
dürfen. Sie bemerkten, dass es an Mitteln fehle, selbst „um
die Kuchel und Keller" des Kaisers zu versorgen. Man
gestattete ihnen hierauf die Rückkehr nach Wien. Einige
der vertriebenen Familien kehrten zurück. Man nahm

sie auf, hatte jedoch die *arrière pensée*, sie — wenn es
thunlich ist — wieder wegzuschicken. (Wir geben in der
Beilage VIII ein Verzeichniss der Familien, welche nach
der Wiederkehr sich in Wien ansiedelten.)

Während der Regierungszeit Carl VI. wurden die
Juden partiell oder ganz, nachdem selbst die theologische Facultät der Wiener Universität unter Leopold ein Votum für
die Rückkehr der Juden gegeben hatte, dreimal aus Wien
und einmal aus Schlesien ausgewiesen und zwar in den Jahren 1715, 1723, 1736 *) und immer waren es die Finanz-
Calamitäten des Staates, an welchen die Ausführung der
Ausweisungsdecrete scheiterte **).

Im Jahre 1723 wohnten die Juden in Wien zumeist
in den Häusern von Hüttner und Grüner auf dem alten
Bauern- und Kienmarkt und wurde verordnet, dass die Christen, welche in diesen Häusern Magazine haben, dieselben
räumen müssen. (Bis zum Jahre 1723 wohnten die Juden
auf dem Peters Freudhofe und im Schweighart'schen Hause.
Bekanntlich steht das Haus des Sam. Oppenheimer —
jetzt zur Brieftaube genannt — in der Nähe des Platzes
am Peter und der Sturm gegen denselben, 1721, fand
eben statt, als er in dem bezeichneten Hause wohnte).
Die Juden zahlten dem Hauseigenthümer Dr. Zacharias
Hüttner jährlich 6000 Gulden Miethzins in halbjährigen
Raten im Vorhinein. Aus dem Contracte, den die Juden
mit dem Hauseigenthümer abschlossen, entnehmen wir folgende Puncte: Sämmtliche Einwohner haften solidarisch
für den Zins und für den Schaden bei einer ausbrechen-
den Feuersbrunst etc. Das Auswässern des Fleisches (eine
rituelle Vorschrift) darf nur zu ebener Erde stattfinden.

---

*) Damals wohnten 36 jüdische Familien in Wien, welche wir
in der Beilage IX verzeichnen.

**) In einem Rescripte an das Gubernium in Italien, vom 21. Oct.
1783, wünscht der Kaiser zu wissen, welche Rechte und Privilegien die
Juden in Mantua haben. In demselben kommt der Passus vor: „Weillen
wir aber der Judenschafft etwa nöthig haben dürfften." Die Juden in
Mantua zahlten damals jährlich 1000 Doppie effettive Steuer.

Die Wohnungen müssen wöchentlich zweimal gesäubert werden. Es ist den Einwohnern gestattet, sich, wo es ihnen beliebt, im Hause Laubhütten zu errichten, und eine „Duck" — Frauenbad — herzustellen. Die „Schul" müssen sie im „Gewölbe" machen.

In diesem Jahre richtete die Kanzlei einen Vortrag an den Kaiser. Der Inhalt desselben ist:

1. Sie erinnern, die Juden einzelnweise auszutreiben und die Familien, deren Privilegien erlöschen, wegzuschaffen. (Die Juden hatten nämlich damals Privilegien blos für eine bestimmte Zeitdauer in Wien wohnen zu dürfen.)

2. Den Familien, deren Privilegium, in Wien wohnen zu dürfen, noch fortläuft, soll das Haus „Kissdenpfennig", im Anfang der Rothenthurmstrasse als Domicil angewiesen werden. Dieses Haus biete den Juden Schutz, da sich ein Militärwachtposten daneben befindet. Das Sacrament wird da nicht vorübergetragen und die Wohnungen, Keller und Gewölbe haben Raum für 48 Parteien.

3. Soll ein Edict erlassen werden, dass die Gläubiger der Juden sich melden, damit sie nicht bei der bevorstehenden Ausweisung zu Schaden kommen.

4. Die Juden, welchen der Aufenthalt noch zeitweilig gestattet ist, sollen die Steuer für 3 Jahre, 30,000 Gulden, sogleich, im Vorhinein erlegen.

Carl VI. rescribirte hierauf:

Ad 1 „*principaliter* hat die Canzley wohl und recht gethan endlich wieder die so nöthige und gewissenhafte Abschaffung der Juden vorzunemmen, welches auch *quoad questionem an* von nun an auf alle weiss vest zu setzen und dahin zu bearbeiten, mit allem eyfer, dass es nach möglichkeit alsogleich *ad effectum* gebracht werden möge."

Ad 2 „*placet*" (Später ging jedoch der Kaiser davon ab.)

Ad 3 „*hoc punctum placet in toto* vnd bey zeiten einzurichten, damit die Abschaffung im Juni wirklich effectuirt werde."

Ad 4 „*placet,* aber dass ihnen klare und scharfe Ordnungen vorgeschrieben werden, auch absonderlich das Comercium von Christen mit Juden verhindert werde, absonderlich im Hauss; glaubete auch, dass wann ein Jude auss gehet sein Handel nach, man ihm eine wacht mitgebe." (Aus letzterem Passus geht hervor, dass die Juden nicht vor Insulten sicher waren, vor welchen sie der Kaiser beschützen wollte, wie dieses auch aus der Klage der Juden in Böhmen, die wir später anführen, hervorgeht.)

In demselben Jahre, 23. Dec., erschien auch eine Judenordnung für Wien, welche an der Stubenthüre jeder Judenfamilie angenagelt sein sollte*):

1. Kein Jude darf, ohne dazu privilegirt zu sein, verheiratete Kinder, Freunde, Buchhalter, Cassiere etc. bei sich haben, ausser diese haben ihre Familien anderswo.

2. Die Juden sollen nicht mehr Bediente haben, als amtlich specificirt ist und dürfen sie nicht fremde Juden ohne Erlaubniss beherbergen.

3. Sie dürfen nicht christliche Diener, ausser Kutscher, haben und diese müssen jedes Jahr gewechselt werden. Die christlichen Schreiber, die sie in der „Schreibstube" haben, sollen nicht von ihnen Kost und Quartier erhalten.

4. Blos das Capo der Familie kann handeln, und zwar mit Wechseln, Geld und Juwelen und nicht mit andern Sachen, ausser die Hofkammer contrahirt mit ihm.

5. Wenn verheiratete Kinder oder die Diener der Juden handeln, sollen selbe namhaft mit Geld bestraft werden und das Privilegium des Hausvaters erlischt.

6. Die Juden sollen ihre Ceremonien ruhig und stille üben. An Sonn- und Feiertagen dürfen sie vor 10 Uhr

---

*) Bezüglich der Jurisdiction standen nach einer Verordnung vom 12. Juny 1731 die Wiener Juden unter dem Obersthofmarschallamt und die fremden Juden unter der niederösterreichischen Regierung. Wir geben das Document, Beilage X.

nicht ausgehen. Wenn das Venerabile getragen wird, oder eine Procession geht, dürfen sie nicht auf der Gasse sein*).

Ausserdem war es den Christen bei 1000 Thaler Strafe verboten, Juden zu beherbergen**). (In Folge einer Bitte der Wiener Juden wurde bestimmt, dass dieses Gesetz nicht öffentlich verkündigt werde.)

Ferner wurde den Juden gestattet, „auf ihrem Freithofe" — in der Rossau, wo sich das jüdische Spital bebefindet — zwei Krankenwärter, einen Mann und ein Weib, die jedoch nicht verheiratet sein dürfen, zu halten.

1725, 20. März, wurde angeordnet, dass alle Wiener und ausländische Negocianten, Handelsleute wie auch Juden, welche in Wien Geschäfte machen, sich protocolliren lassen müssen.

Im Jahre 1736 wurde wieder eine Ausweisung, respective eine Einschränkung der Juden decretirt. Die Hofräthe schrieben jedoch 19. März 1737 an den Kaiser:

„Da bey den jetzigen Necessitäten diese heilsame intention (die Einschränkung der Juden in Wien) nicht erreicht werden kann, sondern über die fünf in Belgrad erbauten und noch zu erbauenden Schiffe noch vier nach dem Modell des Marquis Pallavicini zwei andere nach Art der dänischen Brämmer bis Ende May d. J. verfertigt werden sollen und man Geld braucht, so wäre es angemessen, die Judenprivilegien gegen einen Vorschuss auf 10 Jahre zu extendiren."

---

*) Ein Decret Pabst Alexander III. gebietet, dass die Juden am Charfreitag ihre Fenster und Thüren schliessen. Innocenz III. untersagte ihnen in den letzten Tagen der Charwoche auszugehen und während der Fastenzeit in den Feiertagskleidern unter die Christen zu kommen.

**) Um so viel als möglich jede Verbindung zwischen Juden und Christen zu verhindern, verbot die Republik Venedig 18. September 1720, dass die Juden den Christen nicht Koscherwein verkaufen dürfen. Man fürchtete, dass die Christen durch den Umgang mit Juden von ihrem Glauben abfallen würden.

Folgende Familien, welchen in Wien der Aufenthalt gestattet war, boten sich hierauf an Darleben zu machen:

		fl.		fl.
Löw Sinzheim	in Papieren	150.000		
Isac Arnsteiner	„ „	50.000		
Bernh. Gab. Eskeles	„	75.000	oder baar	50.000
Hirschel Spitz	„	30.000	„ „	20.000
Löw Werthheimer	„	45.000	„ „	30.000
Werthheimbers Pupillen	„	45.000	„ „	30.000
Marx u. Mayer Hirschel	„	—	„ „	40.000
Schlesinger's Wittwe	„	30.000	„ „	—
		425.000	—	170.000*).

Diese Summe sollte in zwanzig Raten rückzahlbar sein. Hierauf rescribirte der Kaiser: „*Placet* wegen gegenwärtigen umbständen." Jedoch wurde bestimmt, dass keine neuen Priviligien an Juden ertheilt werden sollen, um in Wien wohnen zu dürfen. Das k. Rescript mit Bezug auf den betreffenden Vortrag der Hofkanzlei vom 17. Nov. 1736 lautet:

Placet wie die Canzley eingerathen (blos den obengenannten den Aufenthalt zu gestatten) vndt wird darauf ohne alle Convenienz festzuhalten seyn, dass auch deren Familien so noch hier tollerirt werden, keinen Ueberfluss an Leuthen zu gestatten und mir weiteres zu berichten, wie diess vollzogen werden kann. Carl.

Ausnahmsweise erhielt Herz Löw Manasses die Bewilligung in Wien zehn Jahre wohnen zu dürfen, wofür derselbe anticipando 30.000 fl. Schutzgeld zahlte. Er erbot sich ausserdem 20.000 fl. zu zahlen, wenn es ihm gestattet würde, verheirathete Bediente mit ihren Weibern und Kindern aufzunehmen **).

---

*) Ausserdem hatten der Regierung bereits sehr bedeutende Anleben gemacht: Isac Arnsteiner und Wolf Schlesinger. Letzterer hatte die Lieferungen für die Garnison in den ungarischen Festungen. Abr. Spitz hatte ein Guthaben von 25.000 und Eskeles von 75.000 fl. Dieser hatte die Pulverlieferungen.

**) Die Juden suchten in solcher Weise das Gesetz zu umge-

Bezüglich der Juden in Böhmen ist Folgendes aus der Regierungszeit Carl VI. zu bemerken. Als derselbe 1723 in Prag gekrönt werden sollte, erliess er ein Rescript an die böhmische Kammer, worin es heisst: „Ihr werdet wegen der Juden alles gute Einsehen tragen und wie diese in Schrecken zu halten entwerfen, wie dann auch die Judenstadt Abends zeitlich zu versperren, und im übrigen kein Jude ohne Specialerlaubniss in unser königl. Schloss einzulassen sein wirdt."

Unter dem 31. July 1725 rescribirte der Kaiser: „Da auch viele ausländische Juden in Orten wohnen, welche vorhin niemahlen Juden gehalten, noch zu halten befugt gewesen. Wie nun aber dieses zur Belästigung des Publici und die Unterdrückung des christlichen Handels und Wandels auch sonsten zu mannigfachen Irrungen und Schädlichkeiten erwächst, darf von nun an (die herrschaftlichen Brandweinhäuser ausgenommen) keine Obrigkeit oder Landeseinwohner einige Juden in seine Oerter und Häuser, wo anjetzo derlei Juden nicht bereits wirklich sich befinden *) an und aufgenommen werden unter Straff von 1000 Pfund."

Ein härteres Gesetz als dieses war jenes vom 25. September 1726, welches die natürliche Fortpflanzung verhin-

---

hen und erwarben sich dadurch fremde Juden das Recht in Wien bleiben zu dürfen, indem sie sich als Bediente etc. aufnehmen liessen. Dieser Zustand dauerte bis zum J. 1848 (S. meine Geschichte der Wiener isr. Gemeinde).

*) Im Jahre 1650, und dieses war massgebend, wohnten in folgenden Ortschaften Böhmens Juden: In Ellbogen, Schlackenwert, Kaaden, Saatz, Brassen, Kirchenberg, Kratzerau, Rub, Wartenberg, Glattau, Bakoffen, Sobotka, Rubrawitz, Szabel, Weisswasser, Nimburg, Dauba, Friedland, Libaz, Drym, Rothbreschitz, Pilgram, Seltz, Horzowitz, Einbrock, Mischl, Neukinna, Hostomnitz, Leitmeritz, Koblitz, Billin, Königgrätz, Germer, Grulich, Scholitz, Chwalkowitz, Bisterschitz, Koffolitz über der Elbe, Michowitz, Plan, Heydt, Hestaun, Freysing, Ibwa, Mondin, Rebenstein, Pardubitz, Laudskron, Pegnitz über der Elbe und Leitomischel.

derte, und nur dem erstgebornen Sohn zu heiraten gestattete. In demselben wird nämlich bestimmt:

1. *A die publicatione* sind die jetzt verheiratheten oder verwitweten Juden als *patres familias* anzusehen. Von ihren Söhnen kann nur ein einziger *pro incola* die Erlaubniss zu heirathen erhalten.

2. Die andern Söhne können sich ausser Landes verehelichen und werden *in perpetuum qua externi* angesehen.

3. Wenn der Familienvater beim Erscheinen dieses Gesetzes schon verstorben ist, kann keiner von den Söhnen *pro incola* die Erlaubniss zum heirathen erhalten.

4. In einer Familie, wo blos Töchter sind, ist die Familie als *eo ipso pro instincta* zu betrachten.

5. Wer dagegen handelt wird mit Stauppenschlägen und Relegation bestraft und

6. Die Obrigkeit, die dieses gestattet, zahlt 1000 Ducaten Strafe *).

Im J. 1729 (4. Nov.) suchten die böhmischen Juden ihre ehemaligen Privilegien wieder zu erhalten. Isac Lowositz, Wolf Lichtenstadt und Baruch Austerlitz im Namen der Prager Judenschaft und Benj. Kinsberg, Sollicitator, im Namen der böhmischen Landjudenschaft verpflichten sich dem Staate 300.000 fl. zu borgen und zwar sogleich 75.000 fl. und ferner dreimal je zwei Monate 75.000 fl., welche der in Wien wohnhafte mähr. Landrabbiner Gabriel Berend Eskeles auszahlen wird, wofür sie sich jedoch die Bestätigung ihrer ehemaligen Privilegien erbitten, und dass

---

*) Dieses Gesetz erschien in Böhmen, Prag 16. October 1726, in Schlesien, Breslau 21. October 1726 und in Mähren, Brünn 24. Oct. 1726. Auch in österr. Italien suchte man die Juden zu vermindern und in einem Rescripte heisst es: „Sodann verlangen wir berichtet zu sein, ob nit möglich wäre denen Juden das Heurathen *ad certam aetatem* zu limitiren, indem Sie biss anhero sobald nur möglich ihre Kinder vereheligen, andurch aber sich allzu stark vermehren und dem Christen allen Handel und Wandel entziehen."

es ihnen gestattet werde frei zu handeln und unbeschränkt zu heiraten *).

Die Juden wurden hierauf aufgefordert ihre Beschwerden anzugeben und zugleich gefragt, welche Rechtsurkunden sie über den Besitz der Sinagogen und Gottesäcker nachweisen können.

Es liegen uns zwei Bittschriften in der Beziehung vor, welche die *Gravamina* enthalten. Wir lassen hier im Auszuge die Puncte folgen:

1. Gegen alle Privilegien wurde den Juden der Verkauf des Salzes verboten (18. Apr. 1724).

2. Ebenso wurde ihnen das Hausiren untersagt (1. Apr. 1726).

3. Ferner wurde ihnen verboten mit ausländischen Tüchern zu handeln (1. Apr. 1726) und Tabak zu verkaufen.

4. Die Juden dürfen nicht die Nutzniessung der Milch der Kühe in den herrschaftlichen und Privat-Meierhöfen haben.

5. Es ist ihnen verboten Mauthen, Mühlen, Schaffereien, Brauhäuser, Meierhöfe im Besitze zu haben.

6. Die Frage *quo jure et titulo* die Juden Sinagogen haben, müssen sie dahin beantworten, „dergleichen *possessio vel quasi à tempore immemoriali* von ihren jüdischen Vorfahren auf die künftige Judenschaft fortgestammt und solche Befugniss *ex jure tolerantiae et receptionis profluirt;* überdies haben die vielfältigen Feuersbrünste, Wasserergiessungen, Kriegstroublen und contagiose Zeiten ihnen fast alle Nachrichten entzogen."

7. Das Gesetz bezüglich der Heiraten und die Personalleibmauth soll aufgehoben werden.

---

*) Damals zahlten die mährischen Juden jährl. 75.000. fl. die Prager — wo 8000 Juden wohnten — 150.000 fl. und die böhmische Landjudenschaft 75.000 fl. Steuer.

Sie bitten daher:

1. Dass die Juden in Handel. Maut und Zoll den Christen gleich gestellt werden, damit sich nicht die Fälle wiederholen, dass handelnde Juden in manchen Orten mit harten Schlägen belegt, in Schweinställen eingesperrt und ihnen alles weggenommen wird *).

2. Es soll Niemanden in Böhmen zu heirathen gestattet sein und Niemand soll das Incolat erhalten, wenn er nicht wenigstens 300 fl. besitzt oder ein Handwerk oder eine Profession betreibt.

3. Ausser den Ehehimmeltaxen sollen die Steuern von einem Manne, der heirathet, auf 3 Jahre *anticipando* erlegt werden.

4. In Prag sollen überhaupt jährl. nicht mehr als 4 „Manns- und 4 Weibsbilder" aufgenommen werden.

5. Den Armen soll der Abzug aus dem Lande frei gestattet sein.

Bezüglich dieser Beschwerdepuncte und der Bitten, die sich daran knüpfen, wollen wir blos bemerken, dass die Juden allerdings von den Landtagen und von den Kaisern Privilegien besassen, welche sie in Beziehung auf Handel etc. den Christen gleichstellen. Später wurden ihnen auch diese Rechte und Privilegien verkümmert. Es zeigt sich jedoch bei dieser Gelegenheit, wie sehr Privilegien und Vorrechte demoralisiren. Die Juden, die so sehr bedrückt waren, haben unter sich selbst ebenfalls keine Gleichheit anerkennen wollen und zunächst suchte man dem Fremden gegenüber seine Macht fühlen zu lassen. Das Volk, das sich rühmet von Abraham abzustammen, welcher die Fremden gastfreundlich aufnahm, ein Verdienst, das auch Hiob für sich in Anspruch nimmt. „Auf der Strasse soll der Fremde nicht übernachten"; ein Volk, dem befohlen ward, des Fremden zu schonen: „Denn ihr wisset,

---

*) Carl VI. ordnete bereits 11. April 1712 an, dass diejenigen, welche Juden kränken, bestraft werden sollen.

wie es dem Fremdlinge zu Muthe ist, da ihr selbst Fremdlinge waret im Lande Egypten": — das Volk wurde hart
gegen die eigenen Glaubensgenossen, wenn sie Fremde
waren. Nicht blos in Böhmen und Mähren, sondern auch
anderswo, vor und nach dieser Zeit, strebten die Juden
die Fremden wegzuschaffen. In Venedig waren es Juden,
welche Gesetze der Unduldsamkeit gegen die geflüchteten
Marannen hervorriefen und vielen dürfte es noch bekannt
sein, welchen Werth manche Personen darauf legten,
„Wiener Tollerirte" zu sein, die sich bestrebten, den Kreis
dieser Auserwählten stets so enge als möglich zu halten.

In Folge dieser Beschwerden und der ihnen vorausgegangenen Anerbietungen wurden momentan einige Er-
leichterungen gewährt und manche der genannten Bestimmungen suspendirt; die jedoch bald wieder zur Geltung
kamen *).

Bezüglich der Juden in Mähren, für welche die böhmischen Juden ebenfalls das Wort nehmen (ein Fall, der
sehr oft eintritt und in der ehemaligen politischen Verei-
nigung dieser Kronländer seinen Grund haben mag) bestehen von Carl VI. folgende Gesetze. Unter dem 13. Mai
1723 wurde bestimmt:

---

*) Es mag hier gelegenheitlich bemerkt werden, dass Carl VI.
den ehemaligen Rabbiner zu Nicolsburg David Oppenheimer am 10. Sep-
tember 1718 auf zehn Jahre zum Landesoberrabbiner im Königreiche
Böhmen ernannte, „weil er sich bisher gut aufgeführt und zu der Ju-
denschaft Zufriedenheit wohl verhalten hat, ferner seines uninteressirten
Wandels willen auch seiner Gelehrigkeit halber in jüdischen Gesätzen.
Er soll nach altem Gebrauche geschützt vnd in der Landesprotection
vnd mithin alle gebührende Hilff vnd Assistenz geleistet werden. Die
Landjuden sollen demselben jährl. 150 fl. und zwar jedes Quartal 25
Thlr. geben; ausserdem soll er Taxen bei Hochzeiten erhalten. Seine
Function betreffend bestehen selbe, damit alles Respecte des Mosai-
schen Gesätzes und Jüdischen Ceremonialien in einer woleingeschrenk-
ten Lebensart verharren und die widerspenstigen Juden durch die vom
Landrabbiner vor die Hand nehmende *Coercirung ad majorem frugem*

1. Die Toleranzgelder sollen von 12.000 fl auf 8000 fl. herabgesetzt werden.

2. Die Juden können befreiete Wochen- und Jahrmärkte beziehen und ihre Waaren stück- und ellenweise ein- und verkaufen.

3. Sie sollen nicht mehr Maut als die Christen zahlen.

4. Die Juden und ihre Waaren sollen nicht beschwert werden. Die Christen denen die Juden Geld schuldig sind, sollen bei den gewöhnlichen Gerichten klagen.

5. Ueberall wo Juden wohnen, sollen sie geschützt werden und es soll ihnen gegönnt sein, sich ihr Gewerbe und Nahrung zu suchen.

6. Es ist ihnen gestattet Handwerke zu lernen und sie unter sich zu betreiben.

In Folge einer Denunciation gegen die Juden in Neu-Rausnitz, als hätten diese Christus verspottet; (es war nämlich ehemals unter den Juden üblich beim Ausgange des Passafestes einen Popanz — Chamez-Borchu — herum zu tragen) trägt der Olmützer Cardinal darauf an, die Judenhäuser in grösserer Entfernung von den Kirchen zu halten. Carl VI. befiehlt daher (Beilage XI), 27. Juny 1727, dass eine Commission über diesen Gegenstand und über fernere Beschränkungen der Juden berathe.

In Beziehung auf die Juden in Schlesien ist ein Decret vom 8. May 1713 anzuführen, wonach jüdische Toleranzgelder jährlich eingehoben werden und zwar bei der „possessionirten" Judenschaft der Mann 1 fl. 30 kr. das Weib 45 kr., bei der „nichtpossessionirenden" der Mann 3 fl. das Weib

---

gebracht und also die Missbräuche abgestellt, mithin alles in guter Ordnung erhalten und was in denen Jüdischen Landesgemeinden und zwischen privat Juden respecte sothaner jüdischer Ceremonien zu richten und zu schlichten vorfällt, stabilirt werde". Der damalige Primator in Prag war Sam. Sachsel, die Eltesten hiessen Feitel Fanta, Herschel Glaker und Jac. Przibram. Landesprimatoren waren: Joach. Schmuel und Abraham aus Lieben.

1 fl. 30 kr. und jedes Kind 15 kr. Ferner sind 6 Classen in Beziehung auf die Vermögenssteuer:

1 Cl. über 2000 fl. Vermögen possess. 18 fl. nicht possess. 21 fl.

2 „	bis	2000 „	„	„	15 „	„ 18 „
3 „	„	1500 „	„	„	12 „	„ 15 „
4 „	„	1000 „	„	„	9 „	„ 12 „
5 „	über	500 „	„	„	6 „	„ 9 „
6 „	bis	500 „	„	„	3 „	„ 6 „

„Dafür erhält der Jude einen Zettel, den er zu seiner Legitimation beständig bei sich tragen muss und keine Herrschaft, Obrigkeit, noch ein Privatwirth, er sey Christ oder Jude, darf sich gelüsten lassen einen Juden ohne Vorzeigung eines solchen gedruckten Zettels bei sich aufzunehmen."

Vom Jahre 1721, 18. Juni finden wir noch folgenden Steuercensus für die nicht possessionirenden Juden:

1. Classe. Die mit Wechseln, Juwelen, Gold, Silber, Seidenzeug, feine Spitzen, Tücher etc. handeln und sonst für Capitalisten gehalten werden, jährl. 20 fl.

2. Classe. Branntweinschankpächter etc. die über 200 fl. Pacht zahlen; die handeln mit Büchern, Leder, Getraide, Cattun, Leinwand, Ross und Vieh, Goldschmiede, Sticker und Rabbiner, 16 fl. jährlich.

3. Classe. Pächter, die unter 100 fl. Pacht zahlen und die mit Powelwaaren handeln, 12 fl. jährlich.

4. Classe. Die mit alten Kleidern und wellischen Früchten handeln, „Schamess" (Gemeindediener) und gemeine Mäkler, 8 fl. jährlich.

5. Unverheirathete Juden zahlen um 3 fl. weniger als verheirathete.

6. Dienstboten nach Cathegorie 2 fl., 1 fl. 10 kr., 1 fl. und 15 kr.

Ein Rescript von 26. Nov. 1725 ordnet an, dass Christen *operas liberales, artificiales, comerciales et mechanicas* bei Juden verrichten dürfen, da sie keine knechtische Bedienung involviren. „Die Juden können christl. *medicos, chirurgos*, Apotheken und Hebammen (Saugammen sind übereinstimmend mit den canonischen Gesetzen — Cap. Etsi Judaeos — gänzlich ausgeschlossen) zu ihre Hilf ersuchen; sie dürfen mit christlichen Personen Handel und Wandel treiben, christl. Fuhrleute, Handlanger und Schneider haben. Am *Sabbat* darf ein Christ dem Juden Dienste leisten, doch nicht eine Christin. und dürfen sie nicht bei den Juden übernachten."

Trotz all diesen Beschränkungen und der geringen Anzahl der Juden in Schlesien überhaupt (wir geben Beilage XII ein Verzeichniss derselben) wird doch noch 27. Feber 1733 Klage geführt: „Es häufen sich zu viele Juden in Breslau", und im J. 1738 erfolgte ein Ausweisungsdecret.

Wir haben noch um das Bild zu vervollständigen, der Juden im Reiche, in Deutschland, zu gedenken, gegen welche sich Carl VI. sehr gnädig zeigte. Wir verweisen zuvörderst auf den interessanten Bericht der Abgeordneten der Stadt Frankfurt a/M. über die Vorgänge bei der Kaiserkrönung (Beilage XIII). Die ehrenwerten Abgeordneten finden sich sehr verletzt, dass man sie „nur wenig" den Juden vorgezogen haben. Sie bemerken, dass der Huldigungseid der Juden mit dem Christlichen gleichlautend war, mit dem Unterschiede dass es *loco verborum*; getreue Unterthanen getreue Knechte und statt, so wahr mir Gott helfe, so wahr mir helfe *Adonai* hiess. Die Herren fanden sich so sehr gekränkt darüber, — dass sie die Einladung zur Tafel nicht annahmen.

Carl VI. bestätigt, Pressburg 12. Mai 1712 die Privilegien und Freiheiten der Juden, wie sie sein Vorfahre Carl V. gegeben und welche dann von Ferdinand II. erweitert wurden (S. unsern Ferdinand II. Beilage III) und bestimmt überdies:

„Nachdem auch diese Judenschafft in dem was sie unter Ihnen oder gegen andere Juden zu thuen wegen Ihrer Gelderschulden oder anlagung halber einzubringen auch in *Exercirung* ihrer Jüdischen Ceremonien, um zur

Verhütung alles Betrug und Untreu sowohl unter Ihnen
selbsten als auch gegen den Christen zu ihrer *Execution* anderer nichts haben als den j ü d i s c h e n B a n n : So
geben wir Ihnen noch ferner diese Gnad, dass ihre
jüdischen Vorsteher denselben männiglich unverhindert
brauchen können und mögen. ihnen auch darwider kein
Eintrag beschehen soll.*

In Folge einer Bitte des Emanuel Drach in Frankfurt (Beilage XIV) gestattete Carl VI., Wien 8. Jän. 1722
(Beilage XV), dass es den Juden in Frankfurt gegönnt
sein soll, die im Brande 1711 zerstörten kaiserlichen Adler
mit der Inschrift: „Röm. kays. Mayestät und des heil. Reichs
Schutz" an die drei Thoren der Judengasse, als *salua
guardi* wieder anzubringen *).

Aus dem hier Mitgetheilten ist zu entnehmen, dass
Carl VI. den bestehenden Gesetzen bezüglich der Juden
gerecht zu werden strebte, dass ihm aber die Juden überhaupt nicht genehm waren und er es gewünscht hätte —wenn
es sonst nur möglich gewesen wäre — dieselben je eher je
lieber aus dem Lande zu weisen. Unter diesen Umständen
ist die Entscheidung bezüglich der getauften Judenkinder
um so mehr zu beachten. Der Widerwille gegen die
Juden, der Eifer für den Glauben, zu dem er sich bekannte — und es ist unnöthig zu bemerken, dass der
Kaiser fromm war — konnte ihn nicht abhalten, Handlungen, die wider die Natur und wider alle Begriffe des
Rechtes sind, zu verdammen und sie zu verbieten. In
demselben Sinne schreibt er, Grätz 6. May 1740, an den
Erzpriester zu Görz und Gradisca und Pfarrer zu Fiumi-
cello. Das Schreiben schliesst: „Deme nun vermöge herein-
gelangt Unsere kais. allergnädigste Resolution und Verwendung vom 7. Oct. 1739 du den gehorsamsten Vollzug

*) Im J. 1645 rissen die Franzosen während des Krieges diese
Adler herab. Am 29. Mai 1663 wurde es den Juden gestattet dieselben
wieder aufzustellen.

zu leisten wissen werdest, denn an Dem geschieht unser gnädigster Wille und Meinung."

Am 28. Feber 1747 erschien von Pabst Benedict XIV., wie bereits gemeldet, die Bulle: *Postremo mense* und am 15. Dec. 1751 die Constitution: *Probe te*, ein Schreiben an den Assessor der h. Congregation Pater Hieronymus Guglielmo, in welchem über die Taufen ausführlich gehandelt wird *). Sie hatten jedoch vorläufig keine Bedeutung für die Juden in Oesterreich. Die Kaiserin Maria Theresia hatte in der ersten Zeit ihrer Regierung ihr volles Augenmerk anderswohin zu lenken und ausserdem war sie den Juden sehr ungnädig und wollte sie aus dem Lande treiben. Sie beschränkte sich zunächst in der Beziehung das Bestehende aufrecht zu halten, wie folgendes

---

*) Die wichtigsten Bestimmungen derselben sind:

1. Nicht allein der Vater sondern auch die Mutter, der Grossvater und die Grossmutter können wider den Willen resp. des Vaters, der Mutter etc. die Kinder taufen lassen.

2. Gleiches Recht hat der Ehemann seiner Gattin und der Bräutigam seiner Braut gegenüber, wenn sie sich taufen lassen.

3. Verlangt das Kind die Taufe und hat Vernunft, so kann es getauft werden. Ein Kind 7 Jahre alt, ist als vernünftig zu betrachten.

4. Wenn ein Kind, noch nicht sieben Jahre alt, sich weigert dem Vater oder der Mutter, die zum Christenthume übergehen, zu folgen, soll man es zu Christen geben, bis es Vernunft hat und es dann zur Taufe auffordern.

5. Die Eltern, resp. Vater oder Mutter, haben für die Alimente der Kinder, die sich taufen lassen, zu sorgen.

6. Kinder in Todesgefahr oder verlassene Kinder können getauft werden, der *libellus repudii* (Scheidebrief) ist nicht mehr zu gestatten. Letztere Verordnung ist dem Ausspruche in der Bergpredigt (Matth. 5, 32) entsprechend: „Ich aber sage Euch: Wer sich von seinem Weibe scheidet — es sei denn um Ehebruch — der macht, dass sie die Ehe bricht; und wer eine Abgeschiedene freiet, der bricht die Ehe." Und auf die Frage der Pharisäer bezüglich der Scheidung antwortet Jesus: „Was denn Gott zusammen gefügt hat, soll der Mensch nicht scheiden" (Marc. 10, 9). — Diese Massregel auf jüdische Verhältnisse angewendet, wo die Ehe kein Sacrament, sondern ein Civilact ist, verursachte grosse Verstörungen in jüdischen Familien.

Hofrescript vom 8. July 1744 an das innerösterr. Landesgubernium beweist:

„Wir Maria Theresia etc.

Gleichwie nach allergnädigster Resolution vom 7. Oct.
1739 auf damals euch beygeschlossene beschwerde der
privilegirten Judenschaft in österr. Friaul und Litorali
die Entziehung und Taufung der Judenkinder als eine
in den geistlichen und weltlichen Rechten verbothenen
Sache überhaupt höchstens missbilliget werden, dabey es
sein unabänderliches Bewenden hat, also werden künftighin die diesfälligen Uebertreter nach beschaffenen Umständen mit empfindlicher Strafe unverschont anzusehen seyn,
ohne jedoch dieses Unser Gebot derzeit durch Patente kund
zu machen, sondern nur allein solchen Unsere allseitigen Re-
präsentanten zu ihrem Verhalt samt dem Anhange mitzugeben, dass sie die etwa vorfallende Casus gutächtlich
specifice gehörig anzeigen und darüber das Weitere ab-
warten sollen.

Dessen wir auch dann auf Euer in Sachen einge-
langt geh. Schreiben zu eurer und seiner Gehörde weiteres
verfügender Nachricht auch sorgfältigster Darobhaltung
hiermit erinnern.“

Wir können hier nicht näher auf die Regierungs-
massregeln der Kaiserin Maria Theresia bezüglich der
Juden eingehen, da diese uns zu weit von unserem Ziele
ablenken würden und wir überdies die Absicht haben das
Verhältniss der Juden unter der grossen Kaiserin in ausführlicher Weise darzustellen. Hier sei nur bemerkt, dass
bezüglich der Juden zwei Perioden in der Regierungszeit
der Kaiserin zu unterscheiden sind. Die erste von der
Zeit ihres Regierungsantrittes und der kurz hernach er-
folgten Ausweisung der Juden aus Böhmen und Mähren,
und die zweite von der gestatteten Rückkehr der Juden
nach Prag begonnen. Währenddem in der ersten Periode
blos das streng katholische Element zum Durchbruche
kömmt, zeigt sich in der zweiten — wenn auch die Kai-

serin nach wie vor in ihrem Thun und Lassen innig
religiös ist — das Streben objectiv den Verhältnissen
gerecht zu werden und die den Juden gewährten Freiheiten
und Privilegien aufrecht zu halten. Noch mehr, sie strebte
die Juden von Innen heraus zu heben und den Unterricht
zu regeln. (S. unsern Aufsatz: die Anfänge eines jüdischen
Seminars unter der Kaiserin Maria Theresia, in Wertheimers
Jahrbuch 1860/1).

Hier wollen wir vorläufig constatiren, dass die Ausweisung der Juden aus Prag, 24. Dec. 1744, (abgedruckt im
Wienerischen *Diarium* No. 4 vom 13. Januar 1745) in Folge
der wiederholten Klagen der Bürger gegen die Juden, als
würden diese ihnen den Erwerb verkümmern etc. anbefohlen
wurde. Mit dem Ausweisungsdecrete erschien zugleich ein
Befehl, dass „der gemeine Pöwel nicht in den Gedanken
gerathen möchte, dass da die Juden in Ihrer Majestät allerhöchste Ungnade gefallen seyn, folglich umb desto füglicher
von denen Christlicher Innwohnern bekrenkt werden können."
Die Bürger jedoch, welche die Ausschaffung der Juden er-
wirkten; sie waren es, welche um Rückkunft derselben
baten, welches wir an einem andern Orte nachweisen
werden *).

---

*) In Schlossers Gesch. des 18. und 19. Jahrb. II. Thl. p. 74
heisst es: „Im folgenden Frühjahre (1743) ward Maria Theresia in Prag
gekrönt und machte manche heilsame Verbesserung, obgleich sie an-
fangs die böhmischen Juden, die sich der fremden Herrschaft angeschlossen hatten, hart verfolgte. Es bedurfte der holländischen und
englischen Verwendung, bis das harte Gesetz der Verbannung der
Judenschaft zurückgenommen ward." Wir sind im Besitze der gesammten Documente, die auf jene Ausweisung der Juden Bezug haben
und auf Grund derselben constatiren wir, dass auch nicht im Entferntesten die Beschuldigung vorkommt, als hätten die Juden Verrath
gegen das Vaterland geübt. Die Statthalter in Prag heben sogar den
loyalen Sinn der Juden hervor. Es scheint hier überhaupt eine Con-
fundirung statt gefunden zu haben. Im J. 1756 fand man nämlich
einen Brief des preussischen Generals Mannstein, in welchem von einem
getauften jüdischen Spion die Rede ist. In Folge dessen wurde der

Die Frage bezüglich der Judentaufen wurde unter der Kaiserin Maria Theresia erst im J. 1756 angeregt. Damals hatte nähmlich die Hebamme Catharina Kutscherin in Zeranowitz bei Holleschau in Mähren ein Judenmädchen 2½ Jahr alt, Tochter des Isak Pinkus zu dem Czeslitzer Pfarrer, der nachher in Eiwanowitz war, geführt, damit es daselbst in der christl. Religion unterrichtet werde, um dann die Taufe zu empfangen. Der Vater wendete sich hierauf klagend an die Behörden und begründet unter anderem seine Bitte:

„Wann nun zwar Judenkinder keineswegs beirret werden, auss äugenem Antrieb Christen zu werden, zum Gegentheil aber derley formentliche Kinderraub allerdings verbothen in anbetracht unter anderen sogahr durch die alljährliche Landtagsschlüsse der mähr. Judenschaft über die derselben allermildigst ertheilte Freiheiten und Aussnahm demnach das *liberum exercitium Religionis* mit deren gewöhnlichen Synagogsgebrauch und Ceremonial in allerhöchsten Erblandes fürstl. Gnade bestätigt und gewährt werden".

Die Kaiserin rescribirte hierauf 10. Nov. 1759:

Aus verschiedenen erheblichen Betrachtungen lassen wir es zwar bey der lauth eures unterthänigsten Berichts vom 8. Oct. von dem Olmützer bischöflichen Consistorio beschehenen Veranlassung, dass das von der christl. Hebamme Catharina Kutscherin heimlich getaufte Kind des Zerano-

---

damalige mähr. Landesrabbiner Mos. Aron Lemberger aufgefordert, den Bann über alle Spione zu verhängen. Zu jener Zeit waren aber die Juden wieder in Prag ansässig. Es sei bei dieser Gelegenheit übrigens bemerkt, dass der Beweis für die Verwendung der holländischen und englischen Regierung noch zu führen ist. Im hiesigen Archive des Ministeriums der Aeussern findet sich keine Spur von dieser Verwendung und ist es auch kaum glaublich, dass die Kaiserin eine derartige Intervention angenommen hätte. Es bedurfte auch nicht der fremden Intervention, um den Juden den Aufenthalt in Prag und respective in Böhmen zu ermöglichen, da wie bemerkt, die Bürger selbst darum gebeten halten und die böhmischen Statthalter im Interesse des Staates die Wiederkehr der Juden auf das Wärmste befürworteten.

witzer Bestandjudens Isak Pinkus dem Eywanowitzer
Pfarrer zur christl. Aufziehung übergeben werde hiermit
bewenden. Zumahlen aber hierdurch die Hebamme einer
unerlaubten sträflichen Handlung sich angemasset hat, Wir
auch nöthig finden derley unternehmungen einhalt zu thun,
und dem Consistorio den unmittelbaren fürgang in ansuchung
der creysambtlichen assistenz wie es in dieser Begebenheit
erfolgt für das künftige einzustellen.

Als werdet Ihr gedachte Hebamme mit einer 4 wochent-
lichen Spinnhausarbeit bestrafen und diese wider sie verhängte Strafe andern zur erspieglung im lande mit dem bey-
gefügten ausdrücklichen scharfen Verbotth, dass hinfüro
weder eine christl. Hebamme noch sonst jemand bey
schwerer Straffe die judenkinder heimlich zur tauffe sich
unterfangen solle, kundmachen. Dem bischöfflichen Consistorio aber dass Selbstes in fällen, wo es die assistentiam
Brachij sœcularis bedarff sich ohnmittelbar an Euch und
nicht an die Creyssämbter zu wenden habe, bedeuten. Hier-
nächst auch die sammtlichen Creyssämbter dahin anweisen,
dass Selbte hinfüro die etwan gleichwohlen an Sie er-
lassende Consistorial requisitiones nicht ehender als nach
vorhero bey Euch hierüber eingehollter Verordnung be-
folgen sollen".

Der Vater, nachdem ihm diese Erledigung bekannt
wurde, bat aufs Neue und die Entscheidung erfloss im J. 1765.
die wir später mittheilen.

Am 10. Oct. 1759 taufte sich die Gattin des Licho-
witzer Schutzjuden Wolf Katz und nahm wider den Willen
des Vaters die unmündigen Kinder mit sich und liess sie
taufen. Der Vater strengte hierauf einen Process an, der
bis an die Stufen des Thrones gelangte. Der Gegenstand
wurde aber nicht mit besonderem Eifer behandelt. Ein sehr
eclatanter Fall, der sich bald hernach zu Prag ereignete,
veranlasste eine gründliche Erörterung dieser Angelegenheit.

Im Jahre 1763 befand sich nämlich im Arreste der
königl. Neustadt zu Prag die Jüdin Rifka als Häftling,

welche ein Kind hatte. das noch an der Mutterbrust war. Eines Tages wurde sie *ad commissionem* zum Verhöre gerufen, da gab sie ihr Kind einer christlichen Mitarrestantin, Namens Barbara Ulsassin, um es während ihrer Abwesenheit zu beruhigen. Als Rifka vom Verhöre zurückkam und ihr Kind nehmen wollte, bemerkte die genannte Barbara Ulsassin, dass sie das Kind in der Zwischenzeit getauft habe. Das Stadtgericht nahm hierauf das Kind und übergab es dem k. k. Apellationsgerichte und dieses schickte das Kind in das „wellische Spital". damit es da versorgt und christlich erzogen werde.

Lazar Teweles, Prager jüdischer Arrestanten-Solicitator, verwendete sich für die Mutter bei dem Apellationsgerichte und berief sich auf das Rescript von Carl VI. Er wies zugleich auf das Attentat hin, welches, wie oben gemeldet, die Hebamme Kutscherin ausübte. Der jüdische Landessollicitator Moses Lewi Heller wendete sich an das erzbischöfliche Consistorium in Prag und bat um Abhilfe; doch alle diese Schritte waren vergebens.

Hierauf wendeten sich die Prager Landesältesten Isak Simon Frankl, Isak Austerlitz und Nathan Epstein im Namen der Prager und der Landesjudenschaft an die Kaiserin um Abhilfe.

Die Kaiserin befahl hierauf den Gegenstand auf Grund der vom Pabst Benedict XIV. gegebenen Bulle und Constitution zu untersuchen. Insbesondere wurden folgende Fragen zur Beantwortung vorgelegt:

1. Ob die von der Barbara Ulsassin vorgenommene Taufe als erlaubt und giltig anzusehen sei?

2. Ob die Taufe giltig, jedoch unerlaubt und deshalb bestraft werden sollte?

3. Ob das Kind den jüdischen Eltern wieder zurück gegeben werden solle?

Zugleich wurden die Fragen ventilirt. wenn ein Ehetheil zum Christenthume übergeht, ob und welche Kinder demselben folgen müssen, wie es gehalten werden solle,

wenn der Grossvater oder die Grossmutter zum Christenthume übergehen, ob sie ihre Enkel wider den Willen
der Eltern können taufen lassen? Welche Jahre können
als die Vernunftjahre bezeichnet werden etc.

Die Gubernien von Böhmen, Mähren und Schlesien,
aufgefordert, Gutachten abzugeben, ersuchen die Bischöfe
zu Prag, Olmütz und Breslau ihre Ansichten über diese
Angelegenheit zu äussern. Aus den eingegangenen Gutachten entnehmen wir:

Alle Ansichten stimmen darin überein, dass wenn der
Vater sich tauft, so müssen ihm die minderjährigen Kinder, auch wider den Willen der Mutter folgen. Als Beweis für die Richtigkeit dieser Anschauung wird angeführt:
Im Jahre 1236 liess sich in Strassburg ein Jude taufen
und wollte, dass sein vierjähriges Mädchen ihm folge. Die
Mutter erhob dagegen Einsprache. Sie berief sich darauf,
sie habe das Kind mit Beschwerde vor der Geburt getragen, mit Schmerzen geboren und nach der Geburt mit
Mühe gepflegt, so wie dass die Ehe *matrimonium* und
nicht *patrimonium* heisse. Gregor IX. entgegnete jedoch,
das Kind befinde sich in der Gewalt des Vaters, für den
auch zu Gunsten der christlichen Religion entschieden
werden müsse.

Ebenso stimmen alle Ansichten überein, dass wenn
die Mutter sich taufen lässt, müssen ihr wider den Willen
des Vaters, die minderjährigen Kinder folgen. „Die *pa-
tria potestas* ist ein blosser *effectus civilis*, welcher Gewalt
spectato jure naturali ex facto generationis und aus der gemeinschaftlichen Pflicht der Erziehung sowohl der Mutter
als dem Vater zukomme.“

Der Bischof zu Breslau begründete diese Ansicht durch
folgende eigenthümliche *Interpretation:*

„Und obwohl einigen zu hart zu sein scheinen möge,
dass auch der zum Christenthume bekehrten Mutter die
Söhne und Töchter, ohngeachtet der väterlichen Gewalt
und Macht im Glauben nachfolgen müsten, so bebebete sich

doch aller Anstand um so mehr, als auch ein von einem
freien Vater erzeigtes, von einer dienstbaren Mutter aber
gebornes Kind mit Zurücksetzung der vätterlichen Freiheit,
derjenigen Dienstbarkeit, worunter die Mutter gehörig
cum partus ventrem sequatur unterworffen seyn müsse; warum
dann nicht auch vielmehr einer zur Dienerin Christi gewordenen Mutter nach dem Recht des Leibes auch die
Kinder folgen solten, gleichwie damals, wenn der Mann
des Ehebruches, ohne dass das Weib Anlas darzu gegeben
schuldig erkannt sei und Ehescheidung erfolge, ebenfalls
die Kinder beiderley Geschlechtes bey der unschuldigen
Mutter verbleiben und auf Unkosten des Vaters bey derselben erzogen werden müssen, solchergestalten aber die
Unschuld der Mutter wegen den Verbrechen des Vatters ihr
gleichsam die vätterliche Gewalt zueignete.

Und ob zwar solches zum Theil dem Mann und Vater
zur Straffe geschehe, so seye doch nicht abzusehen, warum nicht ein gleiches auch zu Straff eines in seiner
Hartnäckigkeit verharrenden jüdischen Vatters statt finden
sollte, da selbter die Kinder zur Verdamnuss, die Mutter
hingegen als welcher ebenfalls gewalt über die Kinder zustände, solche zur Seligkeit führete. "

Ebenso wurde allgemein ausgesprochen, dass es dem
Grossvater, wenn er sich taufen lässt, gestattet sei, die
minderjährigen Kinder seines Sohnes taufen zu lassen. In
Beziehung auf die Grossmutter und den Bräutigam macht
das schlesische Gubernium die Bemerkung, dass dieses
nicht zu gestatten sei, sonst müsste man auch dem Bruder
die Macht über die Schwester einräumen etc. und es sei
kein Ende abzusehen.

Bezüglich der Vernunftjahre stimmen ebenfalls
Alle, entsprechend der Bulle Benedict XIV., dafür, dass
ein Kind mit dem vollendeten siebenten Jahre als vernünftig betrachtet werden kann. Will ein Kind, noch nicht
sieben Jahr alt, zum Christenthume übergehen, so sei es
zu frommen christlichen Leuten zu geben und wenn es

sieben Jahre alt geworden ist, kann es, wenn es seine Gesinnungen nicht geändert hat, getauft werden.

Dasselbe Recht, welches Eltern über ihre minderjährigen Kinder, die noch nicht sieben Jahre alt sind, haben, stehet auch den Vormündern über ihre Mündlinge zu, ebenfalls übereinstimmend mit der Bulle Benedict XIV.

„. . . . *eos sine Tutoris assensu licite baptizari nullo modo posse, cum omnis Parentum potestas ad Tutores pervenerit.*"

„Endlichen ist überhaupt die füreylige Zulassung besonders bey den schon erwachssenen jüdischen leuthen zu dem *Sacrament* der h. Taufe von denen *Ordinariis locorum* auf das nachdrucksambste zu verhütten und alle Sorge zu tragen, womit derley Juden, welche verlangen getauffet zu werden, nicht ehender als bis dieselbe in dem Christkatholischen Glauben wohl und gründlich seyen unterrichtet worden zu dem *Sacrament* der h. Tauffe zugelassen werden."

Es waltet ferner kein Zweifel darüber ob, dass wenn jemand die Taufe empfangen hat, so ist er als getauft zu betrachten. In zwei Fällen jedoch ist es nicht nur gestattet, sondern ist es Pflicht, Kinder der Juden zu taufen: Wenn sie entweder in äusserster Todesgefahr sich befinden oder von aller Welt verlassen sind.

So viel im Allgemeinen.

In Beziehung auf den gegebenen Fall rathen die Consistorien an, dass Barbara Ulsassin, da sie ein gottseliges Werk zu üben glaubte, nicht bestraft werden solle, die Taufe sei als giltig zu betrachten, wenn auch der *actus baptismi quamvis illicitus* geschehen und das Kind sei den Eltern nicht mehr zurückzugeben.

Das böhm. Gubernium beantragt eine Bestrafung der Ulsassin und befürwortet in dieser Angelegenheit ein Gesetz zu erlassen um die Judenschaft nicht wider Recht und Billigkeit zu kränken.

„Nachdem aber in diesem Erbkönigreich Böhmen nicht nur Vermög landtagsschlüssen die Judenschafft geduldet, ja auch derselben in Prag zur Ausübung ihrer Religion öffentl. Gebäuden zu erbauen allergnädigst erlaubet, nicht minder dieselben mit verschiedenen allerh. Privilegiums begabt, wie auch Inhalt eines unterm 20. Juli 1652 ergangenen allergnädigsten Schreibens derselben allhier der fernere Aufenthalt gestattet worden, so würde es eine unbillige Sache seyn. wenn dieselbe in ihren gestatteten Religions exercitio sollte gekränkt werden, dahero auch erforderlich wäre, derlei sich öfters ereignen mögenden Vorfallenheiten in Zukunft vorzubeugen".

Die Kanzlei (Präsident Rud. Graf Chotek) gab hierauf am 19. Jänner 1765 folgendes Votum ab, welches wir auszugsweise mittheilen:

Es habe zwar selbst Benedict XIV. zwei Constitutionen über diese Angelegenheit gegeben, und der Bischof von Olmütz glaubte, dass es nicht nöthig sei, ein neues Gesetz zu statuiren.

Die schlesische Repräsentation bemerkte jedoch gar wohl, dass manche dieser Bestimmungen zu weit gegangen sei.

1. Nach genannter Constitution sei einer väterlichen Grossmutter wider Willen des Vaters und der Mutter gestattet die Enkel taufen zu lassen.

2. Habe der getaufte Gatte oder Bräutigam die Gewalt die Gattin oder die Braut zum Christenthum zu zwingen.

3. Könnte auch der *libellus repudii* aufgehoben und eingestellt werden.

Bezüglich 1 und 2 sei keine rechtsbeständige Ursache vorhanden, der Grossmutter oder respective dem Gatten und dem Bräutigam solche Gewalt einzuräumen. Bei dem 3. Casu aber, wurde derselbe desshalb bisher zugelassen, weil man diesem tolerirten Volk nach seinen Gesetzen zu leben gestattete. Beide päpstl. Epistolae seien mehr einem gelehrten Tractat als einem Gesetze ähnlich.

4*

Es sei daher rathsamer den Gegenstand in gewisse Fragen abzutheilen:

1. Können Judenkinder wider den Willen ihrer Eltern getauft werden?

2. Welches Alter ist *pro anno sufficientis discretionis* nothwendig?

3. Was soll mit den Kindern geschehen, wenn ein Theil der Eltern zum Christenthum übergeht?

ad 1. Meint Papst Benedict, dass Kinder, welche die *annos discretionis* noch nicht erreicht haben, wider den Willen der Eltern oder Vormünder nicht getauft werden sollen, weil es wider die natürliche Billigkeit laufen würde, wenn solche Kinder getauft werden, da sie noch unter der Botmässigkeit ihrer Eltern oder Vormünder stehen, und keinen Willen noch Vernunft haben, anderntheils aber ein solches Unternehmen allzugefährlich wäre, weil diese Kinder aus natürlicher Liebe gegen ihre Eltern gar leicht den wahren Glauben wieder verlassen und in den Irrthum ihrer Eltern wieder zurückfallen möchten.

Es könnte daher festgesetzt werden, dass Kinder der Juden nicht wider den Willen der Eltern oder Vormünder getauft werden dürfen, ausser in äusserster Lebensgefahr, oder wo ein Kind verlassen ist.

Diejenigen, die dennoch solche Taufen vornehmen, wären nach Pabst Julius III. mit 1000 Ducaten zu strafen.

Wenn aber die Taufe dennoch adhibirt worden ist, so ist an der Giltigkeit derselben nicht zu zweifeln und sind solche Kinder von ihren Eltern zu entfernen.

ad 2. Hat das Kind die *annos discretionis* erreicht, so ist kein Zweifel, dass ein solches Kind, wenn es will, getauft werden kann.

Welches ist aber das Alter, wo das Kind den Verstand erlangt?

Die Juris Consulten Natta und Bursatus meinen das 12. Jahr, Pabst Benedict und andere Schriftgelehrten meinen das 7. Jahr. Es könnte daher statuirt werden, dass vor Erfüllung des 7. Jahres kein Kind *pro usu rationis capaci* gehalten, nach dem 12. Jahre aber auch allemal für vernünftig angesehen werde, „wie man dann erst in den abgewichenen Jahren gewisse von Salzburg gebürtige Kinder unter dem 7. Jahr ihres Alters in der Welt herumgeführt, welche in der Music so erfahren gewesen, dass sie selbst componiret haben, wozu mehr als ein *Judicium discretivum* erfordert wird." *)

Die böhm. Judenschaft beziehe sich zwar auf das Rescript vom 7. October 1739 Carl VI. Es sei jedoch in diesem Rescript nicht zu finden, dass ein Kind 14 Jahre alt sein müsse, um getauft zu werden, noch weniger aber, dass die wirkliche zwar *illicide* jedoch *valide* getauften Kinder denen Juden zurückgestellt werden sollen.

ad 3. Kommen alle Stellen überein, dass wenn Vater oder Mutter sich taufen lassen, so können die Kinder, welche sie taufen lassen wollen, auch wider den Willen des im Judenthum verbleibenden Theiles getauft werden, da es in *Jure Can. C. 10 quaest. 1.* ausdrücklich verordnet ist; *quod marito in judaica Superstitione manente proles Conditionem Matris sequi debeant* und wie Benedict XIV. bemerkt *favor fidei valere plurimum Jure debeat.*

Jedoch sei zu unterscheiden, ob die Kinder schon die *annos discretionis* erreicht haben oder nicht. Ist Ersteres der Fall, so sei es ihnen frei zu lassen, ob sie zum Christenthum übertreten wollen, da Niemand wider Willen zu einer Religion zu zwingen ist. St. Augustin *(Epistola ad Vincentium)* sagt: *neminem ad unitatem Christi cogendum esse.*

Es frage sich daher noch was zu thun sei, wenn der

---

*) Die Kinder, von welchen hier die Rede ist, waren Wolfgang Amadeus Mozart und seine Schwester, mit welchen ihr Vater, als sie noch sehr jung waren, Kunstreisen unternahm und es dürfte nicht ohne Interesse sein, dass Mozart nicht blos in der Musik schöpferisch wirkte, sondern dass er auch als Beweis angeführt wird, wo es sich um ein Gesetz bezüglich der Taufen jüdischer Kinder handelt.

väterliche Grossvater oder die väterliche Grossmutter Christen werden.

Einige meinen, es sei zu unterscheiden, ob die Eltern noch am Leben sind oder nicht. im erstern Falle sei den Grosseltern dieses Recht nicht einzuräumen. wohl aber im zweiten Fall, sowol dem Grossvater wie der Grossmutter.

Die meisten Stimmen jedoch meinen, dass der Grossvater selbst, wenn der Sohn noch lebt, das Recht habe, seine Enkel taufen zu lassen. da er *in sensu juris* auch unter *appellatione parentum* begriffen sei; bezüglich der Grossmutter jedoch sind diese Stimmen gegen die Ansicht Pabst Benedict XIV. (Bulla 1751).

In Beziehung auf den vorliegenden Fall, sei die Barbara Ulsassin, welche ungerecht gehandelt hat. mit einem 14tägigem Arrest zu bestrafen.

Das Kind jedoch soll ins wällische Spital gegeben und nicht mehr den Eltern zurückgestellt werden, damit das Sacrament der Taufe nicht profanirt werde.

Bezüglich des Falles, wo die Cath. Kutscherin ein 10jähriges Judenmädchen zu dem Czeslitzer Pfarrer brachte um es taufen zu lassen, so sei das Kind, da es Christin werden wolle und das nötige Alter bereits erreicht habe, nicht weiter darin zu hindern.

Die Kaiserin rescribirte auf diesen Vortrag:

„Ich begnehmige den Inhalt dieses wohl ausgearbeiteten Vortrags, doch sind die *anni discretionis* auf das 7. Jahr festzusetzen, massen zu deren weiteren Erstreckung über das 7. bis auf das 12. keine Ursache vorhanden finde. Bei denjenigen Judenkindern, welche das 7. Jahr noch nicht erreicht haben, doch aber getauft zu werden verlangen, ist jedesmal die Untersuchung von der geist- und weltlichen Obrigkeit vorzunehmen und eine genaue Prüfung anzustellen, ob sie das genugsame zu diesem grossen Werke erforderliche licht den Vernunft besitzen.

Wider Diejenigen, welche ein mit nicht genugsamer Vernunft begabtes Judenkind wider Willen der Eltern,

Verwandten und Gerhaber taufen, ist die Strafe festzusetzen, dass sie dieses von ihnen getaufte Judenkind aus
ihren eigenen Vermögen erhalten und nach Umständen
weiters bestraft werden sollen.

Im übrigen ist nicht nöthig in dieser Sache ein förm-
liches Patent zu publiciren, sondern wie sich hierin zu
verhalten sey, eine Currenda zu erlassen und in solchen
alles deutlich und vernehmlich auszudrücken.

So viel nun übrigens die von der dortländigen Judenschaft klagbar angebrachte *2 casus particulares* neml.
die in anno 1763 von der Arrestantin Barb. Ulsassin mit
einem derselben von der mitinhaftirten Jüdin Rifka während der Verhörszeit anvertraute unmündige Kind sträf-
lich unternommene Tauff, dann das unter den christl.
Kindern erwachsene und dem kath. Glauben sehr eifrig zu-
gethane endlich aber von der Kath. Kutscherin aus dem
Dorfe Dobrzegowitz dem Czeslitzer Pfarrer zur Taufe
zugeführte 10jähr. Judenmägdlein anbelanget, da ist zwar
ad primum in hoc casu particulari die obschon unerlaubte
Tauffung dieses Kindes als eine geschehene Sache allerdings für gültig anzusehen und dasselbe in dem Wäll'schen
Spital zur Erziehung zu belassen, ermelte Ulsassin aber
andern zum Beispiel derowegen mit einem 14tägigen Arrest
zu bestrafen, wohingegen ad 2 gedachtes Judenmägdlein nach
obverstandenen Generalgrundsätzen in dem Christenthum
erzogen werden soll."

In Folge dieser k. Entschliessung erschien folgende
Currenda:

„Nachdeme sich bishero sonderheitlich in unseren
Erb-Königreich Böheim und Marggrafthum Mähren Ver-
schiedene Fälle ereignet, dass unmündige Judenkinder
ihren Eltern von denen Christen, aus einem übertriebenen
Religions-Eyfer, oder anderen Absichten entzohen, und
entweder selbst getaufet, oder der Geistlichkeit zu solchem Ende zugeführet — hierwieder aber von denen

unseren Landes - Fürstlichen Schutzgeniissenden Juden-
schaften mehrfältige Klagen geführet und um Gnädigste
Abhülfe gebethen worden. — So haben Wir auf den unss
hierowegen beschehenen gehorsamsten Vortrag, nach der
Sachen Reiflichen erwägung mit Rücksicht deren diesfalls
ergangenen Päbstlichen Constitutionen folgende Mass —
Reguln zur genauen Beobachtung fest gesetzet, dass fürohin
 Primo: Allen und jeden unseren Christlichen Landes Innwohnern und besonders denen Hebammen alles
Ernstes und nach Beschaffenen Umständen unter gemes-
sener Strafe hiemit Verbothen sein solle, ein unmündiges
mit nicht genugsammer Vernunft Begabtes Juden Kindt
heimlich zn entführen, und wieder den Willen seiner Eltern, Vormünder und Gerhaben zu taufen, wobey wir
Jedoch nachstehende zwey *Casus* ausgenohmen wissen
wollen, dass nemlich ein dergleichen unmündiges Juden
Kindt, wann selbtes entweder in der äussersten Lebens
Gefahr sich befünde, und nichts anderes, als der gewiess-
erfolgende Todt Vorzusehen, oder dassselbe, von seinen
Eltern und Vormündern Verlassen, undt Verstossen wäre,
mithin die Vätterlich- oder Vormundschaftliche Gewalt
über solches aufhörete, alssdann in dem Ersteren Fall von
der Christlichen Hebamme nach dem Ausspruch der Heiligen *Congregation de anno 1678* gahr wohl getaufet werden
könne, in dem anderen Fall aber, das Verstossene oder
Verlassene Juden Kindt denen ordentlichen Seelsorgern
übergeben — von diesen getaufet, und sodann in der
Christlichen Lehre unterrichtet werden solle.
 Daferne jegleichwohlen wieder obangeregt unsser
ausdrückliches Verboth die Taufe eines solchen unmündigen
Juden Kindes Von Jemanden unternohmen würde, und
hiebey *materia et forma Sacramenti adhibiret* worden zu
seyn bewiessen wäre, alsdann ist zwar eine solche obschon unerlaubte Taufe nach der Lehre aller Catholischen
Schrift Gelehrten für Gultig zu Achten, dass also getaufte
Juden Kindt aber so forth Von seinen Jüdischen Eltern

und Befreundten abzufordern, und auf Unkosten desjenigen, welcher sothanne Verbothene Tauf vorgenommen bey guten und frommen Christen zu erziehen, oder wann derselbe darzu die Mittel nicht hätte, dass getaufte Juden Kindt in einem Wayssen Hauss oder Spittall zur unterricht- und erziehung bies selbes eine Profession zu erlehrnen fähig seyn wird, abzugeben; Wohingegen die Jüdische Eltern oder Gerhaben anzuhalten seyndt, derley Kindern ihren Kindtstheill Realiter oder mit Bürgen zu versichern.

Sollte aber ein Juden Kindt die nachher bestimmende *annos Discretionis* bereits erreichet haben und zwieschen dem Gutten und Bössen zu Urtheilen im Standte seyn, mithin getauft zu werden Verlangen, so ist kein Anstand zu machen, ein solches Kindt nach erlangter genugsamer Instruction der Christ-Catholischen Glaubenslehre, ohne Einwilligung der Eltern durch die Heilige Tauf der Kirche einzuverleiben.

Damit man nun wissen möge was hierinnfalls für ein Alter *pro Sufficienti usu rationis* gehalten sein? So haben Wier

Secundo: Gnädigst für guth befunden, und statuiren hiemit, dass die überlegungs-Craft und der Gebrauch der Vernunft nach Vollendeten Siebenden Jahr den Anfang nehme, folgsam ein in diesen Alter stehendes Juden Kindt nach seinem Verlangen ohne Anstand, wieder den Willen seiner Eltern und Vormündern getaufet werden könne; dahingegen mit denen jenigen Juden Kindern, welche das Siebende Jahr noch nicht erreichet haben, Jedoch getaufet zu werden verlangen, Jedesmahl Vorhero die untersuchung Von der Geist- und Weltlichen Obrigkeit Vorzunehmen, und eine genaue Prüfung anzustellen ist, ob Sie das genugsame zu diesen grossen Werk erforderliche Licht der Vernunft besitzen, wo sodann erst ein dergleichen Kindt entweder in ein Hospitall oder Wayssen-Hauss oder zu frommen Christlichen Leuthen gegeben, und wann es zuforderist, nach Nothdurft in der Christen-Lehre unterrichtet, zum Sacrament der Heiligen Tauf gebracht, die Jüdischen Eltern oder Gerhaben angehalten werden sollen, nach Maass ihres Vermögens dem Kindt nicht nur die *alimenta* zu reichen, sondern auch das Kinds-Theill *realiter*, oder mit Bürgschaft zu versichern; Endlichen und

Tertio: Verordnen wir in Kraft diesses, dass im Fall ein Theil der Jüdischen Eltern, Es seye der Mann, oder dass Waib, die Catholische Religion anniehmet, die mit zur Tauf bringende Kinder, auch wieder Willen des im Judenthum Verbleibenden Ehegattens, getaufet werden können, wobey jedoch wohl zu unterscheiden ist ob die Kinder allschon die behörige Ueberlegungskraft und die Vorhin bestimmte *annos Discretionis* erlangt haben oder nicht? massen im ersteren Fall denenselben Frey zu lassen ist, dem zum Christenthum trettenden Theil zu folgen oder im Judenthum zu Verbleiben. Im anderen Fall aber die unmündigen Kindern dem den Christlichen Glauben annehmenden Theill auszufolgen, und mit demselben zu taufen seyndt, wie wir dann zugleich diessen letzteren Fall dahin Verstandten und erweitheret wissen wollen, dass auch dem zur Christ-Catholischen Religion Trettenden Jüdischen Gross-Vatter die Befugniss zustehen solle, seine Enckeln nemblich die Kinder seines nachlebenden oder Verstorbenen Jüdischen Sohnes, wann selbte den Gebrauch der Vernunft annoch nicht besitzen, mit sich zur Tauf und dem Christlichen Glauben antragen zu können.

Ihr habt solchemnach diese Unssere Höchste General-Verordnung nicht allein genau zu beobachten und euch in Vorkommenden Fällen hiernach zu Dirigiren, sondern auch solche dahin wo es nöthig *per Currendam* zum übermässigen Verhalt zu intimiren.

Hieran beschiehet Unsser gnädigster Will- und Meinung. Undt Wier Verbleiben anbey Euch mit etc. Gnaden wohlgewogen.

Geben in unserer Haubt-Stadt Wienn den Fünfzehnten

Monaths Tag February im Ein Taussendt-Sieben-Hundert Fünf- und Sechzigsten Jahre.

Diese Currenda hatte jedoch nicht den erwarteten Erfolg und bald hernach trat ein Fall ein, den wir dem Leser ausführlich vorführon müssen, da er mannigfaches Interesse darbietet.

Isac Landesmann, Judenrichter *) in Pullitz in Mähren, hatte 3 Kinder: Jeremias, geboren 20. Oct. 1754, Marcus, geb. am 3. Juny 1758 und Löbel geb. 4. Febr. 1760. Eines Tages erkrankte ein Kind und der Chirurgus loci verschrieb für dasselbe ein Recept. Da im Dorfe keine Apotheke war, so wendete sich die Mutter des Kindes an Fräulein v. Dubsky, Gesellschafterin der Gräfin Berthold, deren Gatte Besitzer der Herrschaft war, welcher eine Hausapotheke hatte. Das Fräulein erkundigte sich bei der Mutter nach der Krankheit und dem Befinden des Kindes und begleitete dieselbe, nachdem sie ihr das Medicament gegeben hatte, nach Hause, um das Kind anzusehen. Das Fräulein wiederholte hierauf die Besuche während der Krankheit des Kindes, welches bald hernach genas. Nach einiger Zeit starb das Fräulein und auf dem Todtenbette sagte sie aus, sie habe das Kind des Landesmann nachdem sie vom Barfüssermönch Pater Antonius über die Spendung der Taufe belehrt wurde, getauft.

Kaum hörte der Vater davon, dass eines seiner Kinder getauft worden sei, so schickte er alle drei nach Breslau. In Folge dessen wurde der Vater in den Kerker geworfen und musste schwere Ketten tragen. Hierauf wendeten sich Simon Frankel im Namen der Prager und der böhmischen Landjudenschaft und Samuel Wertheimer **) im Namen der gesammten erbländischen Judenschaft an die Kaiserin um Gnade und Barmherzigkeit flehend.

---

*) Bei der Landesältestenwahl für Mähren am 13. Juny 1763 wurde Isak Landesman für den Znaimer Kreis gewählt.

**) Dieser war ein Sohn des Wolf Wertheimer (s. Beilage IX) und ein Enkel des berühmten Samson Wertheimer.

Sie bitten „falls die Taufe ihre Richtigkeit hätte diesen bereits in der *Pragmatica de anno 1765* ausgemessene
annos dicretioni habenden Knaben, bei einer von geistlichen
und weltl. Personen zusammengesetzten Commission im
Beisein der Eltern nach vollkommen erhaltenen Unterricht
zu vernehmen und hierüber Bericht erstatten zu lassen;
der Vater möge gegen Caution entlassen werden und *pro
futuro* sei zu statuiren, dass derley *casus* ohne alle Ge-
waltthätigkeit untersucht, das erwiesener massen getaufte
Judenkind bis in das 13. oder 14. J. seines Alters in der Gewalt der Eltern belassen, sodann nach Verlauf dieser Zeit
bei der Ortsobrigkeit seines Schicksals verständigt und nach
eigenem freien Willen entweder in dem jüd. oder christl.
Glauben erzohen, die darwider handelnde aber nach Maass
ihres Vermögens in Geld oder an Leib gestraft werden
sollen."

Das Olmützer Consistorium um seine Ansicht befragt,
hält die Taufe für giltig. Das mährische Gubernium ist
der Ansicht, dass der Vater eingesperrt bleibe bis der Knabe
wieder zurückgekehrt ist. Man solle denselben überdies,
um ihn einzuschüchtern, mit dem Verluste des Vermögens
und mit empfindlichen Strafen bedrohen. Bei der Orts-
geistlichkeit, der der Fall bekannt war, sei überdies an-
zufragen, warum sie nicht eher die Sache meldete.

Die Hofkanzlei hält den Beweis n i c h t für hergestellt.
Der erste Brief des Mönches über diesen Gegenstand bestätige blos von Frl. Dubsky g e h ö r t zu haben, das Kind
unter dem Vorwande einer gebrauchten Medicin getauft
zu haben, und das Hörensagen allein, sei noch kein Beweis für die Richtigkeit der Thatsache.

Im 2. Schreiben wird *sub fide sacerdotali* bezeugt,
dass das Kind getauft wurde; es sei jedoch unbekannt, welchen Namen es erhalten habe.

Da kein Zeuge *de facto et de sua certa scientia* vorgekommen, so hat man auch das Aussagen Eines Zeugen,
a solo auditu, nicht für einen Beweis angenommen, da er

überdies nicht weiss. welches Kind getauft wurde. Das Gubernium wurde daher aufgefordert von Olmützer Consistorium über die Punkte Auskunft zu verlangen:

1. Ob rechtsgenüglich erwiesen sei, dass eines dieser verschickten Judenkinder und welches und ob auch *adhibita materia et forma sacramenti* gültig getauft worden.

2. Ob der Beweis so überzeugend sei, dass bei dem Kinde, die nach der Kirchenlehre *in dubio* erforderlichen *reiteratio conditionalis Baptismi* nicht nöthig sein dürfte.

3. Was in *tali casu dubio* mit dem Judenkind, wenn man dessen habhaft wird, zu geschehen hätte?

Der Jude Landesmann soll wegen Uebertretung der Emigrationsgeneralien nicht entlassen und durch schärfere Compulsorialmittel (wodurch jedoch demselben weder am Leben noch sonst an seiner Gesundheit geschadet und somit die jüdische Bosheit durch dessen Hartnäckigkeit nicht noch mehr gesteiffet werde) ernstlich angehalten werden, einzugestehen, wo die Kinder seien. Sollten inzwischen die Kinder zurückkommen, so soll das Kind, welches getauft wurde, von dem Vater getrennt und auf dessen Kosten bei Christen bis zur Entscheidung der Sache untergebracht werden.

Das Olmützer Consistorium spricht hierauf seine Ansicht aus.

ad 1. Durch das Zeugniss des P. Antoni sei der Beweis hergestellt, dass das 3. Kind und zwar Löbel, da dieses nach Aussage des Pullizer Chirurgen krank war, getauft wurde und da das Kind in Lebensgefahr war, so konnte es getauft werden.

ad 2. Das Kind soll nochmals getauft werden. um alle Zweifel zu beseitigen und da man überdies nicht weiss, ob das verstorbene Frl. von Dubsky genau zu Werk gegangen sei.

ad. 3. soll nach der Constitution Benedict XIV. § 52 entschieden werden.

Das Kind soll daher den Eltern entzogen und zu Christen gegeben werden.

Der Augustiner Mönch und der Pfarrer zu Czech Johann Czervinka verdienten wohl die schärfeste Ahndung, weil sie nicht die Anzeige der Taufe machten, da jedoch der Pfarrer alle Schuld dem P. Antonio zumesse, der sich nicht mehr in der Olmützer Diecöse befindet, so könnte man darüber hinweggehen.

Das Gubernium stimmt mit diesem Urtheile überein; bemerkt jedoch, dass weitere Nachforschungen zu keinem Resultate führten. Viele Leute haben von der Taufe gehört, gesehen habe sie niemand. Der Ortschirurgus sagt aus, es sei ihm gänzlich unbekannt, ob das Kind getauft worden sei. Frl. Dubsky habe sich mit dem P. Antonio wegen der Taufe beratschlagt und letztere habe ihn (den Arzt) wegen der Gefahr des Kindes befraget und da habe er geantwortet, dass in so lang die Seele und der Leib beisammen sei, noch Hoffnung aufzukommen wäre, indem die Krankheit nicht so gefährlich gewesen und er glaube, dass es nur ein Würmer Fieber war. Nachdem das Kind weggeschickt war, haben die Leute von der Taufe des Kindes gesprochen. Einige meinten, es wäre von der Hebamme, andere vom Teltscher Apotheker und andere von dem P. Antonio getauft worden.

Bezüglich des Vaters ist das Gubernium jetzt der Ansicht, dass er wegen Uebertretung der Emigrations generalien nicht beschuldigt werden könne, weil derselbe in Religionseifer alle 3 Söhne auf einige Zeit ausser Landes geschickt habe. Es glaubt auch nicht, dass die Kinder unter den jetzigen Verhältnissen zurückkehren werden. Obschon der Vater erbötig sei, dieselben wieder zurückkommen zu lassen und deshalb auch an den Instructor der Kinder in Breslau ein Schreiben erlassen hat, so zweifelt er selbst an dem Erfolge dieses Schrittes, weil die Juden, die das Hofgesuch unterschrieben, sich der Kinder annehmen und nur diese könnten sie wieder zurückstellen. Das Gubernium

meint daher ferner, der Vater, welcher der stärkste Con-
tribuent der Pullitzer Gemeinde sei, seiner Verhaftung
wegen jedoch mit der Steuer im Rückstande ist, aus der
Kerkerhaft — nachdem für denselben eine Garantie gegeben
wird — zu entlassen, und die Prager Judenschaft zur
Zurückstellung der Kinder, allenfalls mit Sperrung der
Synagoge zu verhalten.

Bezüglich des P. Antonio und des Pfarrers Czervinka,
welche die Taufe verheimlichten, enthält es sich der Meinung.

In *re tam gravi* hat sich die Hofkanzlei veranlasst
gesehen, mit dem P. Antonio, der sich jetzt in Maria-
Brunn nächst Wien befindet, nochmals ein Verhör *super
ratione scientiae* vornehmen zu lassen.

In dem eingeschickten und vorliegenden Extract des
Schreibens von P. Antonio heisst es: *Fide Sacerdotali testor,
quod illa nempe praefata Illustrissima puero Baptismum
contulerit;* im Originale hingegen lautet die Stelle: *Fide
Sacerdotali testor me neque ab Illustrissima pie defuncta herula
Dubsky, neque ab ipso Chirurgo Pulicensi audivisse, quod
praedictus Chirurgus puerum baptizaverit, sed quod illa nempe
praefata Illustrissima puero Baptismum contulerit.*

Daraus gehe ein unerlaubter Kunstgriff der Geistlichkeit hervor, welche den wesentlichen Inhalt des Schreibens verstümmelte, denn während das Original blos von
Hörensagen spricht, heisst es im Extract *propriam et posi-
tivam scientiam.* Trotz wiederholter Vernehmung des P.
Antonio sei keine neue Aufklärung erfolgt.

„In diesem bestehet solchem nach alles, was in
dieser durch den so vieljährigen Saumsal der Geistlichkeit
äusserst erschwerten und verdunkelten Sache zum Beweise
der angeblichen Taufe zu erheben möglich war."

Nachdem die Hofcanzlei in solcher Weise den Verlauf der Angelegenheit geschildert, gibt sie ihr Votum,
19. August 1768, ab:

„Es bleibet allemahl ein wider das Recht der Natur
und die Ausmessung der canonischen Rechten lauffendes

strafbares Beginnen, Judenkinder, welche noch nicht die *annos discretionis* haben, um ihr eigenes Bestes zu erkennen, wider Willen ihrer Eltern zu taufen, obschon die an sich straffmässig ertheilte Tauffe gleichwohlen gültig ist, wann die dazu gehörige wesentliche Erforderniss dabei beobachtet worden.

Nur zwei Fälle sind ausgenommen (Const. Benedict XIV. § 14) wenn ein Kind sich in äusserster Lebensgefahr befindet und nichts anderes, als der gewiss erfolgende Tod vorzusehen wäre, oder wenn ein Kind von den Eltern verlassen und verstossen wird.

Ueber den 2. Fall ist nichts zu bemerken.

Desto heiklicher und bedenklicher hingegen ist der erstere Fall, denn zu geschweigen, dass *ex analogia juris* die einem in solchen lebensgefährlichen Umständen befindliche Judenkind beygebrachte Taufe sich in Entgegenhaltung der nach dem Gesetz der Natur darüber streitenden Rechten der väterlichen Gewalt nach der Lehre der *Theologorum* mit nichts anderem rechtfertigen lässt als mit dem aus dem Gebott der Liebe seines Nebenmenschen entspringenden übernatürlichen Trieb der Religion einem solchen hinscheidenden Judenkind, so ohnedies durch den nächst bevorstehenden scheinenden Tod der väterlichen Gewalt entrissen wurde, sein ewiges Heil zu verschaffen, so will auch nothwendig sein, dass auf den Fall, wenn ein in solchen Umständen getauftes Judenkind am Leben erhalten wird, nachhero sowol das Factum der ihme ertheilten Taufe um dasselbe mit Recht vindiciren zu können, als auch dessen für gewisse Lebensgefahr um den Tauffenden von der auf ein solches Unternehmen ausgesetzten Straffe zu entbinden rechtsbehörig erwiesen werde, woferne nicht wiedrigens zur Eludirung des Gesetzes Thür und Angel eröffnet werden solle, wann schon an dem genug wäre, dass der Tauffende nur die geschehene Taufe ohne einigen Beweis asseriren und die vermeinte Lebensgefahr vorschützen, aber nicht erproben dörffte.

Um dem vorzubeugen und den jüdischen Eltern den
Landesschutz, wofür sie Steuern und Gaben entrichten, zu
gewähren und das väterliche Recht, welches Eltern über
ihre Kinder haben, werkthätig genussbar zu machen, so
muss das Generale von 1765 erläutert werden, dass in dem
Falle, wo das Kind am Leben bliebe, sowol die Taufe als
die wirkliche Lebensgefahr und auf welche Art sie geschehen ist, erwiesen werden. Seit jenem Generale gehet die Taufe aus übertriebenem
Religionseifer noch mehr im Schwunge und
dadurch werden jüdische Eltern, unter Autho-
risirung des Gesetzes selbst, ihrer Kinder
beraubt.

Gleichwie aber dieser Unfug *pro futuro* eine ausgiebige
Abhilfe erheischt, also bleibt es hiegegen *pro praeterito* ein
ausgemachter und ohnwiderleglicher Grundsatz, dass in
einem solchen *Casu* je und allezeit sowohl das Factum der
Tauffe, um das getauffte Judenkind *pro religione christiana*
mit Recht vindiciren zu können, als der Umstand der
Lebensgefahr, welcher dieses Factum allein rechtfertigen
kann, zu Enthebung des Tauffenden von der hierauff ausgesetzten Straffe erwiesen werden müsse.

In dem gegebenen Falle hätte dasselbe zu gelten.
Ueber die Straflosigkeit der Person, welche das Kind ge-
tauft hat, wäre keine Frage, da die Person schon todt ist.
Die Tauffe, ob mit Fug oder Unfug wäre giltig, wenn sie
sonst ihre Richtigkeit hat. Es fragt sich aber, ist das
Factum der Taufe hier hinlänglich erwiesen?

Weit entfernt mit einer Erkenntniss über die Gültig-
keit der Taufe, als einem *objecto onere spirituali* in die
Activität des päpstlichen *fori* einzugreiffen, hält man jegleichwohlen für so wichtig, alss ohnwiderleglich, dass
die Beurtheilung und Entscheidung der Frage,
ob der Anspruch der Geistlichkeit auf eine
solche Person, welche einer andern von dem
Landesfürsten in dem Staat geduldeten Religion

zugethan ist, begründet seye oder nicht, einzig und allein der allerhöchsten landesfürstlichen Authorität und denen von ihr abhängenden nachgeordneten Stellen zustehen."

Ob das Factum der Taufe hinlänglich bewiesen ist? Darüber sind die Meinungen in der Hofkanzlei getheilt.

Die Hofräte v. Heinke, v. Gebler und Graf Wrbna meinen, der Anspruch der Kirche auf dieses Kind sei gegründet, denn

1. Sei es anerkannt, dass eine *in forma et materia* ordentlich vollbrachte Taufe bei einem Menschen, der aus Mangel des Alters oder sonstiger Kräfte keinen Verstand und Willen zu widerstreben hat, den Charakter eines Christen zur Folge habe, welchen die Kirche selbst nicht mehr aufheben könne. Den *defectum Consensus* ersetze die Kirche.

2. Pabst Innocenz XIV. wenn man ihn als *Doctorem privatum* gelten lässt, sagt, dass zum vollen Beweis der Taufe auch ein einziger tüchtiger Zeuge hinreiche. Man müsse daher darauf sehen, dass nicht eine *profanatio sacramenti*, welches das fürnehmste Siegel der christl.-katholischen Religion zum Grunde hat, entstehe.

3. Man habe es hier nicht mit einem *objecto accidentali circa sacra* wohl aber *casu essentiali Religionis christianae* zu thun.

4. Wo der taufende Mensch nicht widerstrebt (denn Niemand kann zum Eingange in die h. Kirche gezwungen werden) hat die Taufe Giltigkeit und das sei bei einem schwer Kranken der Fall.

„Es seien daher die Eltern des bereits versteckten Knabens mit denen äussersten Zwangsmitteln zu dessen Herbeyschaffung anzuhalten, wo sodann der Knabe in dem Christenthum bei katholischen Leuten bis zur Erreichung des vollen 14. Jahres wohlverwahrter zu unterrichten und endlich zu befragen wäre, ob selber den christl. Glauben

annehmen wolle? Sollte derselbe hierzu sich nicht bekennen, ist er ohne weiteres denen Eltern auszuhändigen,
würde er sich aber hierzu entschliessen, seye bey ihme die
h. Tauffe jedoch nur *sub conditione* zu wiederholen, weil es
in der That sehr glaubenswürdig ist, dass er solche schon
empfangen habe.

Bis der Knabe das 14. Jahr erreicht hat, haben die
Eltern für die Alimente zu sorgen, und um das Alter des
Knaben genau zu erforschen — da es bekannt ist, wie weit
die jüdischen Ränke sonderlich bey derley Angelegenheiten
zu gehen pflegen — ist das Beschneidungsbuch im Originale
vorzulegen und ein geistlicher Translator solle den betreffenden Punct übersetzen."

Der Referent v. Zenker und die Hofräthe v. Curti, v.
Riegger und der oberste Kanzler (Graf Chotek) meinen,
obschon Papst Benedict in der Constitution *Postremo mense
de dato* 28. Feb. 1747 § 31 von der allgemeinen Rechtsregel
quod in ore duorum vel trium stet omne verbum *) bezüglich der Taufe Umgang nimmt und auch Einen Zeugen für
genügend erklärt; so muss doch der Zeuge, was er aussaget
mit leiblichen Sinnen begriffen, folglich bey der That, welche
er bezeuget, selbst gegenwärtig gewesen sein und sich nicht
blos auf das, was er von andern gehört, beziehen.

Aber selbst Papst Benedict XIV. indem er sagt: *quod
testimonium unius in baptismo credendum sit*; fügt sogleich
hinzu *dummodo testi aut mari, aut faeminae fides adhiberi
prudenter possit.*

Im gegebenen Falle habe jedoch der Barfüssermönch
die Sache blos von Frl. Dubsky gehört, ein weiterer Beweis
liege nicht vor.

„Ein einziger Zeug *ab auditu* hingegen kann nach der
einhelligen Rechtslehre keinen vollständigen noch auch
einen solchen Beweis, welcher von der weiteren *onere pro-
bandi* enthebete, sondern lediglich beschaffenen Umständen

---

*) Deuternom. 19, 15.

nach eine *praesumptionem adminiculativam* bewirken. diese aber an sich allein und in Ermanglung hinzutrettender anderer Beweismittel keineswegs hinlänglich sey, um die jüdischen Eltern des über ihr Kind ihnen von der Natur nach allen Gesetzen und Kraft des zugesicherten landesfürstlichen Schutzes zustehenden Rechte zu entsetzen. anerwogen ausser der Aussage dieses einzigen Zeugen *ab auditu* sonst nicht das mindeste *adminiculum probationis* für die Richtigkeit der Taufe erfindlich ist."

Die Taufe sey daher nicht als erwiesen betrachtet und die Ansprüche der Geistlichkeit unbegründet; das Verfahren des Olmützer *Consistorii* sei höchst befremdend, da von demselben der Augustinermönch — der allein die Aussage gemacht — nicht einmal befragt wurde.

Eben so übereilt sei das Gubernium, indem es angibt, dass der 3. Sohn Löbl getauft wurde. Nach Ausweis des Beshneidungbuches ist der 3. Sohn am 4. Februar 1760 geboren und nun 9 Jahre alt. Nach der Aussage des P. Antoni soll das Kind 3 bis 4 Jahre zur Zeit der Taufe alt gewesen sein und da dieser Pater schon 6 J. in Mariabrunn lebt, müsste das Kind im 11. Jahre sein.

Und wenn auch zugegeben werden mag, dass sich der Geistliche in dem Alter des Kindes um ein oder zwei Jahre geirrt habe, so folgt doch aus dieser Uneinstimmigkeit der Umstände, dass nichts weniger als ein so überzeugend concludirender Beweis, wie die Wichtigkeit der Sache erheischt, vorhanden sey, um auch nur *ratione subjecti*, welchem die Taufe ertheilet worden seyn solle, mit der erforderlichen Verlässlichkeit gesichert seyn zu können.

Auf das Zeugniss des Pulizer Chirurgen sei gar nicht zu bauen, da er selber aussagt, erst kurz vor der Wegschickung der Kinder etwas von der Taufe gehört zu haben.

In dieser sowohl wegen Richtigkeit der Tauffe als in Ansehung des *Subjecti* selbst fürwaltenden Ungewissheit, wäre nach denen vorerwähnten Meinungen um so bedenklicher dem Anspruch der Geistlichkeit auf dieses Judenkind statt zu geben, als der Endzweck niemalen oder doch sehr schwer erreichet und wann man auch dazu gelangen sollte, solchenfalls das Sacrament der heil. Taufe einer weit mehreren Gefahr der Profanation als nicht in dem Fall, wo man *stante hoc dubio* auf die Vindicirung dieses Kindes nicht weiter andringete, ausgesetzt werden würde.

Sehr beschwerlich dürfte die Erreichung des Endzweckes seyn, weil nicht anzuhoffen ist, das die Juden auch durch noch so nachdrückliche Zwangsmittel zur Wiederzustellung und Ausfolgung des Kindes zu vermögen seyn werden, und da man sich notwendig dieser wegen an den Vater halten müsse, welcher schon durch mehrere Monate den *squallorem carceris* erlitten und dessen ohngeachtet weder durch Arrest noch durch Verkümmerung seines Hab und Vermögens dahin zu bringen war. Das weitere Andringen werde zur notwendigen Folge haben, dass endlich zur Behauptung der landesfürstlichen Authorität eine in aufrechten Contributionsstand befindliche ganze jüdische Familie zu Grunde gerichtet und zuletzt wegen Ungehorsams und Verachtung der höchsten Befehle aus dem Land abgeschafft werden müsste.

Würde man aber auch des Kindes habhaft werden, so müsste es selbst nach Ansicht des Olmützer Consistoriums nochmals getauft werden.

In diesem Falle müste nothwendig nach der einhelligen Lehre der *Theologorum* bei diesem Knaben, welcher schon das 9. Jahr, mithin die *annos discretionis* erreicht hat, dessen Willen und *Intentio suscipiendi baptismi* hinzutretten, ohne welchen solche ihm nicht conferirt werden könnte.

Gleichwie aber ohne besonders übernatürliche Gnade ein wahrer und ernstlicher Will das Sacrament der Tauffe zu empfangen bei einem solchen Knaben, an dessen Unterrichtung in dem Judenthum unter dieser Zeit gewis nichts gesparrt worden sein wird, schwerlich zu erwarten ist:

also käme es sodann auf die weitere Frage an, ob er auch hierzu gezwungen werden könne? Und diesfalls scheint nach der allgemeinen Lehre, dass die Kirche wider jene, die ausser derselben sind, keinen Zwang habe, auch wider diesen Knaben, welcher ein Glied der Kirche worden zu seyn nicht überwiesen werden mag, mit keinem Zwang, denen Rechten nach, verfahren werden zu können.

Diese letztgedachten *Vota* gehen demnach dahin, dass dieses Judenkind bey dem allenthalben wegen Richtigkeit der angeblichen Tauffe fürwaltenden Zweiffel von der Anfertigung der Geistlichkeit ledig und losgezehlt, folglich dem jüd. Vater seine eingelegte Caution anwiederum relaxirt werden könnte. Dem mährischen Gubernium wäre ferner aufzutragen, dem Pfarrer Czech, der die Sache so lange verschwiegen auf das „nachdrücksamste zu verheben.“

Um aber den Unfug ausgebig zu steuern, sei es nothwendig dem Taufenden den Beweis der vorschützenden Lebensgefahr aufzuerlegen und anderseits, wo die Taufe ausser dem in dem *Generale de anno 1765* angegebenen Fällen vorgenommen worden wäre, nach dem Bescheide von Pabst Julius III. mit 1000 Ducaten zu bestrafen. Die Pragmatica vom 15. Feber 1765, wären auch dahin zu erläutern, dass die Taufe durch einen *de proprio facto* oder doch *de propria scientia et re propriis sensibus percepta* deponirenden Zeugen rechtsbehörig ewiesen wird. Wenn nicht durch das Zeugniss eines *Medici, Chirurgi* oder Hebamme oder durch einen anderen glaubwürdigen Zeugen, dem nichts auszustellen ist, dargethan werden kann, dass das getaufte Judenkind in der äussersten Lebensgefahr war, so ist 1000 Duc. Strafe oder mit *opere publico vel dominicali* zu bestrafen.

„Die Geistlichkeit ist nachdruksamst zu erinnern, dass sie nicht nur das Volk von dem Unfug abmahne, sondern dass sie sich selbst dessen um so gewisser enthalten soll, sonst würde sie dieselbe Strafe treffen.“

Die Kaiserin rescribirte hierauf:

„Ich begnehmige *quoad casum specificum* das Einrathen der mehreren Stimmen, wo dann dieser Knabe vielleicht mit der Zeit und wenn er nach Verlauf einiger Jahre die volle Vernunft erreicht haben wird, durch mässig und bescheidenes Zureden und durch weitere mit Ausschliessung alles Zwanges, nach Bewandniss der Umstände anzuwendenden *adminicula* sich wohl noch zu freywilliger Annahme und respective Bekenntniss des christcatholischen Glaubens bewegen lassen dürfte, als worauf zu seiner Zeit ohne dermalen etwas davon wahrnehmen zu lassen, alle mögliche und unverfängliche Bemühungen anzuwenden das mähr. Gubernium von nun an anzuweisen seyn wird.

Im übrigen ist es nöthig, dass für das künftige die angetragene Vorsehung gemacht und die Pragmatica vom 15. Febr. 1765 nach dem Einrathen erläutert und erklärt werde. *)

Maria Theresia.‟

Hierauf erschien folgender Erlass an alle Länderstellen mit Ausnahme von Galizien. (In dieser Provinz wurde er am 11. Nov. 1775 publicirt). Er lautet:

Maria Theresia. Liebe Getreue. Wir haben bereits unterm 15. Februar 1765 *pragmaticaliter* gnädigst an Euch verordnet, und die Massregeln vorgeschrieben, wie wir es, in Ansehung der unmündigen Juden Kinder, welche ihren Eltern von denen Christen aus einem übertriebenem Religions-Eifer, oder anderen Absichten entzogen, und entweder selbst getauffet, oder der Geistlichkeit zu solchem Ende zugeführet werden, gehalten, und beobachtet wissen wollen.

Nachdem aber dessen ungeachtet sich seithero be-

---

*) Das Kind hat später, nachdem es erwachsen war, den Glauben der Väter nicht verlassen. Nach einer Mittheilung des Dr. Löwy in der allg. Ztg. des Judenthums 1858 Nr. 41 soll der Vater in seiner letztwilligen Anordnung, wie Columbus, bestimmt haben, dass die Ketten, welche er im Kerker getragen, ihm ins Grab mitgegeben werden mögen.

sonders in Unseren böhmisch. Erblanden mehrere Fälle geaisseret haben, wo denen Unseren Landesfürstl. Schutz genüssenden Jüdischen Eltern ihre unmündigen Kinder unter den Vorgeben der in der äussersten Lebensgefahr beygebrachten Tauffe entrissen, und denenselben Kostsplitternde Weitläufigkeiten verursachet worden seynd, mithin nöthig seyn will, dass auf dem Fall, wann ein in solchen Umständen getauftes Judenkind am Leben erhalten wird, nachhero sowohl das Factum der ihme ertheilten Tauffe, um dasselbe mit Recht vindiciren zu können, als auch dessen fürgeweste Lebensgefahr, um den Tauffenden von der auf ein solches Unternehmen ausgesetzten Straffe zu entbinden, Rechtsbehörig erwiesen werde.

Als haben Wir Eingangs erwehnte Unsern in anno 1765 in Sachen erlassene *pragmatical*-Verordnung dahin folgender Gestalt allergnädigst zu erläuteren befunden, dass es zwar, so viel den Beweiss der einen noch unmündigen Juden Kind ertheilten Tauffe anbelanget, an deme genug seye, wan die Tauffe entweder durch den tauffenden selbst, oder durch einen anderen dabey gegenwärtig gewesten, folglich durch einen *de proprio facto*, oder doch *de propria scientia et re propriis sensibus percepta* deponirenden Zeugen, welchen sonst nichts in Weg stehet, sondern vernünftiger Weise Glauben beygemessen werden mag, Rechtsbehörig erwiesen wird; wohingegen derjenige, welcher ein solches unmündiges Juden Kind wieder Willen seiner Eltern, Vormündern, oder Gerhaben (ausser denen in mehr angezogenen *Generali de anno 1765* namentlich ausgenommenen zweyen Fällen neml. der äussersten Lebensgefahr, oder Verstoss- und Verlassung der Eltern und Vormündern) zu tauffen. sich anmasset, der auf eine solche unerlaubte That ausgesetzten Straffe unterliegen, und sich hievon nicht anderst zu entledigen vermögen solle, als wann von ihme noch besonders durch das Zeugniss eines *Medici, chyrurgi* oder Hebamme oder in deren Ermanglung durch einen anderen glaubwürdigen Zeugen, deme nichts auszustellen ist, dargethan werden mag, dass das getaufte Judenkind in der äussersten Lebensgefahr sich befunden, und nichts anderes als der gewiss erfolgende Tod vorzusehen gewesen: widrigens, und da ein solches von ihme nicht erwiesen werden könnte, derselbe, wenn er soviel im Vermögen hat, nebstdeme ihme ohnediess obliegenden Unterhalt des Kindes noch besonders mit einer Geld Strafe von Tausend Ducaten zu Handen des Fisci unnachsichtlich beleget, oder wo diese Geldstraffe nicht einbringlich wäre, nach Beschaffenheit der Person und Umständen mit einen zweijährigen Arrest, oder *opere publico vel Dominicali* bestraffet werden solle, wie Ihr dann auch insonderheit die dortländigen *ordinarios* anzugehen habet, ihrer unterhabenden Geistlichkeit die nachdrucksame Errinnerung zu machen, dass selbe nicht nur das Volk von sothanen Unfug ernstlich abmahnen, sondern auch ihres Orts selbst sich dessen um so gewisser enthalten sollen, als in widrigen, wo sich einer der Uebertrettung dieses Unseres höchsten Gesetzes schuldig machen wurde, die obausgesetzte Straffe der Tausend Ducaten Mittels sogleich verhängender Sperrung der Temporalien von ihnen ohnfelbar eingetrieben, oder da er die Mittel nicht hätte, mit einer andern empfindlichen Ahndung wider ihn fürgegangen werden wird.

Euch solchemnach befehlend, dass ihr diese Unsere höchste Erläuterung mehreröfterter *Pragmatica de anno 1765* nicht allein genau beobachten, und in vorkommenden Fällen hiernach Eueren Verhalt nehmen, sondern auch solche dahin, wo es nöthig *per currenda* zur gleichmässigen Befolgung anfügen sollet etc. Wienn den 9. Septembris 1768."

Bald hernach trat jedoch eine Reaction ein und in einem ähnlichen Falle entschied der nachmalige Kaiser Josef, damals Mitregent, für die Giltigkeit der Taufe. Das Factum war nämlich:

Im Dec. 1768 ersuchte Adam Bachrach zu Sadska in Böhmen, Bestandjude, um Entscheidung in der Angelegenheit, dass ein Fleischhacker, Wenzel Chladka, sein Kind getauft hätte.

Am 26. Jan. 1770 berichtete das Consistorium in Folge höhern Auftrages, dass Wenzel Chladka dem Ortsdechant eröffnete, er habe das 2½ Jahr alte Kind, Moses, in der Meinung ein gutes Werk zu stiften, getauft.

Das Zeugenverhör beim Bidschower Magistrat ergab nach dem Gutachten des Guberniums, dass Chladka das Kind mit dem Kreuzeszeichen bezeichnet habe, weil er meinte, dass solche Kinder bei reifern Jahren sich zum Christenthume bekehren; sonst that er nichts. Unter diesen Umständen wäre dieser Act nicht als Taufe zu betrachten.

Die Hofkanzlei befiehlt hierauf nochmals die Sache zu untersuchen.

Am 28. Juni 1770 berichtet das Gubernium näheres über den Thatbestand. Wenzel Chladka habe im Beisein des Franz Hanczik das Kind 3 mal mit seinem in den Weihbrunnen getauchten Finger bezeichnet und gesprochen: Ich taufe dich im Namen Gott, des Vaters etc. und sagte hierauf zu dem Franz Hanczik: „Ich habe das Kind Wenzel getauft und Ihr seid Taufpathen.“

Das Gubernium erklärte hierauf, es sei den Anforderungen der Taufe entsprochen.

Da jedoch ein Zweifel ist, ob im Weihbrunnen Wasser war, so wäre das Kind nochmals zu taufen, den Eltern wegzunehmen, zu Christen zu geben, und die Eltern sollen die Verpflegungskosten tragen.

Bezüglich des Taufenden bestimme das Gesetz vom 15. Feb. 1765 eine arbitrarische Strafe, das von 1768, 1000 Ducaten oder 2 Jahre Arrest, oder *opus publicum vel dominicale* (hier gelte das Gesetz vom J. 1765, weil zur Zeit der That das Gesetz vom J. 1768 noch nicht erschienen war und kein Gesetz rückwirkend sei).

Die Hofkanzlei gibt hierauf folgendes Votum ab:

Der Beweis der Taufe sei nicht hergestellt. Es sind

vier Zeugen: Wenzel Chladka, dessen Eheweib, Franz Hanczik und Wenzel Schlechta, welcher gestorben ist. Einer wäre genug, welcher den Thatbestand *de proprio facto* oder *de propria scientia et re propriis sensibus percepta* deponiren könnte. In dem gegebenen Falle sei jedoch nicht Ein Zeuge vorhanden.

Das Weib könne nicht als Zeugin gelten, da sie nicht dabei war; sie hörte blos von Hanczik, dass ihr Mann das Kreuz gemacht habe.

Hanczik sagt, er sei rückwärts gesessen und habe es nicht gesehen, später habe er blos gesehen, dass Wenzel das Kind segnete.

Wenzel selbst bekennt, seine Finger in den Weihbrunnen gesetzt und das Kind getauft zu haben; er wisse jedoch nicht, ob Wasser im Brunnen war.

Das *factum baptismi* sei daher nicht erwiesen, da eine wesentliche Materie fehlte. Ueberdies sagt Chladka's Eheweib aus, dass kein Wasser im Brunnen war und erklärt weiter, dass ihr Mann Hanczik und Schlechta vom Brandwein berauscht waren und Chladka selbst war ein Trunkenbold. Nicht Ein Zeuge also *cui fides adhiberi prudenter possit*, welcher nach Papst Benedikt XIV. das Factum der Taufe ausser Zweifel stellen würde, sei vorhanden.

Die Hofkanzlei (Präsident Graf Kolowrat) rieth daher an (11. Aug. 1770), dass wie über den Vortrag vom 19. Aug., reproducirt 9. Sept. 1768, entschieden werde, das Kind bleibe bei seinen Eltern und wenn es vernünftig wird soll man es — ohne jetzt etwas merken zu lassen — durch mässiges und bescheidenes Zureden, mit Ausschliessung alles Zwanges zur Taufe bewegen.

Da die Taufe nicht als erwiesen betrachtet wird, soll Chladka blos 14 Tage Arrest haben.

Hierauf erfolgte die allerh. Resolution:

„Es hat bei dem Ausspruche des Consistorii wegen den *sub conditione* zu wiederhoblenden Tauffe zu verbleiben. Es wird also der Aufenthalt des jüdischen Vatters im

Geheim auszuforschen *) und solchen das Kind zur Taufe abzunehmen, demnächst in das Findelhaus zur Erziehung abzugeben, der anmassliche Tauffer aber nach dem ersten *Generali de anno* 1765 und dem Einraten des Gubernii zu bestrafen seyn.

Joseph Corr."

Nicht ohne Interesse ist eine Verhandlung mit den Juden zu Triest. Diesen wurde nämlich in einem kaiserl. Patente vom 19. Apr. 1771 die vollkommene Religionsfreiheit gewährleistet. Der Wortlaut ist:

„Li conferiamo la facoltà libera liberissima di negoziare per mare e per terra e di piantare in Trieste fabbriche e manufatture senza alcuna difficultà ed impedimento.

Li concediamo di professare la religione ebraica e di esercitare nella loro sinagoga le funzioni, ceremonie e riti della medesima religione, di sepellire i defunti ed in somma di partecipare e godere tutte le prerogative e libertà competenti ad una nazione che abbiamo assicurata, e nuovamente assicuriamo della Sovrana Nostra protezione, senza che possino ne devino incontrare impedimento o difficolta nella professione della loro religione e nell' esercizio solito delle ceremonie e senza che devino ne possino esser forzatti ad abbracciare un' altra religione, confirmando le precedenti correlative Nostre resoluzione.~

Für die Ausfertigung des Patentes sollten die Juden zu Triest tausend Kremnitzer Ducaten bezahlen. Diese weigerten sich jedoch, die genannte Summe zu erlegen, und begründeten diese Weigerung dadurch, dass die ihnen gewährte Religionsfreiheit theilweise illusorisch sei, da noch immer diejenigen jüdischen Kinder, die gewaltsam getauft werden, den Eltern entzogen werden.

Hierauf erging folgendes Hofkammerdecret vom 24. Juli 1775 an die Intendenza zu Triest:

Aus denselben Bericht sey sowohl die Bewandniss

---

*) Der Vater fürchtend, dass die Verhandlung in einem für ihn ungünstigen Sinne entschieden werde, hatte mit dem Kinde die Flucht ergriffen.

warum die dortige Judenschaft bisher die ausgemessene
Taxe von 1000 Kremnitzer Ducaten für den ihr letzthin
ertheilten allerhöchsten landesfürstlichen Schutzbrief (19.
April 1771) zu erlegen Anstand genommen, als welche
Wünsche sie Judenschaft in Ansehen der freyen Religions-
ausübnng geäussert habe mit mehreren entnommen, zugleich aber daraus ersehen worden, dass die unter 9. September 1768 *per rescriptum* an die übrigen Länderstellen ergangene *Declaratoria* der allerhöchsten Pragmatik vom 5. März
1765 wegen verbotener Taufe der unmündigen Judenkinder
wider Willen ihrer Eltern, Vormünder oder Gerhaben an sie
Intendenza legaliter noch nicht gediehen sey. Es werde demnach zuvörderst derselben die verstandene Erläuterung mittelst des nebenfolgenden eben unterm heutigen Dato erlassenen allerhöchsten Rescript zur gleichmässigen Nachach-
tung und übereinstimmenden Anweisung der betreffenden Or-
dinariorum nachgetragen, weiteres aber in Ansehung der
vorgedachten Wünsche der Triester Judenschaft zu erkennen gegeben, dass von der unterm 5. März 1765 und
weiter mittelst des heutigen vorgemeldeten höchsten Rescripts
pragmaticaliter festgesetzten Ordnung zur Erhaltung der Ehre
der herrschenden Religionen und um diese durch die von der
Triester Judenschaft gebothene Auslieferung an die Eltern
oder Gerhaben derer gegen die Gesetze getauften Judenkinder keiner Entheiligung auszusetzen, um so weniger
abgegangen werden möge, als eines Theiles dem Miss-
brauche der Taufe jüdischer Kinder wider Willen der
Eltern und Gerhaben mittelst der darauf ausgemessenen
und durch die *Declaratoriam* vom 9. September 1768 *et
intimato hodierno* verschärften Strafe nicht minder durch
die in letzterer festgesetzten Formalitäten zur Erweisung
der äussersten Lebensgefahr der zu taufen angemassten Judenkinder schon hinlänglich vorgebogen sey, anderntheils aber die
in den übrigen Erbländern geduldete, des allerhöchsten Schutzes
nicht weniger als jene zu Triest geniessenden Judenschafft sich
den nämlichen Satz und Ordnung habe unterwerfen müssen.

In der Zuversicht also, dass eröfterte Triester Judengemeinde bey allerhöchster Ungnade nicht länger verwei-
len werde, der auf ihre allerunterthänigsten Bitten ausgefertigten landesfürstl. Schutzbrief gegen Erlag der bestimmten
Taxe von 1000 Kremnitzer Duc. schleunigst zu lösen,
werden solcher ihr *Intendenza* in dem Anschlusse mit der
anmassgebigen Verordnung zugesendet. dass sie diesen
Schutzbrief vor Berichtigung gleichgemeldeten Taxe zu
ihrer unterhabender Cassa und der überdies von den Im-
petranten zu geschehen habenden Berichtigung der besonderen Schreib- und Kanzleigebühren zusammen zu
227 fl. 55 kr., welche letzteren Betrag sohin an die Cammer u. Hauptcassa allhier zu übermachen sein wird, nicht
verabfolgen lassen solle."

Wir haben hier die interessantesten Fälle von Judentaufen unter der Kaiserin Maria Theresia mitgetheilt.
Wollten wir alle Fälle angeben, die Untersuchungen von
Seite der Behörden veranlassten, so müssten wir Folian-
ten füllen. Hervorgehoben mag jedoch werden. dass zu
jener Zeit die Taufen schon Sache der Speculation waren
und manche Christen wollten die Gleichberechtigung der
Neophiten nicht anerkennen. So klagt in einem Gesuche an die Kaiserin im J. 1773 *) Peter Steinbruch, ehemals Isak Broch in Prossnitz. dass er, trotzdem er sich

---

*) Im Monat May 1773 sind in Prossnitz folgende Familien
zum Christenthume übergetreten:

1. Sal. Gerstl (jetzt Jac. Steinbock) sammt 3 Söhnen, früher
Hausrabbiner während 18 J. bei einem reichen Juden in Dobruschka.

2. Isak Broch (jetzt Peter Steinbruch) dessen Weib Scheba jetzt
Josepha und 3 Söhne, früher Kaufleute.

3. Sal. Mandel (jetzt Joh. Mandelzweig) dessen Weib Gutterl,
jetzt Theresia und 1 Sohn, früher Instructor.

4. Marc. Moyses (jetzt Frz. Gottpreiss) und 1 Tochter „hat in
dem Judenthum mit Leder gehandelt."

5. Lasar Abr. (jetzt Mathes Mandelblüh) und sein Weib Esther
(jetzt Anna) und 8 Töchter, früher „Bandelhändler."

taufen liess, doch nicht gleiche Rechte mit den Christen geniesse und es ihm und den andern Neophiten verboten werde mit gewissen Waaren Handel zu treiben etc.

Im J. 1780, 30. September erliess die Kaiserin ein Patent für Galizien, um die Neophiten zu schützen. Es lautet im Auszuge:

Wir Maria Theresia etc.

Begünstigungen und Befugnisse derjenigen Juden, die sich taufen lassen, deren nicht wenige unter der grossen Anzahl sind.

1. Die Neophiten erlangen da, wo sie sich häuslich niederlassen, das Bürgerrecht und sind den andern Bürgern gleich.

2. Die Neophiten können eigenthümlich Aecker, Felder und Wiesen gegen Entrichtung des der betreffenden Obrigkeit gebührenden Zinses, besitzen.

3. Sie können den Handel und Wandel oder Profession, die sie als Juden erlernt haben, ungehindert forttreiben.

4. Es ist ihnen die Aushängung der Kunst- und Handwerkszeichen, wie den christlichen Künstlern erlaubt.

5. Sie können christliche Gesellen halten, und ihre in christlicher Ehe erzeugten Kinder oder die jüdischen, welche die Taufe empfangen haben, zu christlichen Meistern geben. *)

---

6. Lazar Marcus (jetzt Franz Abel) und sein Weib Rösle, jetzt Josefa und 1 Kind, früher Mehlhändler.

7. Tobia Herschel, jetzt Franz Steinbruch, ledig, 14 J., ohne Handtirung.

8. Tworn (?) und Josefa Freundin, ledig, ohne Handtierung.

*) Ein ähnliches Decret, dem 3. Punkte entsprechend, erging an das böhmische Gubernium am 28. Feb. 1772. Aehnliche Rescripte ergingen bereits von Kaiser Leopold, die wir hier im Auszuge geben:

Wien 30. Jan. 1695.

Wir Leopold, Liebe Getreue.

Wir haben resolvirt, dass alle Neophiten, ihr Handwerk, so sie bei den Juden erlernt und getrieben, nach Erlangung der h. Taufe

Es kamen auch sehr häufig Fälle vor, dass Juden, die zum Christenthume übergegangen waren, ihre Heimat verliessen und auswanderten — zumeist nach Preussen — um da wieder im Glauben der Väter leben zu können. So liess sich 1775 Benjamin Hönig *) in Brünn taufen und nahm den Namen Christoph Anton Mathias Bienenfeld an. Bald hernach flüchtete er sich nach Preussen und dessen Kind, 1½ Jahre alt, kam in's Bürgerspital, wo es versorgt wurde.

Der damalige Gouverneur von Brünn, Graf Blümegen, erfuhr hierauf von einem andern Neophiten den Aufenthalt Bienenfeld's in Breslau. Er berichtete sogleich darüber dem obersten Kanzler, doch dieser bemerkt in seinem Schreiben:

„Es mag wol nicht gehofft werden, dass er k. preuss. seits werde ausgefolgt werden, da er kein anderes Verbrechen, als wider die Religion begangen" — daher blieb die Sache auf sich beruhen.

Da sich jedoch der Grossvater des Kindes Mayer Hönig, welcher noch Jude war, anbot für die Versorgung des Kindes 3000 fl. zu hinterlegen, wenn es vom Bürgerspitale, wo es schlecht versorgt war, heraus genommen und ihm übergeben würde, rescribirte die Kaiserin eigenhändig:

in unserer Haupt- und Residenzstadt Prag, wie auch in andern Unseren königl. Staaten jedermänniglich ungehindert frey mit ihren Leuten zu exerciren und zwar ohne alle Inspectoren befugt sein sollen. Zu dem Ende wir ihnen dann, und um Weitläufigkeiten auf einmal abzuschneiden, sämmtlichen jetzigen und künftigen neu Conventirten die Hoffreyheit hiermit allergnädigst ertheilen.

Wien, 30. Juny 1695, an die Statthalterey in Prag:

Leopold . . Wir haben resolvirt, dass alle Neophiten ihr Handwerk, so sie bei denen Juden erlernt und getrieben nach Erlangung der h. Taufe in Unserer k. Haupt- und Residenzstadt Prag, wie auch in andern unsern k. Städten jedermänniglich ungehindert frey mit ihren Leuten zu exerciren und zwar ohne alle Inspectoren gestatten.

*) Die Gebrüder Hönig besassen das Privilegium, in Brünn eine Leihbank für Mähren zu halten.

„Mayer solle in einer kost das Kind versorgen wegen deren 3 fl. es mit der obristen Justizstelle ausmachen."

Wir gelangen nun zur Gesetzgebung Josefs II. in Beziehung auf Judentaufen. — Es ist wiederholentlich auf diesen grossen Monarchen das Wort der Schrift (*Genesis 42, 8*): „Josef erkannte seine Brüder; sie aber erkannten ihn nicht" angewendet worden, denn seine Zeitgenossen hatten zumeist kein Verständniss für seine grossartigen Intentionen. Die Juden insbesondere werden diesem Monarchen stets ein dankbares Gefühl bewahren; denn er erlöste sie aus der tiefsten Schmach. Er war der erste Monarch in neuerer Zeit, welcher den Juden das schwere Joch erleichterte und welcher danach strebte, dieselben durch Bildung zu erheben. Wir lassen in der Beilage XV das Handbillet des Kaisers an den Grafen Blümegen, vom 13. Mai 1781, folgen, worin die edlen Absichten des Monarchen sich kundgeben. Bevor jedoch noch das Toleranzpatent erflossen war, 2. Jänner 1782, schaffte er den gelben Fleck und die Leibmaut der Juden ab, durch welche diese zu Heloten und Thieren herabgewürdigt waren. Allerdings wurden die kaiserlichen Befehle nicht mit Genauigkeit ausgeführt und der Kaiser schrieb deshalb an den Grafen Blümegen:

Lieber Graf Blümegen! Da ich sehe, dass die ergangene Hauptverordnung wegen besserer Benützung der Juden und Abstellung der sie auszeichnenden äusserlichen Sachen gantz und gar noch nicht befolget wird, da zu Brünn, wenn ein Jude beym Thore hinein geht, einen Siebzehner zahlen muss, und in Prag sie noch die gelben Ermeln tragen, so wird die Kanzley sorgen, dass die von mir anbefohlenen Sachen nicht *ad statum notitiae* genommen, sondern in Ausübung gesetzt werden, weil Ich sonst diejenigen, die daran Schuld trügen, davor müsste verantwortlich machen.

Joseph.   Prag, den 17. Sept. 1781.

Aber selbst nachdem das Toleranzpatent erschienen war, erhoben sich Stimmen gegen die Begünstigung der Juden, gegen welche das Vorurtheil selbst in den höchsten Kreisen noch sehr gross war. Manche konnten sich nicht mit dem Gedanken vertraut machen, die Juden als Menschen zu betrachten. Noch weniger wollte man die Herrschaft, welche man über sie bis dahin geübt, aufgeben. Da überdies die Juden auch eine Einnahmsquelle bildeten und zwar damals noch mehr als später, so wollte man auf dieselbe nicht verzichten. Man beschuldigte zwar die Juden des Eigennutzes, der Habsucht etc. Bei den Gelegenheiten jedoch, wo man das Geld der Juden in Anspruch zu nehmen hatte, bewies man sich nicht uneigennützig, grossmütig etc. So gibt die Kanzlei in Beziehung auf die Leibmaut ein Votum ab, 4. Juli 1782, worin es heisst:

„Man kann Pflichten halber nicht bergen, dass die sogenannte Juden-Leib-Maut in denen ältesten Zeiten aus guten politischen und erheblichen Grundsätzen eingeführt worden seye, dass die in Servitute aller Staaten stehende Judenschaft, welche nicht nur ihres Gesätzes und anderer wichtigen Ursachen halber von allem Wehr- und Soldatenstand und von Ackerbau, sondern auch von den *muneribus publicis* ausgeschlossen ist und dahero (als Juden betrachtet) in keinem Staate für wahre nutzbare Unterthanen, sondern nur für ein bei verschiedenen Vorfällen in Ermanglung eines bessern Aushilfsmittels blos zu tuldendes Volk angesehen wird, bei gänzlicher Aufhebung des Leibzolles besser und leichter daran seye, als die wahren Staatsbürger und Landesunterthanen.

Und dass eben deswegen bey allen Völkerschaften der ganzen Welt, wo Juden getuldet werden, selbe bisher härter als die übrigen Landesunterthanen behandelt und dadurch ihre Vermehrung so viel möglich gehemmt worden.

Und zeuget uns noch die heutige Erfahrung, dass in

jenen, auch fruchtbaren Ländern, wo die Judenschaft zu
sehr überhand nehmet, Bürger und Bauer erarme, so dass
also die unmässige Anhäufung der Juden für eine auf-
zehrende Krankheit des Staates und für ein Uebel des gemeinen Mannes und Unterthans von jeher gehalten worden ist."

Der Kaiser befahl hierauf, dass diejenigen ausländischen Juden in deren Heimat die österreichischen Juden
Leibzoll zahlen müssen, bei ihrer Ankunft in Oesterreich auch den Leibzoll zu entrichten haben. Ueberdies aber sollen diejenigen in Oesterreich, welche das
Einkommen der Leibmaut *titulo oneroso* besitzen, es ferner behalten.

In Beziehung der Zwangstaufen ergriffen die böhmischen Juden unter Kaiser Josef die Gelegenheit, um eine
Veränderung der bestehenden Gesetze zu erwirken, und
hofften von diesem menschenfreundlichen Monarchen eine
günstige Erledigung; und allerdings hat sie diese Hoffnung
— wie wir weiter erzählen werden — nicht getäuscht.

Sie baten:

1. Dass die *anni discretionis* von 7 auf 24 Jahre festgesetzt werden mögen und nur derjenige, der dieses Alter
erreicht hat, soll in der Lage sein, die Taufe zu verlangen.
Sie berufen sich auf die Verordnung von Carl VI.; ferner
darauf, dass ein Novice das Ordensgelübde erst nach
vollendetem 24. Jahre ablegen könne und Erben bis zu
dem bezeichneten Alter unter Vormundschaft stehen.

2. Es seien Vorkehrungen zu treffen, damit die christlichen Hebammen nicht die jüdischen Kinder taufen.

3. Dass diejenigen Juden, die zum Christenthume
übergehen wollen, verhalten werden, ein Sittenzeugniss der
jüdischen Gemeinde, in welcher sie leben, beizubringen;
ohne welches sie nicht getauft werden dürften.

4. Dem im Judenthume zurückbleibenden Theile der
Ehegatten soll die Mitgift gesichert bleiben und der Scheidebrief ertheilt oder empfangen werden.

6 *

Die Kanzlei gab dem Gubernium zu Prag diesen Ge
genstand zur Begutachtung und wir geben den Bericht dieser Behörde, der in dem Vortrag der Kanzlei involvirt ist,
im Auszuge wieder. Er dürfte im hohen Grade den Leser
interessiren.

In Beziehung auf die Bittschrift der böhmischen Juden erstattete das Gubernium Bericht:

ad 1. Dasselbe finde keine Ursache die *anni discre-*
tionis vom 7. auf das 24. Jahr zu setzen.

Carl VI. bestimmte auch nicht direct, dass 14 Jahre
festgesetzt sein sollen.

Das Beispiel, dass kein Novice die Ordensgelübde vor
dem 24. Jahr ablegen könne und das Vermögen der Erben bis zu diesem Alter unter Vormundschaft stehe, sei
hier nicht massgebend, da es sich in beiden Fällen nicht
um den Verlust der Seligkeit handle.

ad 2. Die Vorkehrung gegen christliche Hebammen
sei nicht notwendig, da bei einer jüdischen Wöchnerin gewöhnlich jüdische Frauen anwesend sind, die die Taufe
nicht zugeben würden. Ueberdies bestimmen schon die
Verordnungen von 1765 und 1768 die Strafen gegen Uebertreter und ausserdem könnten die Juden jüdischer Hebam- ·
men sich bedienen.

ad 3. Dass jeder Jude, der zum Christenthume übergehen will, wenn er noch nicht 24 Jahr alt ist, ein Sittenzeugniss beibringen solle, sei nicht zu fordern, denn die
Juden würden niemanden ein gutes Zeugniss geben.

ad 4. Sei es billig, dass beim Uebertritte eines Ehetheiles zum Christenthume die *dos* und *contrados* der im
Judenthume verbleibenden ehelichen Ehehälfte wieder zu-
rückfalle; die Theilung des gemeinschaftlich erworbenen
müsste je nach den geschlossenen Ehecontracten entschieden werden.

Wegen Zurücklassung eines Vermögens für die im
Judenthume zurückbleibenden Kinder, könnte nur von

denen die Rede sein, welche die *annos discretionis* bereits erreicht haben, denn die andern Kinder folgen dem Theile. der den christlichen Glauben annimmt. In diesem Falle müsste in gleicher Weise auch der im Judenthume verbleibende Theil für die getauften Kinder sorgen.

Hierauf folgt das Votum der Kanzlei:

„Da die Juden tollerirt sind, muss man sie wie andere Menschen behandeln und was die Religion betrifft, so beschaffene Grundsätze annehmen, die weder im Gewissenszwange noch in einem blos scheinbaren guten Werke (welches allezeit in der Folge das Uebel grösser macht) ihre Ausübung voraussetzen.

Jedermann wird bekennen, dass einige Aufrichtung dieses unglücklichen Volkes das einzige Mittel sein werde, dasselbe in seinem verstockten Herzen zu bessern und bürgerlicher zu characterisiren. Sobald die Juden, wie es ungemein nützlich schon dermalen geschieht im Handel, im Unterricht, in der Sprache und in den wechselseitigen Verrichtungen mit Christen aus dem anklebenden Joch der alten Dienstbarkeit gezogen werden und ihnen als Menschen auch menschliche Freiheit vergönnt wird, so hat man bessere Bürger zu hoffen . . . . . .

In Beziehung auf das Alter, *anni discretionis:* Es ist wahr, dass Carl VI. nicht das Alter von 14 Jahren bestimmte, dieses Alter wird nur narrativ aus dem Gesuche der Juden angegeben und die Verordnung vom 15. Febr. 1765, nach welcher (2. Absatz) Kinder über 7 Jahren auch wider den Willen der Eltern etc. sich können taufen lassen, hingegen die unter dem Alter von 7 Jahren erst von der geistlichen und weltlichen Obrigkeit geprüft werden müssen, ob sie die Fähigkeit dazu besitzen etc. bestehet noch in Kraft.

Folgende Betrachtungen scheinen jedoch Aufmerksamkeit zu verdienen.

Ein Mensch, der sich selbst eine Religion wählt, muss

erst überzeugt sein, dass er darinnen eher als in einer andern selig werden könnte, sonst handelt er ohne ächten Zweck und ohne Anwendung der Vernunft. Ein solcher Mensch muss demnach zureichende Einsicht, Kenntniss der Beweggründe, reifen Verstand, ohne welchen keine Beurtheilungskraft besteht und fürnemlich einen nicht nur von Zwang, sondern auch von Fallstricken und Betäubung ganz und gar befreiten Willen haben, welches alles schlechterdings bei siebenjährigen Kindern nicht angetroffen wird.

Man übergehet die Schwachheit der erst aufkeimenden Seelenkräfte, sonderlich des Verstandes und erwäget hierbei nur dieses, wie leicht es sei, solche Kinder durch Versprechen, Liebkosungen und kleine Geschenke zu dem Verlangen der Taufe zu bewegen, besonders in den Fällen, wo ihre Eltern ihnen etwan mit verdienten Strafen kurz bevor begegnet waren. Ein höheres Alter ist daher notwendig zu bestimmen.

In Religionssachen kann man der innerlichen Erleuchtung einigen Platz geben, die jedoch nur *caeteris paribus*, das ist damals zu hoffen steht, wenn der Mensch Fähigkeit und Willen hat, mit bedachtsamen Ernst zu wählen.

Der allerunterthänigste Vortrag vom 19. Jänner 1765 beurtheilet diesen Gegenstand aus dem Gesichtspuncte, *de usu rationis* und des *Judicii discretivi inter bonum et malum* . . . . Es scheint aber zur richtigen Beurtheilung, welche Religion unter zweyen die wahre sei? keineswegs genug zu sein, dass die Justiz *usum rationis et judicium discretivum* so weit besitze als zur Kenntniss des Guten und Bösen erforderlich ist.

Nach metaphisischen und psichologischen Gründen, welche den Menschen in Bezug auf die Seelenkräfte und derselben Anwendung näher betrachten, liegt der Gebrauch einer gesunden Vernunft und Kenntniss des Guten und Bösen in der menschlichen Natur selbst verborgen, dergestalt, dass zwar ein zarter Jüngling von 7, 8 oder 10 Jahren etc. das Gute vom Bösen ohne vielen Unterricht zu unterscheiden und zum Beispiele sich fürchten wird, wenn er etwas dem andern entwendet oder jemanden eine Unbilde zugefügt hat; deswegen aber weiss er noch nicht das Geringste von der Beschaffenheit und dem Unterschiede, noch weniger aber von der Stärke, der für diese oder jene Religion das Wort führenden Gründe und wenn er auch von beiden Religionen den Unterricht erhält, ist zu Bestimmung der Wahl das *Judicium discretivum inter bonum et malum* ganz und gar nicht höher anwendbar, weil ein solcher Mensch nicht zwischen Bösen und Guten sondern lediglich über die Wichtigkeit der für und wider streitenden Gründe zu urtheilen hat, um sich alsdann auf jene Seite zu lenken, die ihm als die wahrhafteste und sicherste Strasse zur künftigen Seligkeit *nota bene* aus Ueberzeugung vorkommt. Was für ernsthafte Betrachtungen viele reife und gesetzte Männer hiebei öfters zu machen gehabt haben, ist jedermann bekannt und Jünglinge sollen durch die Bank in einem 12jährigen Alter dazu aufgelegt sein?

Wer die Musik in ächtem Geschmacke und von der soliden Seite kennet, wird mit dem Referenten sagen, dass die von Salzburg damals in Wien gewesenen Kinder (S. oben S. 53) hieher als ein Beispiel nicht passen; eine natürliche Fähigkeit zu einer Kunst (Genie) kann zeitlich ausbrechen und somit z. B. in der Musik nach den Regeln durch ein blosses Gedächtnisswerk zwar etwas ordentliches machen, es wird jedoch bis nach gesetztem Alter und vieler Erfahrung ein blosses Spielwerk ohne körnigen und kräftigen Gedanken bleiben. Hätten die Salzburger Kinder entscheiden sollen, welche zwischen zweierley gründlichen Compositionen die beste seye und hierzu die rechten Ursachen angeben, würde das siebenjährige Alter ein eben so unreifes Urtheil gefället haben, und um das reife Urtheil ist es allein bey Fürwählung einer andern Religion zu thun.

Da jedoch Massregeln genommen werden müssen und
die dominante Religion auch überall gewisse Vorzüge ge-
niesset, dürfte folgendes anzuwenden sein:

Die heutige Erziehung, welche den Juden durch Nor-
malunterricht und andere Kenntnisse ebenfalls zu statten
kömmt, scheinet einen Menschen so weit vorzubereiten,
dass er die schwächere oder stärkere Gründe der Religion auch zeitlicher als sonst zu begreifen im Stande sey.

Nach allerh. Resolution vom 14. Nov. 1777 wurden die
Discretionsjahre der Kinder katholischer Eltern in Mähren
auf 24 Jahre festgesetzt. Am 1. Febr. 1778 erfolgte der
Befehl, dass solche Kinder 15 Jahre alt mit ihren aka-
tholischen Eltern sich nach Ungarn begeben können.
Endlich wurde den Kindern eines sichern *Paul Pomala*
auf allerhöchste Resolution vom 15. (exped. 16.) Sept. 1780
das Alter von 18 Jahren bestimmt.

Da nun die Juden, wenn sie getauft sind, nicht mehr
zurücktreten können, so hat Referent v. Heinke und mit
diesem die Hofräte v. Krisch, v. Greiner, v. Eger, v.
Streernwitz und v. Margelik, sowol wegen der Wichtigkeit
der Sache, als auch wegen Gleichförmigkeit der Gesetzgebung *pro aetate discretionis* auf 18 Jahre angetragen und
mit den andern Stimmen, welche *ob pubertatem plenam*
14 Jahre zu bestimmen erachteten, aus der Ursache nicht
vereinbaret, weil die Pubertät eigentlich nur *vires phisicas,*
nicht aber die Reife des Verstandes und die Beurtheilungskraft zum Gegenstande hat. Die *Vota majora* begründen
ihre Ansicht ferner, dass ein akatholischer Christ, weil
er getauft ist und wenn er nicht gesündigt hat, selig werden könne, so bey einem umgetauften Menschen nicht zu
hoffen stehe, allein Referent und die mit ihm stehenden
Vota glauben dieses der Barmherzigkeit Gottes und der
Begierdetaufe zu überlassen. . . .

Lässt man die Juden wie bisher mit 7 Jahren zur
Taufe, so erhält er gar zu unreif den *Caracterem indelebilem,*
er kann aus dem Christenthum nicht mehr zurück und

läuft Gefahr, dass sein gewagter und unüberlegter Schritt einen Heuchler, heimlichen Juden oder einen ganz irreligiösen Menschen hervorbringt.

In Betreff des 2. Falles ist ein Missbrauch mit der Nottaufe bei Todesgefahr zu fürchten und ein Kind. welches weiter lebt, kann den Eltern entrissen werden. Anderseits aber kann man die Nottaufe nicht gänzlich verbieten, da das Kind wenn es ohne Taufe stirbt, des Himmelreiches beraubt wird.

Es scheint daher nichts anderes als das gesetzmässige Verbot vom 9. September 1768 übrig zu sein, dass nämlich die christliche Hebamme nur in jenem Falle das Kind ordentlich taufen kann, wo ein herbeigeholter christl. Arzt oder in deren Ermanglung ein anderer glaubwürdiger Zeuge die dringende Todesgefahr bestätige. Ueberdies giebt es jetzt auch schon viele jüdische Hebammen.

Die 3. Forderung, bezüglich der Sittenzeugnisse ist übertrieben; denn obgleich ein und anderer Neophit als Christ einen üblen Lebenswandel geführt hat, kann diese Erfahrung nicht hinreichen, was immer für jüdische Menschen wenn sie das Discretionsalter erreicht haben, zu taufen.

Ad 4. Da die Ehe bei Juden als ein blosser Contract nach den Naturrechten betrachtet wird, ist es billig. dass die Annehmung des Christenthums in Bezug auf die wechselseitigen Forderungen nichts verändere. Es soll dieser in solchen Fällen nach den Ehepakten oder wo diese nicht vorhanden sind, nach dem bürgerl. Gesetze entschieden werden. Es geniessen die Juden dann den gleichen Schutz und die nämlichen Rechte, welche den Christen in dem Falle zu Statten kommen, wo bey dieser *per declarationem nullitatis matrimonii* die Scheidung *quoad vinculum* geschehen wäre.

Bezüglich der Versorgung der Kinder schliesst sich die Hofkanzlei der Ansicht des Guberniums an (S. S. 85) und wegen des Scheidebriefes, wäre zu verordnen, dass in jenen Fällen, wo der Scheidebrief von einem Theile ohne Rechtsbeständiger Ursache verweigert wird, das *in Mora* befundene Theil durch richterliche Entscheidung alles Ernstes dazu angehalten werden solle.

Wien 11. März 1782.

Graf Blümegen.
Graf Auersperg.

Es erfolgte hierauf die denkwürdige Resolution:

„Die letzteres wegen Protestanten erlassene Resolution giebt auch bei dieser Anfrage in betreff der Judenschaft Ziel und Maas, denn es kann so wenig ein Protestantisches Kind von seinen Eltern genommen in kathol. Glauben erzogen werden als ein Judenkind getauffet, bis man nicht sicher ist, dass es die hinlängliche Erkänntniss und entweder einen übernatürlichen oder aus erfolgter Ueberzeugung den Antrieb zur Tauffe habe, wozu noch Furcht, noch Anlockung noch was immer für eine Leidenschaft die Ursache geben muss, welches jedesmal gründlich muss untersuchet werden, w e i l e s d e r R e l i g i o n a n g u t e n C h r i s t e n nicht aber an Getaufften gelegen ist."

Es wurde überdiess der Grundsatz aufgestellt, dass es den Eltern gestattet sein soll mit ihren Kindern, welche sich zur Taufe vorbereiten, zu sprechen. Dieser kaiserl. Entschluss wurde durch folgende Thatsache hervorgerufen:

Die Tochter des Juden Leib Schüssel in Tarnow ging nach Artazow zu dem Gutsbesitzer, um sich taufen zu lassen. Dem Vater wollte man nicht gestatten ferner mit seiner Tochter zu reden.

Die Kanzlei berichtet hierüber dem Kaiser, 9. October 1787 und bemerkt: „daran geschieht nicht recht, dass man die Eltern nicht mit ihrer Tochter reden lässt; die jüdischen Eltern müssen obschon nicht allein, sondern in Gegenwart eines rechtschaffenen und vertrauten Mannes mit ihrer Tochter ein auch ein paarmal während der Zeit ihres Unterrichtes sprechen können und wenn diese Zeit vorüber ist, so muss die Tochter nach der bestehenden Vorschrift wiederum von dem Kreisamte in Gegenwart ihrer Eltern, über ihren ernstlichen Entschluss den kathol. Glauben anzunehmen, befragt werden, damit sie sich selbst überzeugen können, dass ihre Tochter nicht mit Zwang oder falschen Vorspiegelungen zur Veränderung ihrer Religion verleitet worden ist."

Der Kaiser rescribirte hierauf:

„Ich begnehmige das Einrathen der Kanzlei.

Joseph."

Die kaiserliche Verordnung, die das Alter von 18 Jahren für denjenigen festsetzt, welcher sich taufen lassen will, beschränkte die bisher zahlreichen Fälle von Ueberläufern. Freilich könnte man behaupten, dass durch einen grossen Theil jener Ueberläufer das Judenthum eher gewonnen als verloren hat, wie dieses auch aus dem Votum der Hofkanzlei hervorgeht. Es entledigte sich dadurch zumeist der Schlacken. Der grösste Theil jener Ueberläufer waren sittlich verwahrloste Personen — insbesondere die Frauenzimmer, welche ein grosses Contingent der Kirche lieferten *).

Die Kirche und ihre Würdenträger und viele fromme Christen legten jedoch auf diese Judenbekehrungen einen grossen Wert und man muthete oft dem Staate zu für die Neophiten zu sorgen, welches auch in vielen Fällen geschah. Bei einem ähnlichen Falle wies Kaiser Joseph (15. Dec. 1786) die Petenten zurück und bestimmte, dass die Taufpaten für die Täuflinge zu sorgen haben und darüber zu wachen, dass diese nicht in einen liederlichen Lebenswandel verfallen. Die Resolution lautet: „Jeder Taufpathe geht eine geistliche Verbindung mit der Person, die er aus der Taufe hebt, ein; er ist schuldig, sein Mögliches zu deren christl.

---

*) Unwillkürlich fällt uns das Wort Heine's ein: „die Soldaten Fallstaffs haben den Zweck die Grube und die Getauften die Kirche zu füllen."

Lebenswandel beizutragen; aus dieser Ursache habe Ich auch, weil ich in Galizien mehrere dergl. Fälle von getauften erwachsenen Jüdinen gesehen habe, welche blos, um theils mit ihren Taufpathen, theils mit andern einen liederlichen Lebenswandel leichter nachhängen zu können, Christinen geworden sind, diesen Befehl an Graf Brigido erlassen und beharre noch darauf, dass in diesem gegenwärtigen und auch anderen Fällen sich die Taufpathen allemal verbindlich machen müssen, für derley getaufte Jüdinen Sorge zu tragen und sie nicht dergestalt von sich zu verstossen, dass solche Personen, die ohnehin die schlechteste Erziehung erhalten haben und nicht wissen, was Christenthum ist, gleichsam genöthigt werden, in einen liederlichen Lebenswandel zu verfallen. Es muss also für diese Nauroza von ihren Taufpathen entweder bei ihnen selbst oder sonst ausser dem Hause gesorgt und dieselben durch das Kreisamt oder den Magistrat dazu verhalten werden."

In ähnlicher Weise entschied der Kaiser, 9. July 1787, als sich die beiden Judenmädchen Hanka und Hanna in Galizien wollten taufen lassen, welche an den Erzbischof gewiesen wurden, dass dieser die Patenstelle übernehme:

„An der Anweisung der beiden Judenmädchen an den Erzbischof ist gut geschehen; nur hat das Gubernium auch darauf zu sehen, womit nach Meiner bestehenden Anordnung ihre Taufpathen die möglichste Sorgfalt verwenden, damit sie nicht in einen liederlichen Lebenswandel gerathen und dass auch diesen beiden Neophiten jenes von ihren jüdischen Eltern geleistet werde, was die Gesetze mit sich bringen; worauf dann besonders auch das Kreisamt zu sehen hat, dass sie nach überkommener Taufe in einen Dienst zu ehrlichen Leuten gebracht werden."

Als die christliche Hebamme zu Grojeco in Galizien, 1786, fünf jüdische Kinder, die unter ihrer Beihilfe geboren wurden, taufte; befahl der Kaiser, März 1787, dass diese Kinder den Eltern nicht abgenommen werden sollen. Sie sollen christlichen Religionsunterricht geniessen und wenn sie die *annos discretionis* erreicht haben, soll es ihnen frei stehen sich zu entscheiden, welcher Religion sie sich widmen wollen. „**Weil man doch nicht ein Christ ist bei gestandenem Alter, wenn man nur getauft ist, wohl aber, wenn man es von Herzen sein will und bereit wäre es noch zu thun, wenn es nicht schon geschehen.**" Auf eine wiederholte Vorstellung der Hofkanzlei vom 26. März 1787, die Kinder als getauft zu betrachten, da sie einmal getauft sind, rescribirte der Kaiser: „Was aber die 5 heimlich getauften Kinder anbelangt, so hat es bey Meiner nach guten Gründen gefassten Resolution sein bewenden."

In Folge dieses Vorfalles erfolgte auch am 12. April 1787 die allerhöchste Entschliessung, welche den Hebammen und Accoucheurs die Nottaufe gänzlich untersagt und in welcher den Behörden aufgetragen wird zu veranlassen, dass Jüdinnen sich der Hebammkunst widmen. Der Wortlaut ist:

„Se. Maiestät haben wegen der verschieden sich ereignet habenden Missbräuche zu entschliessen geruhet, dass von nun an alle Accoucheurs und Hebammen, unter einer Strafe von 1000 Ducaten oder halbjährige Gefängniss die **Taufe der Judenkinder gänzlich und also auch dann die Nottaufe untersagt werden soll**, wenn etwa aus den Umständen der Geburt oder der Schwäche des Kindes für das Leben desselben wirklich Besorgnisse entstehen sollten, weil derley Kinder immer den Eltern gehören und es also auch nur diesen allein zustehen kann, sie taufen zu lassen oder nicht.

Diese h. Verordnung wird das Gubernium (die Regierung) allgemein im Lande kundmachen lassen. Damit aber auch der Anlass zu dieser gezwungenen Taufe desto sicherer behoben werde, so wird hiermit auch noch der Landesstelle die allerh. Absicht aufgetragen besorgt zu sein, dass die Anzahl der jüdischen Hebammen, welche sich in der Hebammkunst unterrichten und bei der Universität prüfen lassen möchte, vermehrt werde."

Wir müssen bei dieser Gelegenheit bemerken, dass wahrscheinlich die zu häufigen Nottaufen den Kaiser zu diesem Entschlusse veranlassten. Kurz zuvor wurde nämlich eine Nottaufe anerkannt, wie aus folgendem hervorgeht:

Der Sohn des Jacob Vita Morpurgo in Triest wurde 1777, 14 Monate alt, von der Anna Ursula Cercovig, während einer gefährl. Krankheit getauft. Der Vater petitionirte bei allen Behörden; doch die Hofkanzlei in Uebereinstimmung mit der Unterbehörde gab ihr Votum, 18. August 1783 ab, da das Kind gehörig getauft wurde da es in Todesgefahr war, so sei die Taufe als giltig anzusehen. Die Amme habe die Patentalstrafe nicht verwirkt, jedoch soll sie einen Verweis erhalten; und der Kaiser rescribirte:

„Ich begnehmige das Einrathen der Kanzley

Joseph."

Als im J. 1789 die ungar. siebenbürgische Hofkanzlei die Anzeige machte, dass ein Judenmädchen in Szatmar, welches sich auf Zureden ihrer Schwester hatte taufen lassen, wieder zum Judenthume zurückgekehrt sei, erfolgte das Gesetz ddto. 30. Oct. 1789 für alle Landesstellen in gleichem Sinne:

„Se. k. k. Mäjestät haben bey Gelegenheit eines getauften und wieder abtrünnig gewordenen Judenmädchens zur künftig allgemeinen Beachtung vorzuschreiben und zu entschliessen geruht, dass kein Judenkind vor Erreichung des 18. Jahres getauft werden soll; es wäre denn dass ein Judenkind von einem solchen Alter, wo selbes zwar das Gute von dem Bösen zu unterscheiden im Stande ist das 18. Jahr aber noch nicht erreicht hat aus eigenem Triebe auf dem Todtbette die Taufe verlangen sollte, in welchem Falle einem solchen Judenkinde die Taufe ertheilt werden könnte."

Gegen diese Verordnung machte der Bischof zu Gradiska Vorstellungen. Er meinte:

Es werde trotz dieses Gesetzes gewiss gestattet sein denjenigen die Taufe zu ertheilen, die sie wünschen, um sie der Seligkeit theilhaftig werden zu lassen, weil:

a. Der Katechumen alle Bedingungen zum Empfang des Sacramentes hat.

b. Könne man der Stimme des göttlichen Geistes keinen gewissen Zeitpunct bestimmen, wann sie rufen soll.

c. Hat jeder Mensch das natürliche Recht selig werden zu wollen und die Mittel dazu es zu werden.

d. Ein solcher Katechumen, dem die Taufe verweigert würde, wäre auch der Gefahr des ewigen Unterganges ausgesetzt.

e. Der Unfug, den das eine oder das andere Judenkind verübt haben mag, könne nicht für das Ganze massgebend sein.

f. Der sich etwa ergebende Rückfall eines getauften Judenkindes müsse dem unerforschlichen Ratschlusse Gottes anheim gestellt bleiben.

g. Das 18. Lebensjahr beuge dieser Befürchtung nicht vor.

h. Die Knaben und Mägdelein, auch vor 18. J., wenn sie eine sechswöchentliche Prüfungszeit ausgehalten, wären daher unbedingt zu taufen.

Das Gubernium in Graz bemerkt hierzu (31. Christmonat 1789):

ad a. Zu dem würdigen Empfang der h. Sacramente gehöre vor allem die Beharrlichkeit in dem christl. Glauben verbleiben zu wollen.

ad b. Die Stimme des göttl. Geistes darf nicht als Wunder betrachtet werden. Sie bestehet in der allen Sterblichen verheissenen Gnade den Weg des ewigen Heiles zu suchen und darauf zu wandeln. Die Kathechumenen des ersten christl. Jahrhunderts sind diesen Weg bestimmt Jahre lang gegangen, bevor sie zur Taufe gelanget, ohne dass hierüber jemals eine Klage über die Beschränkung der rufenden Gottesstimme geführt worden.

ad c. Das notwendigste Mittel zur Annahme des Christenthums ist die Unterweisung in demselben. Alle, welche in dem ersten Kirchenalter die Taufe empfangen wollten, mussten zuvor das Glaubensbekenntniss vollkommen inne haben und es ist bekannt, wie lange dieses dauerte. Es lässt sich nicht läugnen, dass ein Mensch unter 18 Jahren Freiheit des Willens besitze und ein vernünftiges Urtheil zu fällen in der Lage sei etc., aber alles dieses kann man besser und mit mehr Zuverlässigkeit, wenn man über 18 Jahre hinaus ist und auf diese Art die ersten Anfälle des jugendlichen Wankelmuthes, Leichtsinnes und aller mit einem mindern Alter verbundenen Leidenschaften standhaft ausgehalten hat.

ad d. Von dem ewigen Untergang bewahrt in jedem Nothfalle nach der kath. Lehre die Begierdtaufe, welche zur Seligkeit hinlänglich ist. Aus diesem vor der Gefahr des ewigen Unterganges für die frühere Notwendigkeit der Taufe hergehaltene Beweise dürfte die gerade Folge gezogen werden, dass unter eben diesem Vorwande dem Gewohnheitssünder die sacramentalische Lossprechung in keinem Falle könne verweigert werden, welchen Satz zu behaupten auch der ausgezeichneteste *Probabilist* nie wagen wird.

ad. e, f, g und h. Wäre der Herr Bischof auf das Wort des Erlösers: *Nolite dare Sanctum canibus neque mittatis margaritas vestras ante porcos* zu verweisen. Dem unergründlichen Rathschlusse Gottes darf man erst dann eine Sache empfehlen, wenn man zur Hintanhaltung eines Uebels bereits alles mögliche gethan hat. Der Zweck des vorgeschriebenen Alters von 18. J. ist die Ehre des Christenthums zu befördern und alles zu entfernen, was dasselbe etwa entheiligen und zugleich die Ordnung im Staate durch den Unfug des öftern Rückfalles etwa stören könnte.

Die Hofkanzlei ist mit diesen Ansichten einverstanden und der Bischof wird zurückgewiesen.

Fassen wir die Hauptmomente zusammen, so sind

es zwei massgebende Beschlüsse, die Kaiser Josef bezüglich der Judentaufen fasste:

1. Die *anni discretionis* wurden von 7 auf 18 Jahre festgesetzt *).

2. Die Nottaufe durfte bei Kindern, selbst wenn sie sich in äusserster Lebensgefahr befanden, nicht ertheilt werden.

Wahrlich, wenn diese Beschlüsse allein das Gesammtergebniss der Regierung Kaiser Josefs wären, sie würden, in Anbetracht der damals herrschenden Ansichten hinreichen, um ihm ein ewiges Denkmal in dem Herzen eines jeden Menschen, in welchem ein Gefühl für Wahrheit und Recht lebt, zu errichten und sein Angedenken zu einem ewig segenreichen zu machen. — Am 26. Jänner 1790 hauchte der edle Kaiser sein Leben aus.

Nachdem Leopold II. den Thron bestiegen hatte, wendeten sich die Bischöfe der deutschen Erblande an denselben mit Beschwerden gegen das Toleranzgesetz. In Beziehung auf die Juden befürworteten sie, „dass diese fortan wie bisher Kammerknechte bleiben, d. h. sie besitzen Hab und Güter nur *ad placetum*, im Wolgefallen des Landesfürsten, in so lange nemlich, als all ihr Hab und Gut von dem Landesfürsten nicht abgefordert und zu der Kammer nicht gezogen wird." Sie berufen sich, dass diese Interpretation des Wortes „Kammerknechte" die richtige sei, auf die Kaiserin Maria Theresia, die „nur aus der Ihro Mayestät allerhöchst selbst allein bekannten und nie ange-

---

*) Wir müssen bei dieser Gelegenheit einer Verordnung erwähnen, welche für Galizien am 10. März 1790 erschien. Sie lautet: „Wenn ein jüdischer Vater sich tauft, so können die Kinder, welche die *annos discretionis* noch nicht erreicht haben, getauft werden. Wenn die jüdische Mutter sich tauft, bleiben sämmtliche Kinder dem Vater, so lange als dieser beim Leben ist. Wenn er stirbt und kein jüdischer Grossvater die Sorge für die Kinder übernimmt, so kann die Mutter die Kinder, welche die *annos discretionis* noch nicht erreicht haben, taufen lassen."

zeigten Ursachen" die Juden aus Böhmen vertrieb und sie aus eigener Machtvollkommenheit wieder aufnahm. Der Kaiser rescribirte hierauf, dass es bei den jetzigen kritischen Zeiten und bei der bekannten Stimmung des Volkes nicht thunlich sei und mit der öffentlichen Meinung nicht vereinbarlich wäre, Veränderungen zu treffen (das Gubernium in seinem Votum hierüber hatte bemerkt, die Lage des Königreichs sei anders als zu den Zeiten Ferdinand II.).

Unter den böhmischen Ständen waren getheilte Ansichten. Die ultrareactionäre Partei, geführt vom Freiherrn v. Henigau betrachtete Oesterreich als „katholischen Staat" und wollte diesen unangetastet wissen. Sie berief sich auf Artikel V. § 41 der Constitution vom 24. Oct. 1648 zu Münster (westfälischer Friede), welche auch Kaiser Josef II. beschworen hatte. Er lautet:

„Die aber der röm. kays. Majestät und des Hauses von Oesterreich unterthanen und Vasallen sind, sollen diese Amnestie was ihre persohnen, Leben und Ehre anbetrifft geniessen. Es soll ihnen auch die Zurückkunft in ihr altes Vaterland freystehen, jedoch mit der Bedingung, dass sie sich denen Landesgesätzen deren Königreiche und Provinzen gemäss bezeugen.''

Die Majorität der Stände schloss sich diesem Votum an und indem sie die Erklärung abgab, dass ihr Wunsch und Verlangen gar nicht dahin gehe, dass die unter der rubmvollsten Regierung des verewigten Kaiser Josepha II. zum besten des Staates sowohl als der Religion und zur Ehre der Menschheit eingeführte Religionstolleranz aufgehoben werde, wünschen sie, „dass nur wenige einzelne Tolleranzgesetze gemässigt werden möchten, und zwar dass die vormalige Eidesformel wieder eingeführt und akathol. Bücher unterdrückt werden. Akatholiken sollen vom böhmischen Incolate ausgeschlossen und daher nicht befähigt sein, Landstände zu werden, sie sollen zu keinem Amte zugelassen werden, und keine

Professur oder Lehrerstelle bekleiden.*) Auch der Besitz unbeweglicher Güter soll ihnen verboten sein.

In Beziehung auf die Juden wird der Wunsch ausgesprochen, dass die Verordnung vom 30. Oct. 1789 aufgehoben werde und die Beurtheilung der *anorum discretionis* bei der Annahme zum katholischen Glauben der Kirche überlassen bleibe. Die gegenwärtige Verfassung der Judenschaft sey überhaupt für den Staat sehr bedenklich. Sie erwarten Abhilfe von der höchsten Gnade und Weisheit, bäten aber unverzüglich denselben den Ankauf bürgerlicher Häuser und anderer unbeweglicher Güter ferner nicht zu gestatten, weil sie sonst die Christen bald aus dem Besitze verdrängen würden**).

Der Referent des böhmischen Guberniums, Herr v. Riegger, wies hierauf nach, dass die von den Ständen ausgesprochenen Wünsche nicht im Geiste des Christenthums wären. Er führt mehrere Stellen aus dem neuen Testamente an, welche beweisen, dass Jesus gegen alle Menschen liebevoll war und die Liebe gegen alle Menschen befahl. Er schliesst sein Referat: „Wie kann Gott Menschen verschiedener Religionsmeinungen hassen? Wie kann Gott, der so viel Böses unter dem Guten duldet, die Bösen mit

---

*) Manche Herren im tirolischen Landtage vom Jahre 1863 werden sich hoffentlich freuen, dass wir das Vorbild, dem sie nacheifern, hier vorführten.

**) Eigenthümlich genug stellen die Stände in der Einleitung der Petition folgende zwei Grundsätze auf, die so sehr mit diesen Ansichten disharmoniren. Sie lauten:

1. Dass niemand zu einem seiner Ueberzeugung widersprechenden Glaubensbekenntniss zu zwingen, sondern jederman zu erlauben sei, sich zu jener der tolerirten Glaubensarten zu bekennen, die nach seiner Ueberzeugung die beste ist.

2. Dass er auch nach eben dieser Ueberzeugung handeln müsse und daher niemanden die Gelegenheit zu seinen Andachtsübungen und religiösen Handlungen, welche ihm der angenommene Glaube vorschreibt, noch die Mittel ganz zu beschränken seien, sich in den Sätzen dieses Glaubens unterrichten zu lassen.

7*

den Rechtschaffenen unterhält, der dem Menschen den freien Willen gab, Böses oder Gutes zu thun, wie kann der Gott anders als Dulder sein? Wie kann Christus der göttliche Stifter anders als das göttliche Muster der Duldung angesehen werden? Wie kann Christus eine herrschende, eine regierende Religion wollen, der niemals herrschen, niemals regieren wollte? der es seinen Jüngern so oft verwies, wenn sie nur von Weitem auf Herrschaft, auf weltliche Vorrechte Anspruch machen wollten. Das Christenthum ist selbst blos Toleranz, allgemeine Menschenliebe mit Gottesliebe verbunden, dies ist die Characteristik der christlichen Religion. Nimmt man derselben diesen Vorzug, so ist sie nicht mehr die vom göttlichen Stifter, von allen Vorurtheilen gereinigte und festgesetzte göttliche Religion!"

Auf Befehl des Kaisers trat hierauf am 2. July 1791 eine Conferenz über die Beschwerden der böhmischen Stände in Toleranzsachen zusammen. Den Vorsitz hatte der Erzherzog Franz. Die anderen Mitglieder der Conferenz waren: der oberste Kanzler, Graf v. Kollowrat und der Graf Wenzel Ugarte, die Hofräte der Hofkanzlei v. Koller, v. Haan, Graf v. Saurau (Referent) und die von der obersten Justizstelle v. Kress und Baron v. Buschin. Am 21. Oct. 1791 wurde das Rescript des Kaisers, das den Ständen eine Concession machte, kundgemacht, welches lautet:

„Ohne die Verordnung vom Jahr 1789 geradezu aufzuheben, will Ich der politischen Landesbehörde in jeder Provinz die Befugniss einräumen, dass selbe nur aus wichtigen Ursachen in Ansehung jener Judenkinder, welche das 14. Jahr bereits zurückgelegt haben, die Dispensation ertheilen könne, in andern Fällen hingegen jedesmal Meine besondere Bewilligung hierüber einholen solle."

In Beziehung auf die andere Bitte, die Stellung der Juden betreffend, wird bestimmt, den Ständen zu eröffnen, dass über den Gegenstand Verhandlungen gepflogen werden sollen. —

Indem wir auf die Regierungszeit Kaiser Franz übergehen, haben wir zu bemerken, dass in derselben zwei Perioden zu unterscheiden sind. In der ersten Zeit kamen öfters Vergewaltigungen, Verführungen und Verlockungen zum Christenthume vor, welche allerhöchste Entscheidungen hervorriefen und die bestehende Gesetzgebung auf dem Gebiete theilweise umgestalteten. In der spätern Regierungszeit Kaiser Franz's fanden massenhaft freiwillige Ueberläufe statt, welche sogar der Regierung unangenehm waren, denn die Judensteuern wurden dadurch nicht prompt abgeführt. Die Hofkanzlei selbst erkennt es widerholentlich an, dass die ohnedies von Steuern überbürdeten Juden, durch den Abfall, öfters der bedeutendsten Contribuenten, nicht das Steuerquantum aufbringen können und die Juden ihrerseits baten und fleheten, ihnen die furchtbare Last, die um so schwerer wird, je weniger an derselben tragen, zu erleichtern.*)

Zur Erklärung dieser Thatsache müssen wir folgendes bemerken:

So katholisch gesinnt auch Kaiser Franz war, so hat er nichtsdestoweniger die Regentenwürde in vollem Glanze und in ungeschwächter Kraft aufrecht zu erhalten gesucht. Er wollte die Staatsgewalt mit niemand anderem theilen; auch nicht mit der katholischen Geistlichkeit. Das *placetum regii* war ein Dämpfer für viele übereifrige religiöse Bestrebungen. Wie sehr auch in vielen Beziehungen eine Umkehr von den Josefinischen Anschauungen stattfand; auf dem Gebiete, wo es sich um die Herrschergewalt handelte, waren die früheren Anschauungen massgebend. Die katholische Geistlichkeit und sonstige fromme Gemüther hielten sich daher im

---

*) In den Jahren 1824 und 1825 gingen folgende jüdische Familien in Prag allein zum Christenthume über: Dessauer, Foges, Hock, Selig, Goldschmidt, Herz, Taussig, Herzfelder, Goldstein, Singer, Lehmann, Grünhut, Zdekauer. — Von 8600 jüdischen Familien in Böhmen zahlten damals blos 135 die Steuern.

Allgemeinen in den Schranken des Gesetzes, welches keinen Uebergriff duldete.

Wir müssen aber auch noch eines andern Momentes gedenken. Als Kaiser Franz die Regierung antrat, waren die Wirkungen der französischen Revolution und der ihr vorausgegangenen Revolution der Geister bereits fühlbar. Die Thätigkeit und Wirksamkeit Mendelsohns, so grossartig sie auch in ihren späteren Erfolgen war, hatte zunächst einen entgegengesetzten Effect, als denjenigen, den man wünschte und hoffte. Die Juden wurden nicht glaubenstreuer; ein grosser Theil verliess vielmehr den Glauben der Väter. Bis dahin hatten die Juden abgesperrt im Ghetto und in ihrem religiösen Kreise gelebt. Man fühlte sich angeheimelt von den religiösen Observanzen, wenn sie auch noch so viele Opfer forderten und das Ghetto mit dem, was sich daran hieng — das „Galuth", — die Knechtschaft, wurde als eine gerechte Strafe Gottes für die Verirrungen und Versündigungen des jüdischen Volkes betrachtet. Die neue Weltordnung und die neuen philosophischen Lehren, die angebahnte Reformation Mendelsohns verursachten eine grosse sociale Revolution unter den Juden. Ohne ganz die neuere Philosophie zu verstehen, ohne in der Lage zu sein, die weltgeschichtlichen Ereignisse in vollem Masse zu beurtheilen; kam doch plötzlich Licht in die dunklen Gassen des Ghetto. Man erkannte die furchtbare Lage, in welcher die Juden sich befanden und — wir möchten sagen — die bemitleidenswerte Lage des Judenthums. Der Jahrhunderte lang dauernde Druck machte den Juden verwahrlost in seiner äussern Erscheinung und nicht minder — verwahrlost war das Judenthum selbst. Der Unterricht wurde sehr mangelhaft und schlecht betrieben und das Gotteshaus hatte nichts anziehendes und befriedigte nicht das gläubige Gemüt. Mit einem Worte, Viele schämten sich Juden zu sein und aus Ueberdruss an Juden und Judenthum liess man sich taufen. — Die Wiener Polizeidirection, welche eine

Reform des jüdischen Unterrichtes und Cultus befürwortete, spricht über diese Zustände, 17. Feber 1812, folgendermassen:

. . . „Dem Staate muss an Bewohnern liegen, welche eine Religion haben. Der ärmere Jude — Reiche könnten sich wohl einen Religionslehrer halten — wächst heran, wird 14 Jahr alt und soll in die Schule bethen gehen, indessen er von seiner Kindheit bis zum 14. Jahre weder hebräisch lesen noch verständlich bethen gelernt hat. Noch als Knabe läuft er statt in die Lehranstalt zu gehen, müssig herum, wird er grösser, so hat er die Lust etwas zu erlernen, verloren und der Müssiggang bleibt sein Begleiter. Hat er nicht das Glück oder Unglück gähe — auf welch immer eine Art reich zu werden, so ist er mit dem, so er Religion heisst, unzufrieden und um freier leben zu können, lässt er sich taufen. Wie soll und wie kann er einer Religion, deren Grundsätze er weder kennt, noch in seiner Jugend erlernt hat in reiferen Jahren rein entsagen und vor Gott abschwören, eben daher kommt es, dass mehrere getaufte Juden und ihre Sprösslinge der erhaltenen Taufe bisher eben nicht sonderbare Ehre gemacht haben, indem es sich meistens bestätigt hat, dass die Taufe nur immer absichtlich gesucht worden soy."

Wir müssen es hier als ein besonderes Verdienst des berühmten Kanzelredners, des Predigers Mannheimer hervorheben, dass er mit aller Kraft darnach strebte, der Apostasie Einhalt zu thun. Er belehrte seine Zuhörer über die weltgeschichtliche Mission der Juden und über die grosse Bedeutung des Judenthums und das Wiener Gotteshaus repräsentirte es in der würdigsten Weise*). Er rollte das grosse Bild der Geschichte der Juden auf und von Zeit zu Zeit richtete er sein flammendes Wort gegen die Ueberläufer, welches nicht ohne Erfolg blieb. Zur Characteristik jener Zeit führen wir

---

*) S. unsere Geschichte der isr. Cultusgemeinde in Wien.

einige Sätze aus einer Predigt, gehalten am 6. Dec. 1834
über den Vers (Genesis 27, 41): „Es nahen heran die Trauertage meines Vaters", welche zum Drucke vorbereitet, aber
von der Censur nicht zugelassen wurde, an:

„Es können die ungleichartigsten Meinungen und Ansichten in Sachen des Glaubens und der Gottesfurcht mit
einander und neben einander bestehen. Aber das Eine,
das heilig ist und untrüglich, muss Allen heilig sein und
unverletzlich. In der Liebe zu ihrem Volke müssen sich
die Herzen einigen, Mann und Weib und Vater und Kind,
wie in der Liebe zu ihrem Gotte. Wo aber der Sohn bei
aller Achtung und Ehrfurcht und Liebe, die er dem Vater
bezeugt — so das bei solchen Gesinnungen noch möglich
wäre — die Geringschätzung und Verachtung, die er für
sein Volk und seine heiligsten Interessen im Herzen hegt,
nicht verbirgt und nicht verhehlt und den Stamm aus dem
er entsprossen, als einen verfallenen und zertrümmerten
mit Füssen tritt und den geächteten und geschändeten
Namen, den er mit seinem Blute sühnen und weihen und
heiligen sollte, selbst der Aechtung und Schändung preis
gibt und alle Spötter und Verächter seines Glaubens noch
an Spott und Verachtung übertrifft; wo er es sich aufs
Eifrigste lässt angelegen sein, das Fremde zu ehren, das
Eigene und Ueberkommene zu schmähen, die fremde
Sitte zu heiligen, die eigene zu übertreten, ohne den Wider-
sinn des Einen oder den Sinn des Andern zu würdigen
oder zu ergründen; wo er nichts als Unfug und Unrecht
und Versündigung auf der einen Seite sieht und nichts
als Achtbares, Edles, Ehrwürdiges und Religiöses auf der
andern und kein Hehl daraus macht, seinen Ekel und
Widerwillen offen an den Tag zu legen und sich seinem
eigenen angeborenen Volke und seinen Bestrebungen ab-
geneigt zeigt, für sein Unglück kein Beileid, für seine
Entwürdigung keine Theilnahme, für seine Erhebung keinen Wunsch und keine Hoffnung hat, geschweige dass er
sich mit den edlen Kämpfern in Reihe und Glied stellen

sollte, um den heiligen Kampf zu Ende zu kämpfen und
immer nur den gleichen Widerwillen, den gleichen Spott,
den gleichen Vorwurf als eine Seelenstärke zur Schau
trägt, als wäre das ein Heldenwerk, den gefallenen Löwen
zu verhöhnen und zu verspotten; — da kann zwischen
Vater und Sohn kein friedlicher und einiger Sinn und
Geist walten. Es müsste denn der Vater es sich gefallen
lassen, an seinem eigenen Tische den Lästerer seines Glaubens zu nähren, die Schändung seines Heiligthums im
eigenen Hause zu dulden; in denen, die er hat gross gezogen und mit seinem Schweiss und Blut genährt hat und
mit seinem Segen hat reich gemacht, und mit seinen bewährten Ansichten hat verherrlicht in der Welt, seinem
Volke den entschiedensten, bittersten und unversöhnlichsten
Feind, statt einen heiligen Kämpfer für sein heiligstes
Interesse zu erziehen· und ihn für solchen Kampf der
Zerstörung gegen sein eigenes Volk mit allen geistigen
und weltlichen Mitteln zu rüsten und zu versehen und
ihm selber die Waffen in die Hand zu geben, mit denen
er sein eigenes Volk bekämpft. . . . . .

Und wie wir es erlebt haben, dass sie ihre Väter in
ihren Gräbern verläugnet und ihren Glauben haben abgeschworen und den Namen, den sie in Ehren trugen, wie
einen Schandfleck und wie ein Brandmal von sich haben
abgewaschen, und es ist das den schönsten und gefeiertesten
Namen in Israel, die einen Klang und Ruf hatten durch
die ganze gesittete Welt, schon' widerfahren; — so darf
es uns doch wahrlich nicht wundern, wenn es deren genug
gibt, die mit den lebenden Vätern und ihrer Anhänglichkeit und Liebe, die sie für den alten Bund noch im Herzen
tragen, grollen und zürnen und die Tage zählen, bis die
Trauertage ihres Vaters kommen, da sie alles Zwanges
sich entledigen und die schwachen Bande, die sie noch an
ihr Volk und ihren Glauben binden, vollends lösen und
zerreissen und den neuen Gott und Glauben, dem sie
ohnehin im Herzen waren zugethan, wie einen Schmuck

sich anlegen, um ihren Frieden mit der Welt auf den Gräbern ihrer Väter abzuschliessen".

Bessere Bildung und Erziehung, tiefere Einsicht und Erkenntniss von Juden und Judenthum begründeten und befestigten aufs Neue die Anhänglichkeit an den Glauben der Väter und Israel ging aus der Sturm- und Drangperiode der Aufklärung um Vieles geklärter und geläuterter hervor *).

Gehen wir nun zu den interessanteren Ereignissen unter Kaiser Franz in Beziehung unseres Gegenstandes.

Im Jahre 1797 wendete sich das 7jährige Judenmädchen Idka, Tochter des Abraham Herzkowiczke, zu Skolinow in West-Galizien an die polnischen Edelleute Skalinowsky mit der Bitte, sie taufen zu lassen. Diese führten sie zu dem Probst und Pfarrer Chociszevski in Mordi, welcher das Mädchen sogleich behielt. Der Vater remonstrirte beim Sildczer Kreishauptmann und dieser gebrauchte gegen den Pfarrer Gewaltmassregeln, damit er das Kind dem Kreisamte ausliefere. — Die Hofkanzlei trug 28. Sept. 1797 darauf an, das Kind taufen zu lassen, da es die Taufe verlange und 7 Jahre alt sei.

---

*) Als Beweis dessen, wie gross der Umschwung in der Beziehung ist, bemerken wir: während die Hofkanzlei (S. oben S. 101) darüber klagt, dass viele Juden sich taufen lassen, um die Judensteuern zu ersparen, finden wir im Jahre 1850 eine andere Ansicht von Seite eines Regierungsorganes aussprechen. In diesem Jahre wurden nämlich in Pest die Verhandlungen wegen der Repartirung der von Feldzeugmeister Haynau auferlegten Steuercontribution gepflogen. Da sollte auch ein Passus aufgenommen werden, dass diejenigen Juden, die sich in der Zwischenzeit taufen sollten, nach wie vor diese Steuer bezahlen müssten. Dazu bemerkt der Referent: „Mit der Bestimmung 8 g bin ich nicht einverstanden, indem ich die Ueberzeugung habe, dass kein Israelite wegen der zum Schuld- und Unterrichtsfonde zu zahlenden Quote einen anderen Glauben annehmen wird; die Uebertritte aber aus Ueberzeugung sind so selten, dass der hierdurch bei Einzahlung des umgelegten Pauschale entstehende unbedeutende Abgang gewiss leicht zu ergänzen sein wird."

Kaiser Franz rescribirte:

„Da dieses Kind die h. Taufe noch nicht erlangt hat, folglich noch kein Eigenthum der katholischen Kirche geworden ist, da ferner selbst die Bulle Benedict XIV. sagt: *Liberi Judeorum post septimum aetatis annum si se sponte obtulerint, baptisari possunt,* mithin nicht sagt *baptisari debeant,* so wird die westgalizische Hofcommission zuerst untersuchen lassen, ob besagtes Mädchen freiwillig sich taufen zu lassen entschlossen hat oder nicht, von dem Edelmann Skalinovsky dazu beredet worden, dann ob sie schon hinlänglich in dem Gebrauche ihrer Vernunft sey, um über einen so wichtigen Gegenstand als die Annahme des katholischen Glaubens ist, aus Ueberzeugung urtheilen zu können, welches beides sehr zweifelhaft zu sein scheinet. Indessen wird das Kind auf Unkosten der Edelleute, die selbes der Geistlichkeit zugeführt haben, insolange fortzuzetzen sein, bis Ich über den Erfolg dieser von mir veranlassten nochmaligen Untersuchung, wozu jedoch von Seite des Guberniums ein anderer Commissair benennt werden soll, Meine Entschliessung ertheilen werde.‘‘

Der Gegenstand wurde aufs Neue untersucht und das Gubernium erstattete Bericht, dass

1. Das Mädchen sich wolle taufen lassen; wie sich jedoch herausgestellt sei es bereits im Monat July l. J. von einer Bürgerin Margareta Sezaszna getauft worden. Die Magd des Pfarrers zu Mordi Maria Gurska hatte nämlich die Sezaszna darum gebeten und holte das Wasser. Der Pfarrer Thom. Krajewski und der Probst Chociszewsky erfuhren dieses von der Idka, der sie jedoch nicht glauben wollten. Der Untersuchungsrichter hielt diese Taufe nach den kanonischen Rechten weder für eine Nottaufe, noch sonst für giltig, indessen finde er die Zurückstellung des Mädchens an die Juden für ganz unthunlich. Der Pfarrer in Mordi und dessen Vicar, die die Sache veranlasst und verheimlicht haben, verdienen eine Ahndung und sollen für den Unterhalt des Kindes sorgen.

Die Hofcommission fand ebenfalls die Zurückstellung dieses Mädchens an ihre Eltern nicht für räthlich, überdiess sei das Mädchen nach der Bulle Benedict XIV. zur Taufe geeignet. Für den Unterhalt hätte der Pfarrer bis zur Taufe zu sorgen.

2. Der Sildezer Kreishauptmann rechtfertige sein Benehmen damit, weil die Folgen des Ungehorsams von Seite eines Priesters, wegen des Einflusses auf seine Pfarrkinder, von weit grösserem Nachtheil als bei andern Insassen sei.

Die Hofkanzlei begutachtete 29. März 1798 den Gegenstand wie folgt:

„Alle Ansichten stimmen überein, dass das Mädchen freiwillig zum Christenthum übergetreten sei und die katholischen Lehren gut verstehe (die Vermutung derselben, dass es den Christen gestattet sei Juden zu tödten, scheint ihr vielleicht von ihrem Lehrer aus dem Grunde mitgetheilt worden zu sein, um in ihr die Abneigung gegen die Juden zu verstärken). Vom Judenthum wisse sie nichts mehr, als dass „Schabes“ sei, wenn die Lichter angezündet werden.“

Das Mädchen könne den Eltern nicht zurückgestellt werden, da sie die Taufe, wie es sich herausstellt, empfangen hat; sie solle daher zu dem Pfarrer in Mordi gegeben und ein Jahr lang unterrichtet werden.

Die Edelleute wären freizusprechen, dem Kreishauptmann solle ein Verweis ertheilt werden und ebenso dem Pfarrer Choziszewski.

Um fernerem Unfuge vorzubeugen soll ein Gesetz für West- und für Ostgalizien erlassen werden.

Der Kaiser befiehlt hierauf, dass das Mädchen dem Pfarrer zu Mordi übergeben werde, welcher für ihren Unterhalt zu sorgen hat, überdies soll er einen scharfen Verweis und auf einige Tage in Correction genommen, die Pfarrmagd soll mit dreitägigem Arrest bestraft werden.

In einem Handbillette vom 3. Sept. 1798 forderte der Kaiser, ihm ein Gutachten zu erstatten, wie es in Westgalizien, dem neuerworbenen Kronlande, mit Judentaufen zu halten sei. Die Hofkanzlei erstattete am 17. Apr. 1800 den allerunterthänigsten Vortrag, in welchem berichtet wird:

Der Chelmer griechisch-katholische Bischof erklärt:

1. Unter der frühern Regierung bestand keine Verordnung in Ansehung der Judentaufe; man benahm sich nach den Kirchengesetzen.

2. Kein Ungläubiger darf ohne ausdrückliche Erlaubniss des Bischofs getauft werden.

3. Ehemals wurden die vom Christenthume Abtrünnigen mit dem Schwerte bestraft.

4. Die Nottaufe solle gestattet sein.

5. In dem zu promulgirenden Gesetze solle auch der Taufe der Mohamedaner im Biataer Kreise Erwähnung geschehen.

Der Lubliner Bischof Skarzewski ist mit obigem einverstanden, nur soll in dem Gesetzentwurf statt das 18. das 7. Lebensjahr als *annus discretionis* bestimmt werden und die Strafen gegen Apostaten sollen strenger sein.

General-Vicar Haliburton meint, die Strafe gegen die Hebammen wäre zu strenge. Apostaten sollen harte Kerkerstrafen ausstehen und dann aus dem Lande gewiesen werden; die Juden, die Christen werden wollen, müssten, bevor sie zur Taufe zugelassen werden, strenge geprüft werden.

Die Generalvicare von Plock und Garolim meinen, die gewaltsame Taufe der Judenkinder sei unrecht. Die Abtrünnigen wären, wie die Ketzer zu bestrafen. N u r d i e - j e n i g e n, d i e w ä h r e n d i h r e r U n m ü n d i g k e i t i n T o d e s g e f a h r g e t a u f t w u r d e n u n d b e i r e i f e r e m A l t e r d i e c h r i s t l. R e l i g i o n v e r l a s s e n, soll man dem Willen der Vorsehung überlassen, da bei denselben doch niemals eine Einwilligung zur Taufe vorausgesetzt werden könne *).

---

*) Es mag hier bemerkt werden, dass zu jener Zeit viele Juden nach der Bukowina zogen, zum Scheine das Christenthum annahmen,

Der Krakauer Fürstbischof erklärte, dass niemand in seiner Diecöse getauft werden dürfe, der nicht die schriftliche Erlaubniss von ihm dazu besitze; für Apostaten sei die angemessenste Strafe Landesverweisung.

Die Einrichtungshofcomission in Galizien wünschte die Erlassung eines Gesetzes „um dem übelverstandenen Religionseifer der Christen und den Hindernissen, welche den Taufbegierigen entgegen treten zu steuern und zu begrenzen". Sie befürwortet, dass die Nottaufe überhaupt verboten werde. „Der Umstand, dass die Kennzeichen des Todes selbst für Kunstverständige ungewiss und äusserst betrüglich seyen und dass die Beurtheilung dieser Kennzeichen auf dem flachen Lande meistens groben Ignoranten, deren es dort selbst unter den Geburtshelfern und Wehmüttern gibt, überlassen werden müsste, lasse wol befürchten, dass Unwissenheit etc. Missbräuche herbeiführen werden. Ueberdies habe die katholische Religion sich wol nichts von einem Täufling zu versprechen, der seiner unbewusst getauft und nach der Hand vielleicht gegen seinen Willen oder gegen seine Ueberzeugung darin zu bleiben gezwungen sey. Durch die Nottaufe werden die jüdischen Eltern, welche ihr ganzes Vertrauen in ihre alte Glaubenslehre setzen aller Hoffnung beraubt, dass ihr Kind selig werde."

Die Mehrheit der Hofcommission in Gesetzsachen hielt die Erlassung eines eigenen Patentes für überflüssig, weil wider die Bemächtigung oder heimliche Entführung der Judenkinder bereits im Strafgesetze § 68 und 69 VI. Hauptstück gesorgt sei, die Anlockung zur Taufe gehöre zu den

---

damit es ihnen vergönnt sei, Pachtungen zu übernehmen etc., sonst aber jüdisch-religiös lebten. Auch viele Anhänger des berüchtigten Frank, des Apostels der Secte des Sabbatai Zewi, die aus Offenbach und Warschau vertrieben wurde und welche durch ein königl. preussisches Rescript vom 2. July 1801 als „eigentliche Jacobiner" (?) erklärt wurden, flüchteten sich nach der Bukowina und nach Galizien.

Polizeiübertretungen, die Wahl einer Religion nach erreichter Mündigkeit verstehe sich übrigens von selbst.

Hierauf erfolgte 17. Apr. 1800 folgendes denkwürdige Rescript:

„Wegen der Taufe der Judenkinder ist eine Zirkular-Verordnung nach dem Inhalte des beiliegenden Entwurfes nach Westgalizien zu erlassen und dem dortigen Gubernium zur Wissenschaft und besonderem Benehmen in vorkommenden Fällen mitzugeben, dass wenn doch gegen das Verboth ein unmündiges Judenkind wirklich die nach den Gesetzen der christlichen Religion gültige Taufe erhalten hätte, solches alsdann den jüdischen Eltern oder Angehörigen abgenommen und christlich erzogen; dann auch, wenn ein Jude oder eine Jüdin nach erhaltener Taufe wieder zum Judenthume zurückkehrte, der oder dieselbe zu einem sechswöchentlichen Unterricht bey dem nächstgelegenen Pfarrer angehalten und wenn hierdurch keine Abänderung ihres Entschlusses, der jedoch nur in dem Falle, wenn er sich auf wahre Ueberzeugung gründet, für giltig angenommen werden darf, bewirkt würde, in dem Falle, wenn der oder die Abtrünnige die Taufe vor dem 18. Jahr erhalten hätte, dem eigenen Schicksale überlassen, die aber, welche die Taufe nach dem 18. Jahr empfangen haben, ausser Landes verschoben werden sollen.

Franz.“

Der angeführte Circularverordnungsentwurf f. Westgalizien lautet:

1. Kinder unter 7 Jahren dürfen selbst in Todesgefahr ohne Willen der Eltern etc. nicht getauft werden und ist die Nottaufe bei Strafe von 500 Ducaten oder 1 Monat Gefängniss verboten.

2. Wünscht ein Kind, älter als 7 Jahre, ernstlich getauft zu werden, so ist dieses dem Landesgubernium oder dem Ordinariate mitzutheilen und das Kind kann getauft werden.

3. Wenn ein Kind über 7 Jahr auf dem Todbett in

Gegenwart eines Priesters oder einer obrigkeitlichen Person die Taufe wünscht, kann es getauft werden.

4. Wenn der Vater oder der Grossvater (wenn der Vater todt ist) Christen werden, müssen die Kinder unter 18 Jahren ebenfalls Christen werden. Wenn die Mutter sich tauft, so können die Kinder im Judenthum bleiben.

5. Das Erbrecht darf den Kindern, welche sich taufen lassen, nicht verkürzt werden.

Indem wir vorläufig auf die Wichtigkeit der angeführten kaiserlichen Resolution, welche die Taufe gewissermassen des sacramentalen Characters entkleidet und im entschiedenen Widerspruche mit allen kanonischen Satzungen ist, hinweisen, behalten wir uns vor, auf dieselbe zurückzukommen. Wir fahren daher in der Erzählung der Thatsachen fort*) und theilen wir folgendes kais. Handschreiben mit:

---

*) Bezüglich der Bestimmung, dass diejenigen, welche die Taufe nach dem 18. Jahre empfangen haben und wieder zum Judenthume zurückkehren, ausser Landes verschoben werden sollen, eine Strafe, die an der Jüdin Lia Welberg aus Galizien, welche als 12jähriges Mädchen, im Jahre 1787, sich taufen liess und 1796 wieder Jüdin wurde und einen Juden heiratete, vollzogen wurde; haben wir folgendes zu bemerken: Schon die Römer bestraften diejenigen, welche von der herrschenden heidnischen Religion abfielen und zwar Vornehme mit Deportation und Leute geringen Standes mit der Hinrichtung. Antonius Pius bestimmte die Strafe der Castration für diejenigen, welche Nichtjuden beschneiden. Auf den Antrag der Sinode zu Nicaea erklärte Constantin Ketzerei für ein Staatsverbrechen. Im Jahre 1357 wurde bestimmt, dass der Uebertritt vom Christenthume zum Judenthume mit Confiscation der Güter zu bestrafen sei. Theodosius der Grosse setzte 1381 fest, dass Apostaten keine Schenkungsurkunde ausstellen und keine Schenkung empfangen dürfen. Es traf sie die gesetzliche Infamie und die Landesverweisung. Diejenigen, welche geflissentlich andere zur Apostatie verleiteten, wurden mit dem Leben bestraft. Die canonische Gesetzgebung verhängte über Apostaten den Bannfluch und mehrere andere Kirchenstrafen. — Es würde uns zu weit führen, wenn wir den Thatsachen auf diesem Gebiete in Oesterreich folgen wollten. Hervorheben wollen wir blos, dass im Jahre 1731 ein

„Lieber Graf Clary! Nebenliegenden Vortrag der galizischen Hofcanzlei theile ich Ihnen sammt allen Beilagen

---

Protestant in Güns, der katholisch wurde, wieder zu seinem angebornen Glauben zurückkehrte. Nachdem er bereits 5 Wochen im Grabe gelegen war, hörte man von dem Religionswechsel. Er wurde hierauf von Henkersknechten ausgegraben und am Galgen drei Tage lang den Vögeln preis gegeben. (S. Enciclopädie von Ersch und Gruber Art. Apostatie).

Wie aus der oben angeführten Resolution hervorgeht, adoptirte auch Kaiser Franz das Princip, dass Apostaten mit Landesverweisung bestraft werden sollen. Die spätere Gesetzgebung wich jedoch davon ab. Bekanntlich ist es jetzt in Oesterreich gestattet, dass Katholiken Protestanten werden können. Die österr. Gesetze verbieten auch nicht vom Christenthum zum Judenthum überzugehen. Das bürgerliche Gesetzbuch, § 768 bestimmt: „Ein Kind kann enterbt werden 1. wenn es vom Christenthume abfällt." Dieses Gesetz schreibt jedoch dem Erblasser nichts vor, und stellt die Verfügung über die Verlassenschaft seinem Willen anheim. Im Strafgesetzbuch § 122 litera c. welcher von Religionsstörung handelt, wird bestimmt, wer jemanden zum Abfalle vom Christenthum verleitet, soll mit Kerker bis zu 10 Jahren bestraft werden. — Wer jedoch aus selbst eigenem Antriebe vom Christenthume zum Judenthume übergeht, wird nicht bestraft und wird diese That nicht als Verbrechen bezeichnet. Nach einer freundlichen Mittheilung eines hervorragenden Justizbeamten und Rechtslehrers in Wien kam der Fall vor, dass ein Christ Jude wurde, welches für den Apostaten weiter keine Folge hatte. Es mag übrigens bemerkt werden, dass das sogenannte Milderungspatent vom 17. Jänner 1850 — welches freilich leider nur kurze Zeit, bis 1852 Geltung hatte — im Artikel VI jene litera c. aufhebt. Im allerunterthänigsten Vortrage des damaligen Justizministers Schmerling wird dieser Antrag folgendermassen motivirt:

„Der § 1 des a. h. Patentes vom 4. März 1849 gewährleistet jedem österr. Staatsangehörigen die volle Glaubensfreiheit. Es müssen daher aus der Reihe der Verbrechen alle jene Handlungen ausgeschieden werden, welche zu Folge dieses politischen Rechtes aufgehört haben, überhaupt strafbar zu sein; und mit dem Hinwegfallen jeder Bevorzugung der katholischen oder überhaupt der christlichen Religion vor den übrigen nicht christlichen Glaubensconfessionen in Beziehung auf die staatsbürgerliche Stellung kann weder die Verleitung zum Abfall vom Christenthum, noch das Bestreben Lehren zu verbreiten, welche mit den Grundsätzen dieses letzteren im Widerspruche stehen, nicht als bürgerlich strafbare Handlungen, noch viel weniger aber als Verbrechen aufgeführt werden."

zu dem Ende mit, damit Sie diesen wichtigen Gegenstand bei der Hofcommission in Gesetzsachen mit Vorladung zweier Hofräthe der böhmisch-österreichischen und galizischen Hofkanzleyen, dann des Hofrathes Zippe in nochmalige Berathung nehmen und dabey sich angelegen halten, diese Sache nach Möglichkeit zu einem in den Grundsätzen gleichförmigen gemeinschaftlichen und in allen Meinen Erbstaaten anwendbaren Schluss zu bringen, dann sofort Mir zur Genehmigung vorzulegen.

Hetzendorf, den 10. Juny 1800.

Franz."

Bevor jedoch diese Commission zusammentrat und die Verhandlungen zum Abschlusse brachte, trug sich noch Manches zu, was wir hier mittheilen wollen.

Simon Caroli in Görz züchtigte seine Tochter Eva wegen des Umganges mit einem toscanischen Officier. Am 25. Mai 1801 flüchtete sie mit demselben, welcher sie zum General-Vicar führte und dieser gab sie ins Ursulinerkloster, damit sie daselbst in der christlichen Religion unterrichtet werde. Der Vater wünschte die Tochter zu sprechen, doch der Generalvicar wollte dieses nicht gestatten. In Folge eines Gesuches von Seite der Oberin des Klosters vom 29. Mai an die Landesstelle wurde dem Vater unter Androhung von Personalarrest bedeutet, der Tochter Kleidung zu schicken, was dieser jedoch verweigerte. Durch Gewaltmassregeln gezwungen, musste er Kleidungsstücke ausfolgen und dann wurde ihm nach mannigfachen Chicanen am 18. Juni gestattet, Ein Mal, im Beisein von Mitgliedern der Behörde und des Consistoriums und mehrerer Nonnen mit der Tochter zu sprechen. Er wendete sich hierauf an den Kaiser.

In dem Bittgesuche heisst es:

„Meine Tochter ist erst 17 Jahr alt, die mindeste Handlung, die sie in diesem Alter unternimmt, hat nach den Gesetzen keine Giltigkeit, wenn ich als Vater dazu nicht eingewilligt habe; — und in dieser wichtigsten Hand-

lung ihres Lebens, bei Veränderung ihrer Religion sollte
ein solches Kind allein giltig sich erklären können?" ...

„Die christliche Religion kennt die Rechte des Vaters,
denn auch die Christen haben die zehn Gebote .... kann
man den Unterricht meiner Tochter in der katholischen
Religion damit anfangen, dass man sie zwingt, die Pflichten
gegen ihren Vater zu vernachlässigen" ....

„Muss es denn den Juden und anderen Religionsver-
wandten die katholische Religion nicht verdächtig machen,
wenn sie sehen, dass selbe zur Bekehrung sich auch der
weltlichen Zwangsmacht bediene. ... Der Character der
Wahrheit ist der Triumph über den Geist und über die
Herzen, wozu die Gewaltmassregeln? — Das a. b. Gesetzb.
§ 18. Cap. IV gibt dem Vater das Recht, sein Kind zu
züchtigen."

„Ich züchtigte meine Tochter, weil ich als Vater diesen verbotenen Umgang aufheben wollte. Jetzt wird mir
meine Tochter deshalb im Kloster vorenthalten. Ich
rufe die weltliche Behörde um Beistand gegen die geistliche Tirancy an und anstatt den Officier zu strafen,
statt meine fliehende Tochter zur Pflicht zurückzuweisen,
sie meiner väterlichen Gewalt wieder auszuliefern, wüthet
man gegen mich und nimmt die Schuldige in Schutz.
Wenn dieses anginge, so würde bald die Ruhe der Familien gestört sein, die Kinder werden sich gegen ihre Eltern auflehnen und was hat der Staat von solchen Kindern zu erwarten, die die Bande der Natur zerreissen?"

„Meine Tochter ist 17 Jahre alt, die Gesesze geben
ihr keinen freien Willen in keiner Handlung, die auf ihre
Person Bezug hat, um so minder in einer so wichtigen
Handlung, über welche die Gelehrten nicht einig sind...."

„Der Endzweck der bürgerlichen Gesellschaft ist mit dem Endzweck der katholischen Kirche
nicht einer und derselbe, sie sind sich zuweilen ent-
gegengesetzt, darum haben die Gesetze verordnet, dass

die Bekehrung ohne Zwang, Furcht, Anlockung und Leidenschaft geschehe."

„Die Geschichte aller Völker und aller Zeiten lehret
wie gefährlich es für die bürgerliche Gesellschaft geworden ist, so oft die weltliche Obrigkeit den Priestern in
Religionssachen den mächtigen Arm geliehen hat. Die
geistliche Gewalt hat das Uebergewicht über die bürgerliche Gewalt erhalten und in solchen Ländern die Inquisition erzeugt, bei welchem die Könige mit blutendem
landesväterlichen Herzen ihre getreuesten Unterthanen,
o h n e h e l f e n z u k ö n n e n, durch Priester der sanften
katholischen Religion s c h l a c h t e n sehen mussten. Heil
Deutschland, Heil Oesterreich, wo die gesetzliche Reli-
gionstoleranz immer gehandhabt wurde."

Kaiser Franz gestattete hierauf dem Vater, mit der
Tochter zu sprechen (S. oben S. 91 die Resolution von
Josef II.), jedoch sollte dieser wegen der „Anzüglichkeiten"
gegen die christliche Religion, welche die Bittschrift enthält, 20 Ducaten an das Armeninstitut zahlen.

Nachdem es dem Vater einige Male gegönnt war,
mit der Tochter zu sprechen, gab sie den Gedanken, sich
taufen zu lassen, auf, verliess das Kloster und kehrte
in das elterliche Haus zurück.

Da man jedoch wusste, dass Simon Caroli nicht
das Gesuch verfasste, so forschte man nach dem eigent-
lichen Verfasser. Durch eine Expensnote, die bei Götz
Uffenheimer gefunden wurde, stellte es sich heraus, dass
der Hof- und Gerichtsadvocat Dr. Heintel der Verfasser desselben war und dieser wurde nun zur Verant-
wortung gezogen. Man wollte demselben das Recht der
Advocatenpraxis entziehen. Dieser vertheidigte sich jedoch,
er habe nicht gegen die Religion, sondern gegen die
kirchliche Verfassung seine Worte gerichtet. Seine Bemerkungen seien aus der Geschichte und aus *Montesquieu:*
„*sur l'esprit des lois*" geschöpft, welche Bücher in Oester-

reich gestattet seien. Die Untersuchung wurde hierauf fallen gelassen.

Am 30. Jänner 1803 erschien das Regolamento für das lomb.-venezianische Königreich. Die Bestimmungen desselben sind im Wesentlichen folgende:

1. Die Taufe eines Juden darf nicht eher als vier Monate nach seiner ersten Erklärung, dass er zum Christenthume übertreten wolle, vollzogen werden.

2. In der Zwischenzeit soll die Aufrichtigkeit und Festigkeit seines Entschlusses gehörig geprüft werden.

3. Zu diesem Behufe soll während der bemerkten Zeit die jüdische Person, die katholisch werden will, entweder im Hause der Katechumenen, wo eines besteht, oder in jenem einer verständigen katholischen Person bewahrt; auf eigene oder ihrer Eltern Kosten oder auf jenen der Fonds für Katechumenen oder durch freiwillige Unterstützung frommer Menschen erhalten werden.

4. Die Ortspolizei soll darüber wachen, dass solchen Personen in diesem Stande der Zurückgezogenheit keinerlei Zwang angethan, sondern sowol den katholischen Priestern als den Eltern und Anverwandten der Proseliten freier Zutritt zu ihnen gestattet werde; jenen, um ihn zu unterrichten und ihn zu prüfen; diesen, um mit ihnen zu sprechen, wenn sie sich dagegen nicht weigern.

5. Damit man versichert sei, dass ihr Entschluss. katholisch zu werden, vollständig aufrichtig und frei sei, soll es der Judengemeinde unbenommen sein, ihnen unter den gehörigen Vorsichten die Speisen nach jüdischem Gebrauche anzubieten, bis sie dieselben zurückweisen; wonach sie ihren freien Entschluss an einem bestimmten Tage über die ihnen entweder von katholischen Priestern oder von den Juden gestellten Fragen in Gegenwart eines Polizeibeamten zu erklären haben.

6. Um sich für immer der freien und überdachten Beharrlichkeit in diesem Beschlusse zu versichern, sollen an einem bestimmten Tage die Eltern und die nächsten

Verwandten und in deren Ermanglung Deputirte (Massari) der Judengemeinde gerufen und es sollen die Convertiten in deren und in zweien über jede Einwendung erhabenen Zeugen Gegenwart durch peremtorische Fragen aufgefordert werden, ihren entschiedenen Entschluss zu erklären. Darüber soll in Gegenwart eines politischen Beamten von einem öffentlichen Notare ein *procès verbal* aufgenommen und Abschriften davon den interessenten Theilen, den bischöflichen Curien und den Praefecten gegeben werden.

7. In allem was diesem provisorischen Regolamento nicht entgegen ist, soll sich nach den bisherigen bürgerlichen und kirchlichen Gebräuchen benommen werden.*)

In demselben Jahre, 1801, liess sich in Galizien Esther Perl, die Gattin des Moses Vasall taufen und wollte ihr $2^{1}/_{2}$ Jahr altes Mädchen auch taufen lassen. Der Vater remonstrirte dagegen. Hierauf erklärte genannte Esther, sie habe ihrem Manne den Scheidebrief gegeben und das Kind gehöre ihr. Auf Befragen erklärte der damalige mährisch-schlesische Landrabbiner Marcus Benedict, dass nach jüdischen Gesetzen die Gattin nicht das Recht habe, ihrem Manne einen Scheidebrief zu geben, oder solchen

---

*) Im Jahre 1814 kam aus Anlass einer Aeusserung des Bischofs von Chioggia, dass er die berührte Vorschrift vom Jahre 1803 als aufgehoben betrachte, dieser Gegenstand in neuerliche Verhandlung, in deren Folge der Kaiser über einverständlichen Antrag der vereinigten Hofcanzlei und der Centralgesetzgebung entschied, dass das Regolamento vom 30. Jan. 1803 in Geltung zu bleiben habe. Für das lomb.-venetianische Königreich wurde hierauf folgende Verordnung herausgegeben: „Um zu verhindern, dass bei dem Uebertritt vom Judenzum Christenthume die Rechte der elterlichen Gewalt nicht gekränkt werden, haben Se. Majestät zu befehlen geruht, dass in allen Fällen, in welchen jüdische Eltern, Grosseltern, Vormünder dagegen, dass ihre Kinder, Enkel, Mündel sich zur christlichen Taufe stellen, oder von andern dazu gestellt werden, für berechtigt halten, gegen diese Taufe einen Einspruch zu thun, die Anzeige davon sogleich an das Gubernium gemacht, von daher die Weisung, was ferner zu geschehen hat, abgewartet und inzwischen mit jedem Fürgang innegehalten werden soll, welcher der höhern Entscheidung vorgreifen könnte."

zu verlangen, ausser bei Ehebruch etc., der hier nicht vorhanden sei*). Die Hofkanzlei gab ihr Gutachten dahin ab, da der Vater das Kind kaum kenne, so sei es der Mutter zu gestatten, das Kind taufen zu lassen. Hierauf rescribirte der Kaiser:

„Es ist noch vorläufig der Vater dieses Kindes, Joseph Vasall, zu befragen, ob er seine Einwilligung zur Taufe desselben, auch in dem Falle verweigern würde, wenn der Staat seine Erziehung und lebenslängliche Versorgung auf sich nähme?"

Da jedoch Moses Vasall dieses Anerbieten nicht annehmen wollte, wurde es der Mutter gestattet, das Kind taufen zu lassen.

Von bedeutenderen Folgen war ein Fall, der sich kurze Zeit hernach in Brünn zutrug: die Gattin des Rabbiners Ephraim Nasch daselbst, führte ein unsittliches Leben und es kam zur Scheidung. Die beiden Töchter, die ältere 14, die jüngere 6 Jahre alt, blieben zur Erziehung bei der Mutter. Hierauf ging die Mutter in das Kloster der Ursulinerinnen, um sich taufen zu lassen und beredete die Kinder, ihr zu folgen, was die Kinder thaten und welches von Seite des Guberniums gebilligt wurde. Auf eine Beschwerde des Rabbiners Nasch mit Berufung auf die Verordnung vom 10. März 1790 (S. oben S. 97 Anm.) erstattete die Hofcanzlei am 22. Jänner 1807 einen Vortrag, worin es heisst:

„Wenn man den gegenwärtigen Fall, wo die zwei jüdischen Eheleute, Ephraim Nasch und Elisabet geb. Deutsch sich nach ihren Religionsgrundsätzen und den hiernach erlassenen bürgerlichen Gesetzen mittelst des von dem Manne gegebenen Scheidebriefes getrennt haben, die Mutter ihre zwei Mädchen als Juden zur Erziehung über-

---

*) Vergl. Dr. Z. Frankel, Grundlinien des mos. talm. Eherechtes XLII, und Löw, Eherechtliche Studien, Ben Chananja 1862.

nommen hat; der Vater aber bei dem nun geschehenen Uebertritte der Mutter zum christlichen Glauben seine zwei Töchter zurückfordert, um sie in der jüdischen Religion zu erziehen, blos nach den bestehenden Gesetzen beurtheilt: so muss man das Benehmen, welches das Gubernium in Ansehung der ältern 14jährigen Tochter beobachtet, und nach welchem es dieselbe mit Hinsicht des noch nicht erreichten 18. Jahres ihres Alters nach der eingeholten Ueberzeugung von der Reinigkeit ihrer Absichten zur Taufe zugelassen hat, da es der Verordnung vom 21. Oct. 1791 gemäss ist, vollkommen billigen; jedoch kann man nach der Verordnung vom 19. Feber 1790 den Vater nicht hindern, die erst 6 Jahre alte Tochter zu sich zu nehmen und dieselbe nach jüdischen Religionsgrundsätzen so lange zu erziehen bis entweder das Mädchen bei reiferen und zur Taufe vorgeschriebenen Jahren die Taufe selbst verlangt oder bis der Vater stirbt, wo es der Mutter, weil väterlicher Seits kein jüdischer Grossvater vorhanden ist, unbenommen wäre, die Tochter zu sich zu nehmen und unter den gesetzlichen Vorschriften zur Taufe zu bringen oder bis etwa diese Tochter im Falle einer Todeskrankheit oder der Verlassung von Seite des Vaters die Taufe ansuchen würde. Denn nur diese Entscheidung ist in den Gesetzen vom 30. Oct. 1789, 19. Feb. 1790 und 21. Oct. 1791 gegründet. Hierin kann nach der Meinung dieser treugehorsamsten Hofcanzlei der Umstand nichts ändern, dass der Vater bei der Scheidung diese zwei Töchter ganz zur Erziehung und Verpflegung der Mutter überlassen habe, denn es ist deutlich, dass diese Ueberlassung der Töchter an die Mutter zur Zeit geschah, wo von einem Uebertritte der Mutter zum Christenthum kein Antrag war; dass sie in der Vermuthung geschah, die Mutter werde bei der jüdischen Religion verbleiben, weil sonst der Vater diese Töchter ihr nicht übergeben haben würde, wie er sie auch jetzt wirklich zurückfordert. Es ist ferner gewiss, dass die Scheidung die Rechte des Va-

ters über seine vor der Scheidung erzeugten Kinder nicht
ganz aufheben kann, so wie man bei dem Todfalle der
Mutter ungeachtet der bei der Scheidung eingegangenen
Ueberlassung die Versorgung dieser Töchter immer dem
Vater auftragen würde.

Nur der Vicekanzler Graf v. Dietrichstein und Hof-
rat v. Giuliani sind mit dem Gubernium der Meinung, dass
in der Betrachtung der bei der Scheidung geschehenen Kin-
dervertheilung auch die 6jährige Tochter ohne Rücksicht
auf die Weigerung des Vaters zur Taufe mit der Mutter
zugelassen werden sollte, um dadurch das Seelenheil dieses Kindes zu sichern und den Vorzug der christlichen
Religion zu zeigen.‐

Die Hofkanzlei schlägt ferner für künftige Fälle
vor, dass bei dem Uebertritte eines jüdischen Vaters
zum Christenthum die Kinder beiderlei Geschlechtes,
welche die *annos discretionis* noch nicht erreicht haben,
zum Christenthum aufgenommen werden, bei dem Uebertritte der Mutter aber diese Kinder in Ansehung der
Religion dem Geschlechte zu folgen haben.

Der Kaiser entschied in dem gegebenen Falle im
Sinne des Guberniums und der Minorität der Stimmen
der Hofcanzlei gegen das Gesuch des Rabbiners Nasch
und schliesst:

„Von nun an will Ich, dass bey dem Uebertritt
eines jüdischen Vaters zur christlichen Religion alle Kinder, welche die *annos discretionis* noch nicht erreicht haben,
der Religion ihres Vaters folgen, dass aber bey dem
Uebertritte der Mutter zur christlichen Religion eben so
auch die Töchter derselben folgen sollen, wenn durch
einen Scheidungs- oder andern Vertrag zwischen den Eheleuten nicht etwas anderes bestimmt wird."

Wir erwähnten oben (S. 113) eines kais. Handbil-
lets vom 10. Juny 1800, welches anordnet, über die Taufangelegenheiten allgemein gesetzliche Normen fest zu stellen. Am 8. May 1810 fand eine Concentration der ober-

sten Behörden unter dem Vorsitze des obersten Kanzlers Grafen v. Ugarte statt. Gegenwärtig waren v o n S e i t e d e r H o f k a n z l e y: der Vicekanzler Gf. v. Woina, die Hofräte, Freiherrn v. Erggelt, Pulpan, Gruber (Referent); v o n S e i t e d e r o b e r s t e n J u s t i z s t e l l e *) die Hofräte v. Plenciz und v. Stöger; v o n d e r G e s e t z g e - b u n g s h o f c o m m i s s i o n: Vicepräsident v. Aichen und Hofrath v. Pratobevera.

Es wurde zunächst die Frage behandelt: welches sind als *anni discretionis* bei den Judenkindern anzunehmen, unter denen sie dem sich taufenden Vater folgen müssen.

Die Justizstelle und die Gesetzgebungshofcommission sind der Ansicht, dass nach der Verordnung vom 30. Oct. 1789 und 21. Oct. 1791 die Kinder unter 18. und respect. 14 Jahren dem sich taufenden Vater folgen müssten.

Es wurden dann folgende Fragen vorgelegt:

1. Sind die in den Patenten von 15. Feb. 1765 und für Ostgalizien von 11. Nov. 1775 vorgeschriebenen *anni discretionis* (7. J.) für den Fall, dass sich der Vater zum Christenthum bekehrt durch die Verordnungen vom 30. Oct. 1789 und 21. Oct. 1791 aufgehoben?

2. Ist die väterl. Gewalt so weit auszudehnen, dass man dem Vater das Recht zuerkenne, die Kinder bis zum Austritte aus der väterlichen Gewalt wider ihren Willen zur Ablegung der jüd. Religion zu verhalten?

3. Ist für die natürliche Freiheit des Gewissens gesorgt, wenn das Hofdecret für Westgalizien von 25. Sept. 1802 allgemein angenommen wird, dass Kinder unter 18 J. dem Vater folgen müssen und die dies nicht wollen vor den Behörden einer Untersuchung unterzogen werden sollten?

4. Sind mehr politische Rücksichten vorhanden um

---

*) Diese Stelle entsprach dem jetzt bestehenden obersten Gerichtshofe.

das alte Gesetz 7 Jahre, 18 Jahre oder 14 Jahre aufrecht zu halten.

Der Referent der Hofkanzlei meint:

„1. Beide Gesetze vom 30. Oct. 1789 und 21. Oct. 1791 wollten nicht das Jahr fixiren. Sie setzen nur das beiläufige Alter fest, in welchem die nöthige Reife eintreten könne.

2. Beide Gesetze nehmen blos Rücksicht auf die freie Wahl, keineswegs aber bestimmen sie über den Fall, wenn ein jüdischer Vater zum Christenthum übergeht, was mit den Kindern geschehen solle.

3. In beiden Gesetzen liegt es, dass für diesen Fall keinem Kinde in keinem Alter Zwang zum Uebertritte angethan werde.

Hieraus folgt:

Dass man nach dem Geiste der Gesetze von 1782 blos die Kinder, die mit vollkommener Freiheit die Taufe verlangen, zur Taufe mit dem Vater annehmen, nicht aber sie zwingen soll, sich taufen zu lassen.

Dass man sich dem Geiste der Gesetze von 1782 und 1789 nähert, je tiefer man das Jahr annimmt, in welchem die Kinder mit dem Vater getauft werden müssen, folglich das höchste Alter 7 Jahr, wo die Judenkinder mit dem Vater zu taufen sind, wenn sie nicht ausdrücklich dagegen protestiren und den über 7 Jahre alten volle Freiheit lässt. Nur dadurch würde der Gefahr des Rückfalls vorgebeugt werden . . . . .

Aus allen Verordnungen gehet folgendes hervor:

1. Aus freier Wahl wider den Willen des Vaters kann ein Judenkind ausser im Falle der Todesgefahr, nur mit vollendetem Alter, dem 18. Jahre, ohne Anstand, oder nach zurückgelegtem 14. Jahre mit *Dispensation* der Landesstelle oder noch früher mit höchster Genehmigung getauft werden.

2. Wenn der jüdische Vater sich taufen lässt, so sind nur diejenigen Kinder, welche ihm vor der Taufe geboren wurden, welche noch nicht vermögend sind, sich

eine Religion zu wählen, zu taufen. Dieses kann nur bei den unter vollen 7 Jahren mit einiger Sicherheit angenommen werden. Die älter als 7 Jahre sind, können sich entscheiden, ob sie dem Vater folgen wollen oder nicht. Selbst Kinder unter 7 Jahren, wenn sie sich weigern die Taufe anzunehmen, sind zu untersuchen ob sie aus Religionsbegriffen bei dem Judenthume bleiben wollen; nur wären dieselben zum Unterrichte mitzunehmen und zu sehen ob sie auf ihrer Weigerung bestehen.

ad. 2. Es bedarf keiner Erinnerung, dass die väterliche Gewalt gegen die Kinder in den k. k. Erblanden nicht nach dem Massstabe der römischen Gesetze abzumessen sey, da die Kinder nicht als ein der freien Schaltung der Eltern zustehendes Eigenthum zu achten, sondern die Gränzen der väterlichen Gewalt nach den Grundsätzen des Naturrechtes beschränkt sind. Die väterliche Gewalt kann sich also niemals auf das Gewissen der Kinder und auf das Recht, die Kinder an der Annahme einer Religion zu hindern, erstrecken; zu geschweigen, dass das bürgerliche Gesetzbuch, welches alle Rechte der väterlichen Gewalt bestimmt, von diesem wichtigen Rechte keine ausdrückliche Erwähnung macht, so lässt sich vielmehr behaupten, dass die weltliche Gesetzgebung den Eltern dieses Recht um so minder hätte geben können, da es selbst ausser ihrem Wirkungskreise liegt, und sie selbst nicht das Recht hat, dem Gewissen und der Religion eines Unterthans Zwang oder Hinderniss anzulegen. Wenn aber der Regent, dessen Gewalt die väterliche Gewalt weit übertrifft, selbst diese Macht nicht hat; so ist es wol von selbst einleuchtend, dass sie auch in der väterlichen Gewalt nicht begriffen sein kann. . . . In der väterlichen Gewalt liegt das Recht und die Pflich: des Vaters, sein Kind in der Religion, die er selbst für die wahre hält zu unterweisen, es mit seinem Rathe zur Annahme dieser von ihm für wahr gehaltenen Religion anzuleiten; aber es liegt nicht in seiner Gewalt das Recht zu fordern, dass das Kind wider seinen Willen die Religion, die es für die wahre hält, verlassen und zu einer neuen, die es nicht für wahr ansieht, übertrete. Der Vater, der sich taufen lässt, kann daher nur die Kinder, die noch keinen Willen haben, taufen lassen, mehr aber nicht.

Die Ansicht der obersten Justizstelle, dass Kinder mit 18 Jahren erst die Freiheit erhalten, sich einen Beruf zu wählen, Testamente zu errichten, kann nicht auf die Religion angewendet werden. denn es ist ein Unding, eine Religion äusserlich zu bekennen, die man im Herzen als falsch verwirft. Es wäre der Staat sehr zu beklagen, wenn der Grundsatz von allen seinen Bewohnern angenommen würde, dass man der Religion auch gegen seine eigene — wenn gleich irrige, wenn gleich mehr auf Gefühl als auf helle Erkenntniss gegründete Ueberzeugung zu folgen habe, zu welcher nur diejenigen, die über uns Autorität haben, führen wollen. Aus diesem Grundsatze würde der Indifferentismus gegen jede Religion mit allen seinen für die öffentliche Staatswolfahrt ebenso als für das moralische Wohl jedes Einzelnen schrecklichen Folgen entstehen. Es ist auch wol zu bedenken, es handelt sich nicht um eine freie und bestimmte Auswahl zwischen zwei Religionen, sondern um die Veränderung der von der untersten Kindheit eingesogenen und insbesondere um Ablegung der von der untersten Kindheit eingesogenen jüdischen Religion, deren Lehrsätze, wenn auch unvollständig, das Kind schon kennt, mit deren Aussprüchen, wenn es sie auch nicht ganz versteht, es sich vollkommen beruhigt, deren Sittenvorschrift es schon als sein Sittengesetz angenommen hat; mit deren Empfindungen, wenn auch nur dunkel, es schon vertraut geworden ist: da wäre es eine Grausamkeit, das Kind zwingen zu wollen, diese seine Religion fahren zu lassen, weil sie sein Vater fahren lässt. Doppelt grausam ist dieses aber bey jüdischen Kindern, weil die jüdische Religion mehr als die christliche von der zarten Jugend an

Wurzel zu fassen geeignet ist. Alle Handlungen, die
Kleidung, das Essen, die Feiertage sind stets mit religiösen Handlungen und zugleich mit Nationalgeschichten, die
das Kind begierig auffast, verknüpft; ohne viele Gründe
verwebt sich das Religiöse mit der ganzen Weise zu den-
ken, zu empfinden und zu handeln. Wie hart ist es nun,
ein solches Kind zur Veränderung dieser mit seinem Innern so ganz verwobten Religion darum verhalten zu wollen, weil es noch unter der Gewalt seines die Religion
ändernden Vaters steht.

ad 3. Das Kind hat das Recht, zur freien Auswahl
seiner Religion *non coactione, sed persuasione ad fidem indu-
cendus est*. — Nun ist bei einem solchen Kinde jede Untersuchung von obrigkeitlichen Personen bei der es Gründe
angeben soll, warum es bei seiner bisherigen Religion verbleiben wolle, eine Art von Tortur; ein Zwang, woraus
wohl die Annahme der Taufe, aber nicht die herzliche
Umänderung der Religion erfolgen kann. Diese Procedur
würde der natürlichen Freiheit grossen Abbruch thun.
Sobald der Grundsatz angenommen ist, dass die Veränderung der von Kindheit an erhaltenen Religion blos das
Werk der eigenen Ueberzeugung sein darf und dass hierin keine väterliche oder andere Gewalt eintreten könne,
so ist die Untersuchung, von welcher hier die Rede ist,
gänzlich überflüssig.

ad 4. Das Gesetz vom Jahre 1765, nach welchem
nur die Kinder unter 7 Jahren dem Vater folgen müssen,
ist das gerechteste und das weiseste, denn:

Es ist ein Unterschied, ob gefragt wird, welches
Jahr kann als das hinreichende Unterscheidungsjahr angenommen werden, um seine Religion zu ändern, oder
welches Jahr kann als hinreichend betrachtet werden, um
in seiner Religion zu bleiben. Für den ersten Fall bestimmt Kaiser Josef II. das 18. Jahr und Leopold II. mit
Dispens das 14. Jahr. — Um bei der mit der Mutter-
milch eingesogenen Religion stehen zu bleiben, gehört

keine grosse Verstandesbildung, sondern blos ein warm
für Religion fühlendes Herz. Es ist daher ganz richtig,
dass im ersten Falle die Unterscheidungsjahre möglichst
weit hinausgerückt sind; ebenso natürlich müssen sie im
zweiten Falle möglichst tief herabgesetzt werden.

Die Folgen werden sein: der Vater wird mit freiem
Willen getauft, er wird sich daher bestreben, seine Kinder über 7 Jahre zu derselben zu veranlassen und sie
werden dadurch mindestens nicht schlechte Christen sein.

Dafür stimmt auch die Kirche.*)

Gegen das 18. Jahr als *annus discretionis* spricht
ferner:

Dem Staate ist die Religiösität seiner Unterthanen eine
höchst wünschenswerte Sache. Er muss daher wünschen,
dass jeder Mensch, der in einer solchen sich befindet, zur
wahren allein mit voller Ueberzeugung übertrete. So
lange er nicht mit voller Ueberzeugung zur wahren Religion
übertritt, ist es dem Staate erwünschlich, dass er bey
der von der Wiege an eingesogenen Religion bleibe und
durch diese so sittlich als möglich werde. Dem Staate ist
es daher nicht erwünschlich, dass ein Mensch ohne Ueberzeugung die falsche, aber politisch unschädliche Religion,
deren Grundsätze er schon hat, verlasse und zur wahren
Religion ohne Ueberzeugung übertrete.

Die Bestimmung von 18 Jahren, ohne allen Beisatz
ist auch in der Ausführung unmöglich. Es ist bekannt,
dass die meisten jüdischen Mädchen vor ihrem 18. Jahre
sich schon verehelichen. Soll man diese ihren Männern
abnehmen und sie mit dem Vater taufen lassen?

Die angeführten Gründe streiten auch gegen die Annahme des 14. Jahres als Vernunftjahre."

Die Hofkanzlei erstattete in dem Sinne dem Kaiser
Bericht (17. März 1810) und setzt die Verschiedenheit der

---

*) Wir verweisen bei dieser Gelegenheit über Zwangstaufen auf
Hurter, Innocenz III., 1. Band S. 331 u. s. w., die als „frecher Spott
mit dem Heiligen" zurückgewiesen werden.

Ansichten mit der Justizstelle auseinander und der Kaiser rescribirte:

„Dem Einrathen der Hofkanzlei ertheile Ich Meine Genehmigung und ist daher die von ihr angetragene Belehrung sowohl den Behörden hinaus zu geben, als durch Circulairen bekannt zu machen, wovon die oberste Justizstelle und die Hofcommission in Justizgesetzsachen durch Mittheilung des resolvirten Vortrages zu verständigen sind."

Unter dem 6. December 1810 erschien dem obigen entsprechend folgendes Circular:

„Seine Majestät haben vermöge Hofdekrets vom 6. Dezember d. J. über die aufgeworfene Frage: welche Jahre als die Unterscheidungsjahre *(anni discretionis)* zu betrachten seyen, bis zu welchen bei dem Uibertritte eines jüdischen Vaters zum Christenthume, dessen Kinder mit dem Vater zu taufen seyen, folgendes zu entschliessen geruhet: Zur richtigen Erklärung der Verordnungen vom 19. Februar 1790 und 19. July 1808, habe die Bestimmung der Unterscheidungsjahre nach der Verordnung vom 13. Februar 1765 zu geschehen, so zwar, dass die Kinder unter vollen 7 Jahren in der Regel mit dem Vater zu taufen sind, den über sieben Jahre alten aber, frey zu lassen ist, dem zum Christenthume übertretenden Vater zu folgen, oder im Judenthum zu bleiben.

Bei der Anwendung dieser Vorschrift sei jedoch in Uibereinstimmung mit den übrigen Gesetzen zu beobachten:

1) Der zum Christenthume übertretende Vater könne seine Kinder beyderley Geschlechts, von was immer für einem Alter, auch wider Willen der im Judenthume verbleibenden Mutter zur Taufe mit sich führen, wobei die nicht sieben volle Jahre alten Kinder in der Regel ohne weiters zum Uibertritte zuzulassen sind, den über sieben Jahre alten aber, der Uibertritt nur auf ihre eigene abgegebene Einwilligung zu gestatten ist.

2) Sollte sich der kaum zu vermuthende Fall ergeben, dass ein unter sieben Jahre altes Judenkind, seine
Religion mit dem Vater zu verändern, sich weigern würde,
dann wäre in Uebereinstimmung mit der Verordnung vom
31. März 1782 in einer aus politischen Beamten und dem
Seelsorger bestehenden Kommission zu erörtern, ob dieses Kind aus religiösen Beweggründen, ohne äussere Anlockung, und mit hinreichender Kenntniss seiner Religions-
sätze bei der Religion, in der es geboren ist, bleiben
wolle, und diese Untersuchung nach 6 Monaten, binnen
welchen es durch ämtliche Veranlassung über die
Lehre des Christenthums zu unterrichten wäre, zu wiederholen, bei abermaliger Weigerung aber, diesem Kinde
keinen Zwang zur Taufe anzuthun.

3) Durch diese Verordnung ist jedoch in keinem
Falle die väterliche Gewalt über die gegen die Taufe sich
weigernden Kinder, so lange sie noch nach den bürgerlichen Gesetzen unter der Gewalt des Vaters stehen, aufgehoben. Damit daher der zum Christenthume übertre-
tene Vater an der Bekehrung seiner, die Annahme der
Taufe verweigernden Kinder, die noch unter der väterlichen Gewalt nach dem Gesetze stehen, pflichtmässig arbeiten könne, stehet ihm frey, sie an einen solchen Ort
zu geben, den er für den angemessensten hält, wo sie
zwar nach ihren Religionsgrundsätzen leben können, aber,
wo er ungehindert durch sich selbst, oder durch jemand
andern sie für die Annahme der christlichen Religion gewinnen kann; ja durch drey Jahre, wenn sie unter dieser Zeit nicht aus der väterlichen Gewalt treten, soll er
sie selbst unter seiner häuslichen Gemeinschaft behalten
können; bei Kindern, die bei Vollendung dieser drey
Jahre noch nicht 12 volle Jahre alt sind, hätte diese
häusliche Gemeinschaft mit dem zum Christenthume ge-
tretenen Vater bis zu ihrem vollendeten 12. Lebensjahre
zu dauern."

Unter dem 20. März 1815 wurden die über diesen

Gegenstand erlassenen Vorschriften neuerdigs im Auszuge bekannt gemacht und auf einen Vortrag der Hofkanzlei erfolgte die allerhöchste Entschliessung vom 7. Hornung 1837. dass Se. Majestät in dieser Sache nichts Neues anzuordnen finde. Diese Vorschriften blieben auch bis der Zeit, wo das Concordat abgeschlossen wurde. massgebend. Sie sind:

1. Ein Jude. 18 Jahre alt. bedarf keiner Bewilligung, um sich taufen zu lassen.

2. Vor 18 Jahren a) unter 7 Jahren, folgen die Knaben dem Vater und die Mädchen der Mutter, über 7 Jahre steht den Kindern die Wahl frei. b) über 14 Jahre kann die Landesstelle Dispens geben

3. Zu einer Namensveränderung bei der Taufe muss die allerhöchste Genehmigung sein.

Bis zum Jahre 1821 bestand ferner die Verordnung, wenn ein Kind sich taufen liess. musste der Vater für dasselbe sogleich den Pflichttheil sicherstellen. Im genannten Jahre wurde dieses Gesetz durch folgenden Fall. der sich damals ereignet hatte. abgeändert:

Marcus, Sohn des Znorower (Herrschaft Wessely in Mähren) Branntweinhauspächters, Joseph Frank, liess sich taufen. Das Wirthschaftsamt verlangte hierauf vom Vater. nach dem Rescripte vom 15. Feb. 1765, 2. Absatz, dass er den Kindestheil des Letzteren entweder realiter oder durch Bürgschaft versichere.

Josef Frank erklärte jedoch, dass er seinem Sohne wegen der Veränderung der Religion die väterliche Liebe nicht entziehe und deponire für ihn 100 fl.; mehr könne er aber nicht thun, da er das Heiratsgut seines Weibes sichern müsse und weil er ausser dem Sohne Marcus noch 4 Kinder und einen posthumen zu erwarten habe und weil überhaupt sein Vermögen dem Wechsel ausgesetzt sei. — Dem Wirthschaftsamte schienen diese Gründe berücksichtigenswerth und es legte sie dem Kreisamte vor. Dieses unterbreitete den Gegenstand dem Gubernium zur Entscheidung. Das Fiscalamt, hierüber befragt, meinte, dass das bezogene Hofdecret, das für Neophiten den Pflichttheil sogleich und bei Lebzeiten sicher gestellt verlangt, im Widerspruche mit § 762 des bürg. Gesetzb. stehe, wo es heisst, dass Eltern ihre Kinder erst in der letzten Anordnung mit dem Pflichttheile bedenken sollen.

Wird jene Verordnung als eine Justizsache betrachtet, so sei sie durch das bürg. Gesetzbuch ausser Wirksamkeit gesetzt. Ist jene Bestimmung eine rein politische, so sei sie nicht auszuführen. Es müsste der Tod der Eltern abgewartet werden, um ein richtiges Urtheil fällen zu können.

Die Hofkanzlei*) meint, (5. July 1821) jene allerh. Verordnung sei entschieden politischer Natur und daher nicht durch das bürgerliche Gesetzbuch aufgehoben. Es stellen sich jedoch Bedenken gegen die Ausführung derselben ein.

„Vor der Erlassung jenes Rescriptes stand die Judenschaft in einem solchen Verhältnisse zum Staate, dass diejenigen jüdischen Kinder, welche wider den Willen ihrer Eltern sich taufen lassen wollten, hinsichtlich ihrer natürlichen Ansprüche auf das Vermögen der Eltern sehr der Gefahr der Verkürzung ausgesetzt waren. Es mussten daher besondere Vorkehrungen zu ihrem Schutze getroffen werden.

„In der neuern Zeit sind die Juden durch das Toleranzpatent den übrigen Staatsbürgern in allgemeiner Beziehung ganz gleich gestellt, sie sind daher auch zur Beobachtung der Civilgesetze verpflichtet. Es wäre daher eine Umzukömmlichkeit, wenn jüdische Eltern hinsichtlich der Kinder, die zum Christenthume übertreten, andere Gesetze, als hinsichtlich jener, die bei dem Glauben ihrer Voreltern verbliebenen Kinder unterlegen. Auch sind

---

*) Saurau, oberster Kanzler, Lazansky, Goëss, Geisslern.

9*

jetzt die Kinder ihren Eltern gegenüber durch die Gesetze gesichert."

Ueberhaupt stelle es sich heraus, dass diese Vorschrift nicht mit dem Geiste und den Grundsätzen der neuesten Gesetzgebung vereinbarlich sei. Es wäre daher jener Absatz 2 ohne öffentliche Kundmachung aufzuheben.

Der Kaiser rescribirte hierauf:

„Ich genehmige ganz das Einrathen der Kanzley mit dem Beysatze, dass die in der Frage stehende Verordnung gehörig kundgemacht werde; jedoch mache ich den Behörden zur Pflicht, so viel es die Gesetze erlauben, dafür zu sorgen, dass getaufte Judenkinder von ihren Eltern, des Uebertrittes zur christlichen Religion wegen, in ihren Rechten nicht gekränkt werden. Weinzierl den 4. Sept. 1821.

Franz."

Im Jahre 1815 wurde eine Frage anderer Art erörtert:

Der Pfarrer bei St. Franz in Prag machte, 16. Feb. 1815, bei dem dortigen erzbischöflichen Consistorium die Anzeige, dass in seinem Kirchenspiele öfters schwangere Judenmädchen theils vom Lande, theils aus der Stadt zu katholischen Hebammen kommen, da entbunden werden und meistens bitten ihre unehelichen Kinder, besonders wenn sie schwach sind, taufen zu lassen. Er ersucht daher belehrt zu werden, wie er sich in solchen Fällen zu benehmen habe. . . . Das Gubernium bemerkt hierauf:

„Nach den bestehenden Verordnungen ist die Taufe eines Judenkindes durchaus verboten und ist selbst die Nottaufe in Fällen der Gefahr des Todes ohne die Einwilligung der Eltern unterm 12. April 1787 untersagt worden.

Bei einem unehelichen Kinde kann die Einwilligung seines Erzeugers, unter dessen väterlicher Gewalt es nach dem § 166 des a. b. Gb. stehet, nicht gefordert werden und die Einwilligung der Mutter allein scheint die Taufe noch nicht zulässig zu machen. Es kann auch nicht zugegeben werden, dass ein getauftes Judenkind in der Erziehung von Juden bleibe, sondern es muss von christlichen Eltern erzogen werden.

Das Kind eines Judenmädchens könnte daher nur in zwei Fällen zur Taufe zugelassen werden.

1. Wenn christliche Pflegeeltern vorgestellt werden, welche sich verpflichten, das getaufte Kind zu erziehen und zu versorgen.

2. Wenn ein dem Kinde gerichtlich aufgestellter Vormund die Einwilligung zur Taufe gibt.

Bei diesen Maassregeln könnte wol selten der Fall eintreten, dass Kinder von Judenmädchen getauft werden, aber sie sind im Gesetze begründet und sind durch die Vorsorge für die Erziehung des Kindes notwendig."

Diese Vorschläge wurden von Seite der Hofkanzlei genehmigt und bestimmt, dass derartige Kinder keinesfalls bei der Mutter bleiben dürfen.

Wir knüpfen hieran die Verhandlungen über Kinder jüdischer Mütter, welche in öffentlichen Gebäranstalten entbinden, die bis in der jüngsten Zeit fortgeführt wurden und bisher noch keine endgiltige Erledigung gefunden haben.

Bekanntlich begründete der grosse menschenfreundliche Kaiser Josef II. die Gebär- und Findelanstalt in Wien, nach welcher andere ähnliche Anstalten in der Monarchie begründet wurden. In jener Begründungsurkunde wird des Falles, wenn jüdische Mädchen daselbst entbinden, was mit den Kindern derselben zu geschehen habe, ob sie nämlich getauft werden sollen oder nicht, nicht gedacht. Dass der menschenfreundliche Kaiser bei der Begründung des Institutes nicht von engherzigen Absichten geleitet wurde, geht daraus hervor, dass im Begründungsjahre 1784 der Befehl erlassen wurde, es sei bei griechisch nicht unirten Müttern den Popen der Zutritt zu religiösen Functionen zuzulassen. Zu jener Zeit wahrten sich jüdische Mädchen den alten Ruhm der Keuschheit *(B'noth Jisrael g'duroth b'arojoth)*. Es lag daher der Fall nicht vor und man liess ihn unbeachtet.

Mit der Zeit kamen jüdische Mädchen in das Gebärhaus und es stellte sich der Usus ein, dass deren Kinder sogleich getauft wurden. Um der Mutter jede weitere Verbindung mit ihrem Kinde unmöglich zu machen, damit sie nicht das Kind etwa zum Abfalle vom Christenthume verleite, wurde ihr, dem Gesetze von 1765 entsprechend, der sogenannte Kopfzettel verweigert. Denjenigen jüdischen Müttern hingegen, welche auf der Zahlabtheilung sich befanden und nach überstandenem Wochenbette ihre Kinder mit sich nahmen, wurde, wenn sie es wünschten, den Kindern die Taufe nicht ausgespendet.

Im Jahre 1823 kam der Gegenstand aufs Neue zur Sprache und die damalige niederösterreichische Regierung meinte, es bestehe keine schriftliche Verordnung, dass der Name des Kindes seiner jüdischen Mutter verheimlicht werde. Wahrscheinlich wurde diese Verordnung mündlich von Kaiser Josef (??) oder vom damaligen Krankenhausdirector v. Quarin gegeben*). Die Regierung befürwortet hierauf, dass der Usus zum Gesetze erhoben werde, „die jüdische Mutter, die ihr Kind bei dem Aus-

---

*) Wir können um so weniger glauben, dass Kaiser Josef einen derartigen Auftrag gegeben habe, da die „Nachricht an das Publikum" vom 20. Juni 1784, welche die Eröffnung des Kranken- und Findelhauses etc. anzeigt, mit den Worten beginnt: „Die Liebe für die allgemeine Menschheit und Mitleiden gegen Unglückliche, denen ihre traurigen Umstände Hilfe und Beistand unentbehrlich machen etc. . . haben diese Anstalten ins Leben gerufen. Ferner heisst es, dass den Müttern der Ausschnitt eines Zettels, wie dieses im Versatzamte üblich ist, ausgefolgt werde. Gegen Vorzeigung dieses Zettels (Protocollnummer — in neuerer Zeit erst heisst es Taufprotocoll, ein Ausdruck, der in der „Nachricht" gar nicht vorkommt) wird denen, die sich darnach erkundigen, jedesmal die Nachricht über den Zustand des Kindes und wo es sich befindet, ertheilt. Von einem confessionellen Unterschiede ist nicht die Rede.

tritte aus der Gebäranstalt nicht mit sich nimmt, tritt das
Recht, das ihr zustehen würde, dem Staate ab," und es
sei übereinstimmend mit dem Patent vom 15. Feb. 1765,
dass ein solches Kind christlich erzogen werde. Am 30.
October 1823 wurde auch in dem Sinne eine Instruction
für sämmtliche Gebäranstalten und Findelhäuser der Monarchie erlassen.

Die Dinge blieben in diesem Zustande bis zum Jahre
1848. Am 6. December 1848 petirten die Vertreter der
Wiener israelitischen Cultusgemeinde bei der niederösterreichischen Regierung um Aufhebung dieses Gesetzes. Am
19. Jänner 1849 wurde die Bitte dahin erledigt, dass dieser Gegenstand mit der confessionellen Frage im Ganzen
zusammenhänge und diese werde dem Reichstage zur Lö-
sung vorgelegt werden.

Nachdem die Verfassung am 4. März 1849 gegeben
wurde, schritten die Vertreter wiederholentlich am 28.
März 1849 ein und baten um Aufhebung des genannten
Gesetzes. Die niederösterreichische Regierung befürwortete diese Bitte bei dem Ministerium des Innern und dieses vertröstete die Vertreter wieder. Diese Frage sollte
bei der Reorganisirung der Humanitäts- und Wohlthätig-
keitsanstalten gelöst werden.

Am Ende des Jahres 1851 wurde die Frage aufs
Neue von der Direction der Findelanstalt angeregt. Zu
jener Zeit zog jedoch ein finsterer Geist in Oesterreich
ein und man hielt eine Aenderung in dem Verfahren, wie
sie die niederösterreichische Regierung 1849 befürwortet
hatte, aus den damals herrschenden Ideen hervorgegan-
gen, beruhend auf unpractischen und falschen Humani-
tätsprincipien. Die Statthalterei, vom Cultusministerium
aufgefordert, ihr Gutachten über die Eingabe des Direc-
tors der Findelanstalt abzugeben, fand den *status quo* vollkommen angemessen. Sie meinte, dass jüdische Mütter oder
Kinder nicht nur nicht im Nachtheile in genannter Anstalt gegen christliche seien, sie sind vielmehr bevorzugt.

denn die Hofkanzleiverordnung vom 24. März 1841 gestattet den jüdischen Müttern, wenn sie es wünschen,
Ammendienst zu versehen, während christliche Mütter
ihn versehen müssen. Um die Rechte der Kinder
bei Erbschaftsangelegenheiten zu wahren, sei die Regie-
rungsverordnung, 8. Nov. 1843, erschienen, nach welcher
die Kinder auf den Namen der Mutter im Taufprotocolle
eingetragen werden, wodurch die Evidenz hergestellt sei.
Es sei notwendig, den Müttern die Empfangsscheine, Kopfzettel zu verweigern, um Erziehungsconflicten vorzubeugen. — Man trug sich sogar mit dem Gedanken, dass die
Vertreter der israelitischen Cultusgemeinde in Wien eine
jüdische Findelanstalt — ein Ghetto eigenthümlicher Art
— errichten. — Das Votum der Statthalterei wurde accep-
tirt und das alte Gesetz blieb aufrecht.

Inzwischen brach die Concordatszeit an und da war
um so weniger eine heilsame Veränderung dieser — wir
dürfen es heute, nachdem das Gesetz aufgehoben wurde,
ungescheut nennen — Gewaltmassregel zu erwarten. Das
Concordat erkannte die Rechtsgiltigkeit des Gesetzes vom
Jahre 1823 neuerdings an.*)

---

*) Wir müssen bemerken, dass die protestantischen Glaubens-
genossen ebenfalls von dieser Maasregel hart betroffen wurden. Bei
den Verhandlungen über das abzuschliessende Concordat wünschte der
Pronuntius Viale Prela, dass die allerhöchsten Entschliessungen vom
21. Juny 1831 für die Erbländer und vom 18. July 1838 für Ungarn
bezüglich der Findelkinder aufgehoben werden. In einer Note des Cardinals Rauscher an den Pronuntius vom 6. Aug. 1855, Literis etc. wird
zugesagt, dass evangelische Kinder katholisch erzogen werden sollen.
Die Stelle lautet: „*Ordinatione 30. Augustii 1782 emissa statutum est,
quod si acatholicus quidam adoptaret infantes illegitimos Gubernii sum-
tibus educatos, ipsi liberum esse, eosdem in acatholica religione educare.
Verum constitutio ista vix ullum sortita est effectum et abrogata, tandem
per legem a Francisco I. 21. Junii 1831 conditam. Nunc igitur tempo-
ris tantum abest, ut tales infantes acatholicis in acatholica religione edu-
candi tradantur, ut eos ne conjugibus quidem, quorum alter a fide
catholica alienus est, vel gratis vel erga mercedem alendos concredere liceat.*"

Nachdem die neue Aera mit dem Staatsminister
Schmerling, des Staatsmannes, auf den die Augen aller
wahrhaften österreichischen Patrioten gerichtet waren, dessen Gerechtigkeit und wahrhafte Charactergrösse und
Stärke selbst von seinen politischen Gegnern nicht ange-
zweifelt wird, eingetreten war, regte die „Wiener medi-
cinische Wochenschrift" Nr. 33 vom 17. August 1861 diesen Gegenstand neuerdings an. Der Gemeinderath der Stadt
Wien, in vollem Masse die confessionelle Gleichberechtigung anerkennend, beschloss, hierauf beim Staatsminister
um die Abstellung der genannten Vorgänge im Gebär-
und Findelhause zu bitten und das Staatsministerium ordnete sogleich die Aufhebung der Gepflogenheit, dass der
jüdischen Mutter der „Kopfzettel" des Kindes vorenthalten wird, an.

Damit begnügte sich jedoch der Gemeinderath nicht
und neuerdings petirte derselbe, 7. Dec. 1862, in Folge
eines Antrages des Gemeinderathes Wilh. Frankl: „Der
Gerechtigkeit Euer Excellenz wird es nicht entgehen,
dass die den jüdischen armen Müttern auferlegte Bedingung ihre Kinder taufen zu müssen, um letztere in
das Findelhaus aufgenommen zu sehen, eine harte sei".
Es wird daher das Ersuchen gestellt, dass auf Grundlage
des Princips der confessionellen Gleichberechtigung die

In Folge einer Anfrage der mährischen Statthalterei bezüglich der
Kinder protestantischer Mütter in den Gebärhäusern, entschied das damalige Cultusministerium, 19. Aug. 1860, in dem Sinne: Es sei gesetzlich angeordnet, dass die durch die Findelanstalten besorgte Erziehung
der darin angenommenen Kinder in der katholischen Religion zu geschehen habe. Das Ministerium des Innern meinte, 17. Aug. 1860:
In den Fällen, in welchen nicht ein öffentlicher Fond, sondern die
Mutter selbst die Aufnahms- und Verpflegungskosten in der Gebäranstalt bestreite und ihr Kind wieder heraus nehme, könne die Mutter
nicht verhalten werden, das Kind, blos weil sie dasselbe in der Gebäranstalt zur Welt brachte, katholisch taufen zu lassen. Würde jedoch
das Kind in die Findelanstalt abgegeben, so sei das Kind katholisch zu
taufen.

Kinder jüdischer Mütter in die k. k. Findelanstalt ohne die hieran geknüpfte Bedingung der Taufe aufgenommen und bei jüdischen Pflegeeltern erzogen werden können.

Hoffen wir. dass auch diese Bitte bald im humanen Sinne ihre Erledigung finden und das Princip der confessionellen Gleichberechtigung vollkommen anerkannt werde*).

Wir kehren nun wieder zu der Regierungszeit Kaiser Franz II. zurück und wir haben da noch eines Falles zu erwähnen, der in Venedig 1823 vorfiel, wo eine zweifelhafte Taufe für ungültig erklärt wurde.

Der Gouverneur von Venedig erstattete Bericht über die von Alois Palma zu Venedig an einem unehelichen Mädchen, der Jüdin Anna Coën auf der Strasse vorgenommenen Taufe.

Der Patriarch hielt die Taufe für giltig und wendete sich an den Gouverneur, damit das Kind dem frommen Institute *degli Esposti* übergeben werde, wo es christlich erzogen werden solle. Der Gouverneur kam diesem Begehren nicht nach, da seines Wissens kein Gesetz bestehe, welches die Rechte der Eltern wegen Veränderung der Religion schmälert. Ein solches Verfahren würde auch sehr arge Folgen für welche immer Glaubensgenossen haben. Der Patriarch wendete sich an den Vicekönig und dieser übergab die Angelegenheit der Hofkanzlei. Es wurden nun folgende Fragen zur Beantwortung vorgelegt:

1. Hat Palma das Kind wirklich giltig getauft?

2. Verdient dieser Frevel eine Strafe?

3. Soll das Kind katholisch erzogen werden?

---

*) Das allgemeine preussische Landrecht bestimmt. wenn eine jüdische Mutter ausserehelich ein Kind gebärt, dessen Vater Christ ist, so soll das Kind getauft werden. Ein solcher Fall ereignete sich in neuester Zeit. (S. allgem. Zeitung des Judenth. 1868 S. 233) und reclamirte die Behörde das Kind. Derartige Gesetze bestehen noch heute in Preussen!!

Auf Veranlassung des Guberniums gab der Patriarch am 4. Dec. l. J. folgenden Bericht:

a. Nach dem Gutachten der theologischen Facultät könne die Taufe des Kindes nicht für ungiltig erklärt werden, obschon manche Bedenken sich dagegen äussern.

b. Die Mutter wolle sich keinesfalls vom Kinde trennen.

Der Gouverneur prüfte die Voracten und entnahm daraus:

1. Dass die theologischen Professoren drei Mal verschiedenartig ihre Meinung abgegeben haben und daher sich nicht sicher fühlten.

2. Dass keine Genauigkeit in den Aussagen der Personen über den Taufact vorhanden sei.

Bezüglich der Bestrafung des Palma wurden die Acten dem politischen Richter übergeben. Es stellte sich da heraus, dass die frühern Aussagen vom Ordinariate nicht ganz richtig waren.

Die Jüdin Anna Coën war nämlich die Schwester eines getauften Juden Girolamo Vinutti, welcher eine Schwester der Mutter der Vincenza Bonuto, einer Katholikin, welche das Kind zu jener Zeit auf dem Arme trug, heiratete.

Bonuto erzählte, dass sie Sonntag, 2. März 1823, das Kind auf den Armen tragend, der Gattin des Palma begegnete und mit ihr sprach. Inzwischen kam Palma von rückwärts und sprach: *Ti batezzo in nome del Padre* etc. Bonuto bemerkte jedoch nicht, dass Palma Wasser angewendet habe, sie weiss bloss, dass stehen gebliebenes Regenwasser auf dem Platze vorhanden war. Bonuto sagte hierauf zu Palma: *cosa fate*, ging schnell weg und gab das Kind der Mutter. Sie behauptet ferner, nicht bemerkt zu haben, dass das Kind durch Palma nass geworden sei.

Palma's Gattin gab an, gesehen zu haben, dass ihr

Gatte Wasser in Händen hatte, nicht aber, dass er das Kind damit benetzte.

Palma selbst hält sich für überzeugt, dass ein oder der andere Tropfen auf den unbedeckten Kopf des Kindes gekommen sei.

Der Gegenstand wurde hierauf aufs Neue dem Patriarchen übergeben und in Folge eines Gutachtens der theologischen Facultät glaubt er, dass die Taufe *sub conditione* erneuert werden müsste.

Der Gouverneur ist der Ansicht, jede Gewalt sei ein irregulärer Act. Bedenkt man überdies, dass nach dem Gesetze jüdische Kinder unter 7 Jahren nur auf ihr Verlangen oder in Lebensgefahr getauft werden dürfen, welche Fälle hier nicht eintraten und die Thatsache selbst noch fraglich sei, so könne man nicht das Kind für getauft erklären. Palma sollte mit 1000 Ducaten oder mit 2 Jahren Kerker nach dem Gesetze bestraft werden. Der mildernden Umstände wegen und weil er sehr arm sei, so wäre er nach § 14 des Gesetzbuches über schwere Polizeiübertretungen (Arrest von 24 Stunden bis 6 Monate) zu bestrafen.

Die Hofkanzlei stimmt der Ansicht des Gouverneurs (13. May 1824) bei und das Kind ward der Mutter gegeben und Palma nach dem angeführten § 14 bestraft.

Wir haben noch Eines Momentes in Taufangelegenheiten während der Regierungszeit Kaiser Franz's zu gedenken, welches wir bereits wiederholentlich zu erwähnen Gelegenheit hatten.

Auf Verlangen der obersten Justizstelle gab die Hofcommission in Justiz- und Gesetzsachen den 27. Jänner 1820 ein Gutachten über folgende Fragen ab:

I. Ob und vor welchem Religionslehrer die jüdischen Eheleute, welche eine Scheidung oder Trennung der Ehe begehren zum Versuche der Wiedervereinigung erscheinen sollen, wenn ein Ehegatte zur christlichen Religion übergetreten ist.

II. Ob ein zur christlichen Religion übergehender jüdischer Ehemann, im Falle der Ehetrennung, dem in der jüdischen Religion beharrenden Eheweibe den Scheidebrief zu übergeben verbunden sei und ob die Veränderung der Religion der Forderung dieses Scheidebriefes nicht entgegenstehe.

III. Wenn Eheleute, die vom Rabbiner nach jüdischer Vorschrift copulirt waren, zur christlichen Religion übergetreten sind, ohne dass sie von dem christlichen Seelsorger copulirt worden wären und dann die Scheidung vom Tisch und Bette oder die Trennung der Ehe begehrten, ob dieser Fall nach den für die Katholiken oder aber nach den für die Juden vorgeschriebenen Gesetzen insbesondere der § 132—135 des allgemeinen bürgerlichen Gesetzbuches zu beurtheilen sei.

Auf einen allerunterthänigsten Vortrag erfolgte, Schönbrunn am 27. July 1821, folgende allerhöchste Entschliessung:

„ad I. ist es Mein Wille, dass vor der Trennung sowol, als vor der Scheidung jüdischer Eheleute, wovon ein Ehetheil zur christlichen Religion übergetreten ist, jederzeit zuerst der competente christliche Seelsorger und Religionslehrer, dem christlich gewordenen Ehetheile hierwegen die geeigneten Ermahnungen mache, wobei es ihm unbenommen bleibt, dieselben auch dem jüdisch gebliebenen Ehetheile, wenn derselbe freiwillig seiner Einladung Gehör gibt, zu Gemüte zu führen. Nach fruchtlos versuchten Ermahnungen des christlichen Religionslehrers hat sodann das betreffende Gericht den Vergleichsversuch mit beiden Eheleuten vorzunehmen und erst, wenn auch dieser vergebens war, sein Amt weiter nach den Gesetzen zu handeln.

ad II. wird die oberste Justizstelle vorerst mit der vereinten Hofcanzlei Rücksprache pflegen und nachdem diese die angesehensten in Meinen Staaten befindlichen jüdischen Religionslehrer einvernommen haben wird, Mir anzeigen, ob der zwischen jüdischen Eheleuten zu

einer giltigen Ehetrennung bisher nötigen Uebergabe des
Scheidebriefes nicht ein anderer durch Bevollmächtigte
auszuüben gestattlicher und daher dem zum Christenthume übergetretenen Ehetheile in seinen neuen Religionsbegriffen nicht beirrender Gebrauch, welcher aber auch
für den jüdisch gebliebenen Ehetheil verbleibende Folgen
hat, subsistuirt werden könne und Mir die hierwegen erforderlichen Modalitäten vorschlagen.

ad III. ist es, wenn beide jüdische Eheleute zur christlichen Religion übergetreten sind, ihnen selbst zu überlassen, ob sie ihre Ehe durch priesterliche Einsegnung
ihres neuen betreffenden Seelsorgers geheiligt haben
wollen."

Der erste und dritte Punkt wurden durch Hofde-
crete vom 10. August 1821 kundgemacht und die Hofkanzlei verlangte dem zweiten Puncte entsprechend, Gutachten von den Gubernien und durch diese von den angesehensten Rabbinern der betreffenden Kronländer. Nachdem ihr diese zugekommen waren — mehr als 50 Rabbiner gaben Gutachten ab — berichtete sie über dieselben,
18. Dec. 1823, an die oberste Justizstelle in einer Note:

Das böhmische Gubernium bemerkt, dass nach
Aeusserung der jüdischen Schriftgelehrten, sowol die Uebergabe als die Uebernahme des Scheidebriefes auch durch
Bevollmächtigte geschehen könne, jedoch müssen die vorgeschriebenen jüdischen Ceremonien dabei beobachtet werden*). Das Gubernium ist der Meinung, dass da die
Uebergabe und Uebernahme des Scheidebriefes durch Bevollmächtigte geschehen kann, es in Ansehung der Bevollmächtigten bei der bisher beobachteten, auf die mosaischen Gesetze sich gründenden Formalitäten sein Bewenden haben dürfte.

---

*) Sämmtliche Rabbiner stimmen darin überein, dass eine jüdi-
sche Ehefrau von ihrem Gatten bei Auflösung der Ehe bei Lebzeiten
einen Scheidebrief erhalten müsse, nach Deuteronom. 24, 1—4.

Nach der Erklärung des jüdischen Schriftgelehrten in **Mähren** ist die Uebergabe des Scheidebriefes zur Auflösung einer Ehe wesentlich notwendig. Der Mann müsse bei der **Verhandlung** über die Scheidung persönlich erscheinen, doch könne er bei der Uebergabe des Scheidebriefes selbst, so wie das Weib, bei dessen Annahme durch einen Bevollmächtigten vertreten werden.

Das Gubernium daselbst bemerkt, der Scheidebrief enthalte nichts Anstössiges. Der christl. Ehegatte könne also unbeschadet seiner neuen Religion sich dieser Förmlichkeit ohne Anstand fügen, zumal die persönliche Zusammenkunft durch die gestattete Substitution des Weibes leicht vermieden werden kann. Nur sollten dabei nebst zwei jüdischen auch zwei christl. Zeugen und eine politische Amtsperson gegenwärtig sein.

Die galizischen Rabbiner meinen ebenfalls, dass die Uebergabe und Uebernahme des Scheidebriefes durch einen Bevollmächtigten geschehen könne. Einige sind der Ansicht, dass, wenn das Weib zur christlichen Religion übertritt, es für den im Judenthume verbleibenden Manne hinlänglich sei diesen Scheidebrief beim Rabbiner zu hinterlegen. Die Rabbiner zu Sambor und Stry sprechen ihre Ansicht dahin aus, im Fall das Weib zur christlichen Religion übertritt, sei die Ehe für den jüdisch verbleibenden Mann *ipso facto* aufgelöst und derselbe kann zur weitern Ehe schreiten. Das Gubernium meint, es könnte beim Alten bleiben und nur der Scheidungsact hätte durch Bevollmächtigte zu geschehen.

Die Vertreter der Judenschaft in Wien schilderten die Ehetrennung bei den Juden als einen blos **bürgerlichen** und keineswegs religiösen Act. Sie bemerkten, es sei gerade nicht nötig, dass der Mann den Scheidebrife seiner Gattin selbst übergebe und genüge ein Bevollmächtigter. Diese Vertreter machen zum Schlusse den Antrag, dass künftig zur Vermeidung aller Collisionen und Unzukömmlichkeiten kein Jude eher zur Taufe zuzulassen wäre, bevor er nicht ausweist, dass er von seinem noch jüdischen Ehegatten wirklich schon geschieden sei. — Die Regierung fügt kein Gutachten bei.

Das Triester Gubernium unterlegt die Aeusserungen der Rabbiner zu Triest und Görz und des Fiscalamtes. Erstere meinen, dass der zum Christenthum übergetretene Gatte sich ganz nach den jüdischen Gesetzen fügen müsste, wofern die Auflösung der Ehe giltig sein soll. Das Fiscalamt betrachtet die Taufe als ein Ehehinderniss, wodurch die Ehe *ipso facto* aufgelöst ist — nach § 64 und 129 des b. Gesetzbuches. Wenn folglich der Jude eine auf diese Art eingegangene Ehe ungeachtet seiner Gebräuche als ungiltig ansehen muss, warum sollte er nicht seine Ehe auch ohne Scheidebrief als aufgelöst ansehen, sobald es ihm das bürgerliche Gesetz vorschreibt.

Das Gubernium von Venedig überreichte die Aeusserungen der Rabbiner von Venedig, Padua, Verona und Rovigo, aus welchen ersichtlich ist, dass die Stellvertretung gestattet ist. Doch wurden Zweifel rege, ob ein Christ nach seinem Uebertritte aus dem Judenthume die Handlungen, welche zur Uebergabe des Scheidebriefes erforderlich sind, noch vornehmen dürfe. Die Delegation von Verona riet daher an, dass die Scheidung vor der Taufe stattfinden solle.

Die von dem Mailändischen Gubernium einvernommenen Rabbiner von Mantua äussern sich auf eine ähnliche Art, wie die andern Rabbiner. Sie bemerken, dass von allen Proceduren, wie sie das jüdische Gesetz vorschreibt, nicht abgewichen werden dürfe, weil sonst der Act als ungiltig angefochten werden könnte. Die Uebergabe des Scheidebriefes sollte daher vor der Taufe stattfinden. Der Fiscus zu Mailand trägt darauf an, dass die Formel des Scheidebriefes vereinfacht, die jüdischen Phrasen hinweggelassen und dass die Civilrichter ermächtigt werden, diesen Scheidebrief anzunehmen und abzugeben. Mit diesem Antrage vereinigte sich auch das Gubernium.

Die Hofkanzlei bemerkt über diesen Gegenstand folgendes:

„Nach mosaischem Rechte ist die Ehe kein eigentlicher religiöser, sondern ein Civilact. Dieser gab dem Manne vor dem Weibe grosse Vorrechte. Der Mann durfte sich so ziemlich nach Willkühr ohne gerichtliche Procedur vom Weibe scheiden *), nicht so das Weib. Die hieher gehörige Stelle 5. Buch Moses 24. Cap. 1—4. Vers lautet: „Wenn jemand eine Frau zur Ehe genommen hat u. s. w.

Der Scheidebrief war für die geschiedene Frau ein nothwendiges Document, wodurch sie, dass sie ein freies Weib ist, gegen Jedermann, selbst gegen den Mann, welcher sie verabschiedet hat, so wie auch gegen einen Mann, welcher sie zu ehelichen gesonnen war und überhaupt für alle rücksichtswürdige Fälle, beweisen konnte.

Die Formen, wie dieser Scheidebrief geschrieben, wie sich bei dessen Uebergabe benommen werden solle, sind erst durch spätere Ausleger und Comentatoren genauer, aber wie man aus den erhaltenen Auskünften sieht, fast allgemein gleichförmig bestimmt worden. Die Unterschiede, welche in den vielen vorliegenden Formeln vorkommen, beziehen sich fast nur auf einzelne, unbedeutende Worte, als z. B. wenn ein Theil Christ geworden ist, dass auch zu genauerer Characterisirung sein **christlicher Name** beigesetzt, oder wie der Rabbiner von Nicolsburg meint, beigefügt werden solle und was ich — (sie) sonst noch für einen persönlichen Namen führen mag.

Dass die Uebergabe und Annahme des Scheide-

---

*) Es sei uns hiebei gestattet, zu bemerken, dass man schon in der ältesten Zeit danach strebte, der Willkür des Mannes Ziel und Schranke zu setzen und ist es bekannt, dass trotzdem Ehescheidungen gestattet sind, sie nichts destoweniger zu den seltenen Fällen gehören und wurde die Reinheit des jüdischen Familienlebens selbst von Judenfeinden stets anerkannt.

briefes durch Bevollmächtigte geschehen könne, darüber
sind alle jüdischen Berichtleger einig.

Allein eben so verlangen alle, dass:

    a. bei Ausfertigung des Scheidebriefes,

    b. bei Bestellung der Bevollmächtigten zur Ueber-
       gabe und Uebernahme und

    c. bei der Uebergabe und Uebernahme des Scheide-
       briefes selbst, sich nach den festgesetzten jüdi-
       schen Formeln benommen werden solle.

Fast alle behaupten, dass die Auflösung der Ehe
mittelst Uebergabe eines Scheidebriefes geschehen müsse.

Die Hofkanzlei ist aber in Absicht auf die Forderungen sub a, b, c dieser Meinung nicht. Die Ehe
unter Juden wird, wie eben bemerkt worden, nicht als
ein religiöser, kirchlicher, sondern als ein Civilact behandelt.

Die Vertreter der israelitischen Bewohner von Wien
bedienen sich sogar ausdrücklich dieser Worte. Die Ehescheidung mittelst Ausstellung eines Scheidebriefes erscheint als ein aussergerichtlicher privatrechtlicher Act.

Die diesfalls gegebenen Vorschriften beziehen sich
offenbar nur auf Ehen von Juden mit Juden. Ausländern
als solchen und in wie fern sie nicht in jüdischen Staaten
lebten, konnten die jüdischen Staatsgesetze keine verbind-
liche Vorschrift geben. Ehen mit Nichtjuden waren den
Juden verboten*). Für den Fall des Abtrünnigwerdens
eines Gatten von der jüdischen Religion und des sodann zur Beibehaltung oder Trennung der Ehe zu be-
obachtenden Verfahrens ist nicht vorgesehen. Er muss
daher nach allgemeinen Grundsätzen und Maximen beurtheilt werden.

Hierbei bieten sich folgende Ansichten dar:

1. Die Rechte zur Auflösbarkeit der Ehe, welche

---

*) Die Hofkanzlei stellt hier apodictisch einen Satz auf, worüber
mindestens *lis inter judices* ist.

Juden bei Schliessung ihrer Ehe erworben haben, können ihnen nach dem Uebertritte zum Christenthume, in wiefern nicht beide Gatten denselben durch den Uebertritt zum Christenthume selbst entsagen, sondern ein Theil im Judenthum zurückbleibt, nicht wol benommen werden, und sie sind ihnen in § 136 des a. b. Gb. auch ausdrücklich vorbehalten.

2. Der christlich gewordene Theil kann, um der Auflösung der Ehe willen, zu keinen Formalitäten verhalten werden, welche nur für Juden, zu welchen er nicht mehr gehört, zur Beobachtung vorgeschrieben sind.

3. Die vermöge § 134 vor dem Landrechte zu verhandelnde Auflösung einer Ehe soll zwar mittelst Uebergabe des Scheidebriefes ihre Rechtsgiltigkeit erhalten; allein wenn der Mann christlich geworden ist, kann er nicht verhalten werden, diesen Scheidebrief in jüdischer Form auszustellen und zu übergeben: und wenn die Gattin christlich geworden ist, kann sie nicht verhalten werden, ihn in einer jüdisch formellen Art zu übernehmen.

Dagegen, dass die christlich gewordene Gattin den in jüdischer Form abgefassten und an sie geleiteten Scheidebrief annimmt, waltet kein Anstand ob. Der christliche Gatte kann aber nicht mehr durch ein jüdisches Gesetz, Vorschrift und Gewohnheit verhalten werden, weder selbst noch durch einen bevollmächtigten Juden, in welchem Falle er doch nach der Regel *quod quis per alium facit, per se fecisse censetur* — eine der Form nach jüdische Handlung zu begehen.

Er entlässt seine Frau aller ehelichen Verbindungen, mit ihm. Dieses und was dazu wesentlich gehört, muss in der Urkunde mit Hinweglassung alles übrigen, was sich auf Judenthum bezieht, ausgedrückt werden.

Dieses Formelle bezieht sich übrigens weniger auf die Worte des Scheidebriefes, als vielmehr auf die Forderung über den privatrechtlichen jüdischen Zeugenverein von Rabbinern und anderen jüdischen Zeugen, vor welchen der

10 *

Scheidebrief geschrieben, bestätiget, die Vollmacht zur Uebergabe bestellt, die Uebergabe selbst geschehen soll.

4. Die Uebergabe dürfte daher in solchen Fällen allezeit vor dem gemeinschaftlichen bürgerlichen Forum beider Gatten — dem Landrecht — geschehen und könnte in diesem Falle auch ohne Bedenken durch beide Gatten selbst — wo dies aber entweder unthunlich oder aus was immer für Ursachen, unzukömmlich wäre durch Bevollmächtigte um so mehr geschehen, als die Ehe und deren Auflösung ein civiler Act ist und die Juden sich daher den Anordnungen des bürgerlichen Gesetzbuches, welches ihre Ungebundenheit bei Schliessung und Auflösung von Ehen sehr beschränkt in die Verhandlungen über diese Angelegenheiten an das Landrecht, eine im Gesetz Moses unbekannte Instanz gewiesen hat, ohne Anstand unterwerfen.

5. Es ist nicht zu besorgen, dass die jüdisch gebliebene und mittelst eines, auf die ad 3 angezeigte Art ausgestellten Scheidebriefes getrennte Gattin, diesen nicht jüdisch geformten Scheidebrief anzunehmen und für rechtgiltig zu behandeln, sich weigern sollte, da doch sie und die jüdische Gemeinde kein Recht haben, zu fordern, dass der christlich gewordene Gatte sich noch ferner als an jüdische Formen gebunden, behandeln lasse.

6. Das zur Beseitigung aller Anstände vorgeschlagene Mittel, dass der Scheidebrief vor der Taufe des einen Theiles ausgestellt werde, kann nicht als Regel angenommen werden, weil der so bestimmt ausgesprochene Sinn und Zweck des § 136 den Befehl, dass durch die Taufe eines jüdischen Gatten die Ehe aufgelöst werden soll, nicht gestattet.

7. Die Meinung der meisten jüdischen Gelehrten, dass die Auflösung eines derlei Ehebandes die Ausstellung, Uebergabe und Uebernahme des Scheidebriefes ganz in jüdischer Form stattfinden müsse, scheint dagegen nichts zu beweisen; weil es nicht nur in ihrem Interesse zu liegen

scheint, den zum Christenthum übergegangenen Gatten soviel und so lange als möglich noch unter dem Zwange jüdischer Formen zu halten, zum Judaisiren gewissermassen zu nötigen*). sondern weil sie lediglich Vorschriften für Judenehen als solche, nicht aber für den hier eintretenden obwol seltenen Fall besitzen und da sie nur aus diesen Prämissen folgern und sich zu einen höhern den vorliegenden Fall in sich aufnehmenden Grundsatz nicht erheben."

Wir geben nun das Gutachten der Hofcommission in Gesetzsachen im Auszuge:

In Beziehung des Scheidebriefes müsse den Juden auch im Fall als ein jüdischer Ehegatte zur christl. Religion übergetreten, nachgegeben werden, wenn man diese Menschenclasse nicht zur Uebertretung ihrer heiligen Gesetze nötigen und ihre ohnehin gesunkene Moralität nicht mehr verderben will**).

Mehrere Rabbiner in Galizien halten die Scheidung und den Scheidebrief für gar nicht notwendig. wenn das jüdische Weib Christin wird und der Mann Jude bleibt. Andere meinen, dass seitdem der Rabbiner Gerson***) den Bann über Vielweiberei ausgesprochen hat. sei die Erthei-

---

*) Diese Ansicht ist gänzlich unrichtig.

**) Wir haben schon oben S. 42 Anm. die Angelegenheit bezüglich des Scheidebriefes berührt. Nach der Ansicht des Apostels Paulus in den Briefen an die Corinther 7. 15. des canonischen Rechtes Cap. 7 und 8 *de divortiis* in der Decretensammlung Gregors IX. lib. 4. tit. 19, und des Papstes Benedict XIV. *de Synodo dioecesana* kann eine solche Ehe. wo die Gattin Christin wird und der Mann Jude bleibt, als aufgelöst betrachtet werden. — Die „gesunkene Moralität" der Juden gehört zu den Vorurtheilen jener Zeit, über die wir heute wol nichts zu bemerken nötig haben.

***) Gerson ben Jehuda, der Alte. aus Metz (mit dem Beinamen „die Leuchte des Exils") — gest. beiläufig 1040. — Er berief eine Versammlung nach Worms. wo auf seinen Antrag die Poligamie abgeschafft wurde, gegen welche sich schon angesehene Vorgänger erklärt hatten. S. Rechtsgutachten Meir b. Baruchs und Juda Minz.

lung des Scheidebriefes notwendig, damit es nicht scheine, als wenn der Mann zugleich mit mehreren Weibern verehelicht wäre. Andere meinen, es genüge, wenn der Mann, der im Judenthume bleibt, seiner Frau, die Christin wird, einen Scheidebrief schreiben lässt und ihr ihn überschickt, oder ihn beim Rabbiner hinterlegt u. s. w. Die italienischen Rabbiner fordern dieselben Förmlichkeiten, wenn die Gattin Christin wird, wie wenn der Gatte zum Christenthum übergeht *). Der jüdische Mann könnte daher alle vom jüdischen Gesetze vorgeschriebenen Observanzen bei der Ausfertigung des Scheidebriefes beobachten und diesen an seine Gattin, welche sich taufen liess, durch einen Bevollmächtigten senden oder ihr ihn vor dem competenten Landrechte übergeben.

Schwieriger sei jedoch der Fall, wenn der Gatte zum Christenthum übergeht. Die meisten Rabbiner äussern sich dahin, dass der getaufte Gatte, allen Förmlichkeiten und Handlungen, die das jüdische Gesetz vorschreibt, sich unterziehen müsse. Er muss nämlich vor einem jüdischen Gericht, bestehend aus einem leitenden Rabbiner und zwei oder mehreren gesetzkundigen Beisitzern mit zwei jüdischen Zeugen persönlich erscheinen. einen jüdischen Schreiber, der den Scheidebrief, den jüdischen Vorschriften gemäss — ausfertige, bestellen, denselben von den Zeugen unterfertigen lassen, und ihn dem bestellten jüdischen Bevollmächtigten übergeben. Dieser übergibt dann dem jüdischen Weibe in Gegenwart zweier jüdischer Zeugen den Scheidebrief. Endlich wird der christl. Neophit von dem leitenden Rabbiner angegangen, jede Protestation, die er wider den Scheidebrief oder die Vollmachten bereits eingelegt haben könnte, förmlich zu annulliren und bei Verlust der ewigen Güter feierlich zu schwören, dass er auch künftig keine Ausflüchte suchen werde.

---

*) Es liegen uns die Originalgutachten nicht vor und sind dieselben wahrscheinlich nach gemachtem Amtsgebrauche an die Gubernien zurückgeleitet worden.

Bezüglich dieser Feierlichkeiten, muss man wohl von dem Grundsatze ausgehen, dass in Oesterreich, wo die Toleranz der Juden gesetzlich eingeführt ist, die Juden einen eben so guten Anspruch auf Gewissensfreiheit haben als der Christ. Die Scheidung muss daher auf eine solche Art vorgenommen werden, dass dieselbe das Gewissen des einen wie des andern Theiles so wenig als möglich beunruhige. Demnach dürfte in Ansehung der Sprache, des Inhaltes und der Form des Scheidebriefes von Seite der Christen den Juden nachzugeben sein.

Allerdings stammen diese Vorschriften nicht von Moses selbst her, aber sie sind doch uralt und längst im allgemeinen Gebrauche, wie sich also ein Christ in seinem Gewissen beschwert fühlen würde, wenn man ihn nötigte uralte von den Kirchenvorstehern angeordnete Gebräuche zu verletzen, so gilt dies auch von Juden um so mehr, je ängstlicher sie sich vor andern Völkern von jeher in Beobachtung ihrer uralten Gebräuche zeigten. Eine Verordnung für Galizien vom 17. Januar 1788 bestimmt zwar, dass „von dem unter den Juden nach ihren Religionsgesetzen gewöhnlich gewesenen Scheidebrief keine Frage mehr sein könne." In Folge der Beschwerde der Juden wurde jedoch dieses Gesetz aufgehoben und die jüdische Frau wird von Jugend auf in dem Glauben erzogen, dass ihre einmal geschlossene Ehe nur mittelst eines nach den herkömmlichen Formen ausgefertigten Scheidebriefes trennbar sei. Da überdies die jüdischen Weiber bekannter Massen noch viel fester bei ihren Religionsbegriffen zu verharren pflegen als die Männer, so würde eine israel. Frau ihre Gewissensfreiheit ohne Zweifel sehr gekränkt finden, wenn sie statt eines solchen Talismanes ein anderes Papier annehmen müsste.

Dagegen sei es nicht abzusehen, wie ein jüdischer Ehemann, der die christliche Religion angenommen hat, in seinen neuern Religionsbegriffen beirrt, oder sein Gewis-

sen in Unruhe versetzt werden könnte. wenn er einen
jüdischen Scheidebrief seinem im Judenthume ausharren-
den Weibe aushändigen lässt.

Der hebräischen Sprache an sich. in welcher der
Scheidebrief abgefasst sein soll. klebt doch gewiss nichts
der christlichen Religion widriges an. Sie ist eine heilige
Sprache. Die Bücher des alten Testamentes und ein Stück
des neuen *(Epistola St. Pauli ad habraeos)* sind in dieser Sprache verfasst und christliche Theologen müssen
sie lernen . . . .

Der Inhalt des Scheidebriefes stellt eine Art von
Emancipation dar, wodurch der Ehemann seine Frau in
Freiheit setzt, gleichwie die jüdische Schliessung der Ehe
nichts anderes als eine Art der Mancipation ist. wodurch
der Mann das Weib in seine Gewalt bringt. ohne dass dasselbe auch nur ein Wort mit zu sprechen hätte. Eine Scla-
vin aber oder Leibeigene zu entlassen, verbietet das Christenthum nirgend und Niemanden. Der Ausdruck am Schlusse
des Scheidebriefes: „nach deu Gesetzen Moses und Israels“.
ziele, wie die Vertreter der israelitischen Bewohner Wiens
sagen, nur auf das mosaisch-israelitisch bürgerliche Gesetz,
keineswegs auf das eigentliche Religionsgesetz. Wer wird
aber die Unternehmung einer Handlung nach dem bürgerlichen Gesetze eines fremden. vormaligen Staates z. B.
des römischen, für eine dem Christen in seinen Religionsbegriffen beirrende Handlung halten. . . . Auch in den
Anordnungen über die Form des Scheidebriefes scheine
nichts zu liegen. was für einen Christen anstössig sein
könnte. Ueberhaupt seien viele Kirchengebräuche und
viele Kirchengebete der Christen aus dem Judenthume
entlehnt. Christus selbst. die Apostel und die ersten
Christen haben mehrere jüdische Gebräuche mitgemacht.
Es dürfte daher die Einrichtung des Scheidebriefes nach
israelitischen Vorschriften unbedenklich in dem Falle zugelassen werden können, wenn ein Neophite sich von seinem im Judenthume verbliebenen Weibe scheiden soll.

Anders verhalte es sich mit denjenigen Gebräuchen, welchen sich der zum Christenthume übergetretene Ehemann bei der Anzeige seines Scheidungsentschlusses, bei Ausfertigung des Scheidebriefes, bei der Bestellung eines Bevollmächtigten zur Uebergabe desselben an seine jüdische Frau den Forderungen der Rabbiner zu folgen, in Person unterziehen soll, er würde zu judaisiren genötigt sein. .. Er ist für den Augenblick gleichsam seinen Feinden (?) überliefert. Papst Benedict XIV. spricht in seiner Bulle *Apostolici Ministerii* vom 30. Sept. 1747 von *Judaicis superstitionibus domnondisque observationibus,* die bei Gelegenheit der jüdischen Ehescheidungen unterlaufen sollen. Es stehe auch nicht mit der österreichischen Verfrssung im Einklange, dass eine Judenversammlung über einen Christen gleichsam Gericht halte. Das Hofdecret vom 23. May 1785 No. 456 hebt die Gerichtsbarkeit jüdischer Gerichte auf und das Hofkanzleidecret vom 22. Oct. 1814 No. 1106 hebt die Rabbinalgerichte auf. . . . .

Die Vorschriften über die Ankündigung des Scheidungsentschlusses, der Schreibung und Unterschreibung des Scheidebriefes, der Bestellung des Bevollmächtigten etc. sind nicht mosaischen Ursprunges; sie rühren nicht einmal von den Talmudisten (?!) sondern von spätern Rabbinern her, von welchen. als jüdische Juristen. nur bürgerliche Gesetze herkommen können, wie der Stryer Kreisrabbiner sagt (?). Diese Vorschriften werden nicht für so ehrwürdig und heilig gehalten und unterliegen leichter einer Abänderung. Endlich könne doch die Judenschaft nicht im Ernste behaupten wollen, dass es kein anderes zuverlässiges Mittel zur Begründung eines sichern Beweises über den freien Willen und festen Entschluss sich zu scheiden und über die Echtheit des Scheidebriefes gebe. als den die jüdischen Scheidungsförmlichkeiten darbieten; dass nur Juden unparteiische Zeugen bei der Scheidung eines christlichen Neophiten von einer jüdischen Frau sein können; dass ein solcher Scheidungsact von Niemand anderen als von einer Versammlung von Rabbinern und jüdischen Gesetzverständigen seine Authorisation erhalten könne; dass eine Vollmacht zur Unternehmung desselben nur dann giltig sei, wenn sie von eben dieser Versammlung in einer von Rabbinern vorgezeichneten Form ertheilt worden; dass nur die von Rabbinern, denen in den österreichischen Staaten keine gesetzgebende Gewalt zugestanden wird, wer weiss wann und wo 'unter ganz andern Umständen ersonnenen Modalitäten und Solennitäten das einzige Präservativ gegen alle Ausflüchte seien, welche entweder bei dem Acte selbst oder in der Folge die Giltigkeit der Scheidung gefährden könnten.

Solche Prätensionen machen und solche Behauptungen wagen, hiesse offenbar einen Staat im Staate stiften wollen, sich eine unabhängige Gesetzgebung und Gerichtsbarkeit anmassen und die Einfälle einiger Rabbiner den christlichen Staaten als unverbrüchliche Gesetze aufdringen.

Der Antrag des Referenten gehet nun dahin: Nachdem alles geschehen, was der Punct I bestimmt (S. oben S. 140), soll der zum Christenthume übergetretene Ehegatte einen jüdischen Bevollmächtigten vor dem competenten Landrechte bestellen; dabei soll er gerichtlich angeloben, dass er die ertheilte Vollmacht keineswegs widerrufen werde. Der Bevollmächtigte hat die Erfüllung des Auftrages sogleich dem Landrechte anzuzeigen, dieses aber einen Tag zu bestimmen, an welchem die jüdische Frau, um deren Scheidung es sich handelt und der Bevollmächtigte versehen mit dem hebräischen Originalscheidebriefe, mit einer getreuen, von drei jüdischen Gesetzverständigen legalisirten Uebersetzung desselben in die Landessprache und mit einem von eben diesen Personen ausgestellten Zeugnisse, dass er seinen Auftrag richtig erfüllt habe und mit den jüdischen Scheidungserfordernissen alles in Ordnung sei, persönlich vor Gericht erscheinen sollen etc. Beiden Theilen sind von dem Landrechte Amtsurkunden auszufertigen, dass ihre Ehe gerichtlich getrennt worden sei.

Dieses Verfahren können dic Juden wol nicht ablehnen. . . . Die im Judenthume verbleibende Frau kann auf solche Art für ihr Gewissen bei einer zweiten Verehelichung volle Beruhigung erhalten, welche ihr der Mann um so mehr zu verschaffen schuldig ist, als er es war, der durch Annahme der christlichen Religion zuerst seine Gewissensfreiheit geltend gemacht hat und nicht verlangen kann, dass seine Frau entweder durch Uebertritt zum Christenthume oder durch Fortsetzung der Ehe oder durch eine zweite Heirat ihr Gewissen verletze oder wenn sie dieses nicht will, unverheiratet bleibe.

Um die Schritte, die der Bevollmächtigte in der Scheidungsangelegenheit thun wird, hat der zum Christenthume übergegangene Ehemann sich weiter nicht zu bekümmern. Seine Vollmacht lautet nur auf das, was seine jüdische Frau zu ihrer Beruhigung, nicht was er selbst in dieser Rücksicht für nötig erachtet. Die Rechtsregel *quod quis per alium facit, per se fecisse videtur* bedeutet nur so viel, dass jemand, der ein Geschäft durch einen Bevollmächtigten unternehmen liess, die Giltigkeit desselben eben so wenig anfechten kann, sondern eben so gut anerkennen muss, als wenn er es selbst unternommen hätte. Sie hat aber nicht den Sinn, dass Jemand ein Geschäft, dem er sich nicht wol in Person unterziehen kann, auch niemals durch einen Bevollmächtigten verrichten lassen kann.

Mehrere Behörden und Rabbiner tragen darauf an, festzusetzen, dass durch den Uebertritt eines jüdischen Ehetheiles zur christlichen Religion das Eheband als *ipso facto* aufgelöst betrachtet werden soll, weil solche Ehen ohnehin keine gute Folgen versprechen. Dieser Antrag kann in gar keine Betrachtung kommen. Es widerspricht dem § 136 des a. b. Gesetzbuches und dem Puncte I der a. h. Entschliessung und den Grundsätzen des österreichischen Eherechtes eine eheliche Gemeinschaft ohne Dazwischenkunft des Richters Kraft Rechtens aufhören zu lassen.

Rücksichtswürdig hingegen ist der Vorschlag, dass im Falle, als von zwei jüdischen Eheleuten ein Theil die christliche Religion anzunehmen Willens ist, er vorher dem andern Theile seinen Entschluss entdecken und diesen befragen solle, ob derselbe nach Ausführung dieses Vorhabens die Ehe friedlich fortsetzen wolle oder nicht. Im Verneinungsfalle soll die Ehescheidung noch vor der Taufe des betreffenden Ehetheiles statt finden, welches freilich nicht als ausnahmslose Regel festgesetzt werden solle. *)

Hierauf erfolgte die kais. Entschliessung vom 11. May 1827:

„Mein Wille ist, dass die in der Frage stehende Verordnung nach Voraussendung des im zweiten Entwurfe vorgeschlagenen ganzen Einganges sich lediglich und wörtlich auf folgende 2 § beschränke:

„1. Die Uebergabe und Annahme des Scheidebriefes kann durch Bevollmächtigte stattfinden.

2. Der katholisch oder christlich gewordene Ehetheil habe, wenn er einen Bevollmächtigten bestellen will, jederzeit ein der israelitischen Religion zugethanes Individuum

---

*) Es kann nicht unsere Absicht sein hier auf das Princip der Ehe und der Scheidung, wie sie das Judenthum auffasst, näher einzugehen und den Beweis zu führen, dass die Rabbiner bei der Festsetzung der Ehe- und Scheidungsvorschriften nicht von herrschsüchtigen Absichten ausgegangen; sondern lediglich darauf ausgingen, die Sittlichkeit zu wahren. Erinnern wollen wir blos, dass manche Ueberläufer aus Bosheit etc. dem im Judenthume zurückgebliebenen Ehetheile manches Aergerniss zu bereiten suchten. Wir verweisen übrigens in dieser Beziehung auf die wissenschaftlichen Forschungen von Fassel, Frankel, Geiger, Holdheim, Löw, Saalschütz, Wessely etc. Bemerken wollen wir noch, dass R. Gamaliel einen Scheidebrief mit heidnischen Zeugen für giltig hielt (Gittin 15).

hierzu zu erwählen und die Vollmacht auf eine solche Art auszustellen, dass in selber nichts den Grundsätzen und Vorschriften der katholischen oder christlichen Religion zu der er sich bekennt, zuwiderlaufendes enthalten sey, sonst aber in so weit hiernach thunlich, alle in den jüdischen Religionsgebräuchen gegründeten etwaigen Gewissenszweifel des jüdisch gebliebenen Ehetheiles beseitigt werden und somit auch dieser die Ehe für vollkommen aufgelöst zu halten, keinen gegründeten Anstand nehmen könne."

Unter der Regierung des Kaisers Ferdinand I. veränderte sich auf diesem Gebiete nichts. Man empfand zu jener Zeit gewissermassen die Notwendigkeit, dass für die Juden etwas geschehen müsse. Während Oesterreich unter Kaiser Josef in der Beziehung vorausschritt und andern Staaten als Muster galt, stand es nun manchen deutschen Regierungen nach. Man hatte jedoch nicht den Muth, eine grosse That zu vollbringen, verschob sie von einem Jahre auf das andere und trat von Zeit zu Zeit mit Concessionen hervor.

In Beziehung auf die Taufe liegt nicht Ein Fall vor, der einer höhern Entscheidung bedurft hätte. Zwangstaufen kamen nicht vor, wenigstens befindet sich keine Verhandlung über einen derartigen Fall in den Archiven und die freiwilligen Taufen geschahen, wie bereits bemerkt, nicht der Religion wegen. Der Eine wollte dadurch ein Amt oder eine Professur erlangen oder ungehindert in seiner geschäftlichen Betriebsamkeit sein, der Andere that es der Liebe wegen, da gemischte Ehen, obschon wiederholentlich von Regierungsorganen befürwortet, nicht gestattet waren *). Wenn die Polizei in Wien, das Judenamt, von Zeit zu Zeit strenge die Gesetze bezüglich des Aufenthaltes fremder

---

*) Als das Judensistem für Böhmen 1796 berathen wurde, befürwortete Graf Rottenhahn auf das Nachdrücklichste gemischte Ehen ebenso Graf Saurau im Jahre 1818 — doch wurden die Vorschläge weiter nicht berücksichtigt.

Juden in Wien handhabe, so haben Manche, um den Nachstellungen der Polizei zu entgehen und nicht eine Beute nächtlicher Streifzüge der Sicherheitsorgane zu werden, in der Kirche Zuflucht gesucht und gefunden, und diejenigen, denen bis dahin der Aufenthalt in Wien nur für schweres Geld gestattet war, konnten Tages darauf sich Bürger Wiens nennen und durften unbehelligt in allen Städten und Kronländern wohnen, die sich hermetisch von den Juden abschlossen.

Das Jahr 1848 machte diesen Zuständen theilweise und auf einige Zeit ein Ende. Das Ministerium Pillersdorff anerkannte die Juden als Staatsbürger. Juden wurden in den gesetzgebenden Körper gewählt und der Reichstag hob, wie bekannt, die Judensteuern auf und löschte einen Schand- und Schmachfleck aus der österreichischen Gesetzgebung. Der damalige Finanzminister Freiherr v. Kraus, der bekanntlich die österreichischen Finanzen nicht gut gebettet fand, befürwortete selbst diese Massregel. Sporadisch wurden auch Juden zu Staatsämtern, von denen sie gesetzlich nicht ausgeschlossen waren, zugelassen und ihnen Lehrstühle eingeräumt. Die Charte vom 4. März 1849 hob vollends jeden Unterschied in Beziehung auf die Rechte und Pflichten der Juden und der andern Glaubensgenossen im österreichischen Kaiserstaate auf und gewährte ihnen die vollkommene Gleichstellung. Am 26. August 1849 sprach das damalige Cultusministerium in einer Entscheidung an den Statthalter in Krakau: . . . „Es waltet der Wunsch vor, dass jene von Sr. Majestät gewährleistete Gleichberechtigung möglichst bald und vollständig hinsichtlich aller Confessionen zur Wahrheit werde."

Der damalige Justizminister, Ritter von Schmerling, erörterte in einer gründlich ausgearbeiteten Staatsschrift vom 18. November 1849 die Judenfrage in Oesterreich. Da jene Staatsschrift vom jetzigen Staatsminister ausging (Frh. v. Pratobevera war Referent), so dürfte sie für den

Leser von besonderem Interesse sein. Sie wird diejenigen, welche für das Princip der Gleichberechtigung aller Confessionen kämpfen, in vollem Masse befriedigen. Den Israeliten hingegen wird sie eine Gewähr und Bürgschaft sein, dass der Schöpfer der Februar-Verfassung der beredteste Anwalt ihrer Gleichberechtigung ist; denn der Staatsminister ist nicht blos der Mann des Wortes, der den Ausspruch Gleichberechtigung als Köder hinhält, sondern auch der Mann der That, der für die von ihm anerkannten Principien einsteht. Wir lassen daher einen Auszug jener Staatsschrift folgen:

... as Maass der Gleichberechtigung ist aber gar nicht mehr in Frage, das kaiserliche Wort, welches sie (die Juden) vollkommen und ausnahmslos gleichgestellt, ist gleichzeitig mit der Verfassung, die als die Basis unsers heutigen Rechtszustandes gilt, ausgesprochen. „Der Genuss der bürgerlichen und politischen Rechte ist von dem Religionsbekenntniss unabhängig." So lautet die allgemeine Regel. Und der Beisatz: „doch darf den staatsbürgerlichen Pflichten durch das Religionsbekenntniss kein Abbruch geschehen", welches Religionsbekenntnisse von jener Regel ausschliesst, die diesem Erfordernisse nicht zu entsprechen vermögen, ist offenbar nicht auf das Judenthum anwendbar, sondern weiset nur solche Religionsbekenntnisse zurück, welche mit dem Staatszwecke und mit den Staatsgesetzen in directem Widerspruche stehen, was von dem jüdischen Religionsbekenntnisse um so weniger gilt, als andere europäische Staaten, welche den Weg der vollständigen Emancipation längst betreten haben in dieser Richtung keinem Hindernisse begegnet sind. Indem also die oben citirte Regel in dem jüdischen Religionsbekenntnisse volle Anwendung findet, so kann man mit Leichtigkeit als erste Consequenzen folgende zwei Sätze ableiten.

1. Die Juden, welche österreichische Reichsbürger sind, geniessen alle jene bürgerlichen

und politischen Rechte, welche den christlichen Reichsbürgern zustehen.

2. Die Juden, welche nicht österreichische Staatsbürger sind, geniessen jene bürgerlichen und politischen Rechte, welche den christlichen Fremden zugestanden sind.

.... Dem Genusse gleicher bürgerlicher und politischer Rechte, welcher den Juden, die österreichische Staatsbürger sind, ungeschmälert zugestanden werden muss, wird mittelst eines solchen klaren bündigen Gesetzes, auch dort der Weg gebahnt werden, wo die Durchsetzung des § 1 der Grundrechte den meisten Schwierigkeiten begegnet, nämlich im Gemeindewesen. Ist nämlich einmal festgesetzt, welche Juden österreichische Staatsbürger sind, und welche es nicht sind, so kann den ersteren nach § 25 der Reichsverfassung das Recht, in was immer für einer Gemeinde des Reiches zu wohnen und in was immer für einer Gemeinde des Reiches nach den auch für die Christen bestehenden Gesetzen die Bewilligung zum Betriebe eines Gewerbes zu erwirken, oder auch ohne Bewilligung ein freies Gewerbe im gewählten Wohnsitze zu betreiben, nach § 25 und § 30 der Reichsverfassung nicht verweigert oder beanständet werden. Dieses unbeanständete Wohnen in einer Gemeinde in der anerkannten und unbezweifelbaren Eigenschaft eines Reichsbürgers begründet aber nach dem Verlaufe von 4 Jahren nach dem § 12 die Gemeindeangehörigkeit und so wird, wenn in einer kurzen Reihe von Jahren die Gemeindeangehörigkeit der reichsbürgerlichen Juden im factischen Wege unbestreitbar entschieden sein, sobald nur die Frage über ihre reichsbürgerliche Eigenschaft gelöst ist: — eine Entscheidung, welche nicht ohne Störungen vor sich gehen würde, wenn man das Recht der Gemeindeangehörigkeit nach § 12 a des Gemeindegesetzes von dem förmlichen Gemeindebeschlusse abhängig sein liesse. .... Hieraus ergibt sich zugleich, dass der Begriff „Judenstadt" in seinem bisherigen

Sinne aufgehört hat, wenngleich der Name in manchen
Städten ebenso fortbestehen kann, wie z. B. in Wien der
Name „Judenplatz". Die Freizügigkeit, von welcher die
Juden allerdings schon jetzt, ohne ein weiteres Gesetz
Gebrauch machen können, und welche sie berechtigt, ihren
Wohnsitz aus einem Kronlande in das andere zu über-
tragen, berechtigt sie auch offenbar, ihre Wohnungen in
was immer für einem Theile einer Stadt aufzuschlagen . . .
die bestehenden Judengemeinden haben daher aufzuhören . . .
Es unterliegt ferner keinem Zweifel, dass jenen jüdischen
Gemeindebürgern und Gemeindeangehörigen die Theilnahme an der Repräsentanz activ oder passiv . . . zusteht.
Dasselbe gilt von der Landes- und von der Reichsrepräa-
sentanz. Die Fähigkeit zu Staatsämtern aller
Art geht aus dem Wortlaute der Reichsverfassung un-
mittelbar hervor. . . . Was von der Fähigkeit zum Rich-
teramte gilt, muss von allen übrigen Staatsdiensten gelten,
in welchen von den jüdischen Bewerbern keine andere
Qualification gefordert werden könnte, als von den christlichen. Dabei versteht sich von selbst, dass die jüdischen
Staatsbeamten, der Dienstpragmatik sich ebenso zu fügen
haben, wie die christlichen und z. B. eine Verweigerung
der richterlichen oder administrativen Amtshandlung durch
Berufung auf die Sabbatfeier nicht gerechtfertigt werden
könnte. In Betreff der höchsten politischen Rechte (Theilnahme an der Legislative und an der Verwaltung, richterlicher oder nicht richterlicher Gewalt) sind daher schon
jetzt die Beschränkungen, welche früher den Juden im
Wege standen, beseitigt . . . . Alle übrigen auftauchen-
den Zweifel lösen sich durch Beziehung auf die Reichsverfassung von selbst und bedürfen daher nicht der gesetzlichen Bestimmung, sondern erfordern nur, dass in ad-
ministrativem Wege die Behörden zur Einhaltung eines
gleichmässigen Verfahrens gehörig instruirt werden. Diess
gilt namentlich auch von der Auflösung der Judengemeinden als selbstständiger politischer Körper, weil die Gleich-

stellung nicht gestattet, dass von der andern Seite die Gleichgestellten sich selbst entgegen stellen. Es ist Aufgabe der Administrativbehörden die Organisation der Gemeinden mit gänzlicher Ignorirung des confessionellen Unterschiedes ausnahmslos durchzuführen."

Leider trat nur zu schnell der Justizminister ab und bald hernach begannen die Vorverhandlungen zum Concordate, welche auch die Angelegenheiten der Juden nicht unbeachtet liessen. Der Bevollmächtigte des Papstes, der Pronuntius Viale Prela, beschwerte sich unter anderem, dass nach den österreichischen Gesetzen Judenkinder nicht vor Erreichung eines gewissen Alters zur Taufe zugelassen werden und wünschte, „dass nach der Circularverordnung vom 6. Dec. 1810 (S. oben S. 128) ein Judenkind folgerecht unter denselben Bedingungen, unter welchen es sich gegen das Christenthum für das Judenthum erklären darf, auch das Recht habe, sich für das Christenthum gegen das Judenthum zu erklären."

Die Ansichten über diese Beschwerde waren getheilt. Während die Einen mit dem oben ausgesprochenen Wunsche übereinstimmten, fanden die Andern, dass kein Gesetz in Rechtskraft bestehe, welches ein Judenkind, das zum Christenthume übertreten will, nötigen würde, aus dem Grunde im Judenthume zu verbleiben, weil es ein gewisses Altersjahr noch nicht überschritten hat. (Bekanntlich war die „Begierdetaufe" gestattet und konnte in solcher Weise das Gemüt, welches christliche Regungen empfand, Befriedigung finden.)

Der Wunsch des Pronuntius wurde erfüllt und die Gesetzgebung, aufgebend den Josefinischen und Leopoldinischen Standpunkt, griff auf das Jahr 1765 zurück. Von nun an durften jüdische Kinder, sobald sie das 7. Jahr überschritten hatten, sich taufen lassen und die landesbehördliche Genehmigung, wenn sie noch nicht 14 Jahre alt waren, war nicht mehr nötig.

Nachdem unsere Leser die Begründung der Circularverordnung vom Jahre 1810 gelesen haben (S. 121 u. s. w.), so werden sie mit uns übereinstimmen, wenn wir ausspre· chen, dass genannte Verordnung durchaus nicht die Unterstützung der Erfüllung jenes Wunsches involvirt. Genannte Verordnung entsprang aus der Anschauung, dass Kinder über 7 Jahre nicht gezwungen werden sollen, dem sich taufenden Vater zu folgen. Man wollte die Kinder zwischen 7 und 18 Jahren vor väterlichen Vergewaltigungen schützen; aber durchaus nicht die bis dahin behördlich nötige Bewilligung für Kinder unter 14 Jahren aufheben; denn noch immer hielt man den Grundsatz fest, dass kein Judenkind getauft werden soll, ohne sicher zu sein, dass es die hinlängliche Kenntniss und entweder eine übernatürliche Begabung besitze oder einen aus Ueberzeugung entsprungenen Antrieb zur Taufe habe, wozu weder Furcht noch Anlockung, noch eine andere Leidenschaft Anlass gegeben.

Das abgeschlossene Concordat (5. Nov. 1855) hob das *placetum regium* auf und überliess der Kirche die unbeschränkteste Gewalt auf ihrem Gebiete. Nun wurden neuerlich Verhandlungen darüber gepflogen, ob der *usus* nach welchem Judentaufen den Behörden angezeigt werden sollen, fortzubestehen habe. Die Bischöfe und manche weltliche Behörden meinten, dass mit dem Abschlusse des Concordates jeder weltliche Einfluss in dieser Beziehung aufgehört habe und verwiesen auf die Artikel I, IV, X und XXXIV. Ein geistlicher Stimmführer äusserte sich: „Nicht an das 18. Lebensjahr des Betreffenden, nicht an das Einverständniss seiner Eltern, nicht an die Bewilligung irgend einer weltlichen Behörde ist die Lehre gebunden. Die aus ihr fliessende Pflicht ist absolut und stehet höher als alle irdische Rücksicht."

Mit Ausnahme des venetianischen Königreiches ist uns jedoch nicht bekannt worden, dass gewaltsame Taufen an jüdischen Kindern vorgenommen worden wären. Im genannten Königreiche — wo die Bischöfe sich beeilten von der Macht, die ihnen das Concordat gewährte, Besitz zu ergreifen, — bekanntlich wurde da auch die geistliche Censur gegen Zeitschriften geübt — betrachtete man das Regolamento von 1803 (S. oben S. 117) aufgehoben und es kamen öfters Fälle von Judentaufen vor, gegen welche sich der Rabbiner in Venedig, Herr Abr. Lattes, wiederholentlich beschwerte.

Eine Judentaufe, ausserhalb Oesterreichs verübt, machte diese Frage neuerdings zu einer brennenden. Wir meinen den Mortarafall.

Der Fall ist den Lesern wol bekannt und wir sind der Erzählung desselben enthoben. Erinnern wollen wir blos daran, dass in Folge dieser That der israelitische Gemeindevorstand zu Alessandria einen Aufruf an alle Glaubensgenossen ergehen liess, alle gestatteten Mittel zur Abhilfe um solchen Vergewaltigungen vorzubeugen, anzuwenden. Der *Board of Deputies* in London hielt Meetings und that Schritte um den jungen Mortara in die Arme seiner Aeltern wieder zurückzuführen und ähnliche fernere Ungerechtigkeiten unmöglich zu machen. Der stets rührige und rüstige Rabbiner Dr. L. Philippson forderte die Rabbiner auf, eine Adresse an den Papst zu richten. Dr. Philippson petirte überdies insbesondere bei dem Kaiser der Franzosen. Auch das israelitische Consistorium in Frankreich wendete sich in dieser Angelegenheit an Napoleon III., da diese That gleichsam unter dem Schatten der französischen Fahnen geschehen war.

In den jüdischen Kreisen Oesterreichs brachte die Kunde von dem, was sich in Bologna ereignet hatte, grossen Schrecken und tiefe Bestürzung hervor. Jeder jüdische Vater, jede jüdische Mutter fragten sich, wie, wenn heute oder morgen eine christliche Amme etc. dein Kind aus überspanntem Religionseifer tauft, oder aus Bosheit sagt, sie habe es getauft. Was dann? — Die jüdischen Gemüter waren aufs tiefste bewegt und beunruhigt und wir können hinzufügen, dass auch der grösste Theil der christlichen Mitbürger von der Bewegung ergriffen war; aber niemand wagte es, öffentlich dagegen aufzutreten. Die Presse war mundtodt*) und die Polizeiherrschaft schreckte jeden ab, der irgend einen öffentlichen Schritt unternehmen wollte. Die dunklen Schatten des Concordates trübten überdiess jeden Hoffnungsstrahl.

Sonderbar genug gab es damals einen Mann, welcher die Heissspornnatur der Juden und insbesondere die der Rabbiner fürchtete; ein Mann, welcher vorgeblich eifrig die Interessen der sogenannten orthodoxen Juden vertrat, wollte diesen übersprudelnden (?) Naturen einen Dämpfer aufsetzen. Ein Rundschreiben an die Rabbiner sollte dieselben von jeder öffentlichen Demonstration abhalten. Dasselbe lautet:

„Ew. Ehrwürden:

Aus der officiellen Note der päpstl. Regierung über die traurige Mortarasche Angelegenheit in Bologna, welche in dem Abendblatte der Wiener Ztg. vom 6. d. M. veröffentlicht wurde, werden Ew. Ehrw. entnommen haben, dass sich nicht ein einziger orthodoxer Rabbiner in ganz Europa, den jüdischen Neologen in dieser Frage angeschlossen hat. Diejenigen d e u t s c h e n und p r e u s s i s c h e n Rabbiner, deren die päpstl. Regierung Erwähnung thut und die im ganzen 34 Namen zählen, gehören fast sämmtlich der berüchtigten Braunschweiger Rabbinerversammlung an, welche im J. 1845 ihre Thätigkeit damit begonnen hat, die Beschneidung unter den Juden gänzlich abzuschaffen.

Durch die vernünftige und lobenswerte Haltung der österr. Rabbiner haben sich alle ihre Collegen und Gesinnungsgenossen in Deutschland und Holland und in allen andern kleinen europ. Staaten von der ganzen Sache ferne gehalten und selbst der k. engl. Landesrabbiner und der Grossrabbiner von Frankreich und Colmar, welche

---

dem heftigsten Druck der demagogischen Presse widerstehen mussten, haben bisher jede Aufforderung zu einem
offenen Hervortreten in dieser Angelegenheit, deshalb mit
aller Entschiedenheit abgelehnt, weil es mir möglich geworden ist, ihnen die beruhigende Versicherung zu geben,
dass die österr. Rabbiner — bekannt als die frömmsten
und hervorragendsten Schriftgelehrten — nicht das geringste in dieser Sache veranlassen werden, was der kais.
Regierung im entferntesten missfallen könnte.

Wenn sich aber in mehreren Judengemeinden (wie
mir bereits mündlich und schriftlich berichtet wurde)
Stimmen vernehmen lassen, dass ich mich über diese hoch-
wichtige Frage so gleichgiltig hinwegsetze, und dass ich
die altgläubigen Rabbiner in diesem Sinne zu stimmen
suche, weil ich, von der österr. Regierung hierzu veranlasst war, so ist dies ein altes verwerfliches Auskunfts-
mittel, welches die jüdischen Reformer in der Philipson'schen
Zeitung seit 20 Jahren fortwährend wiederholen, um mich
herabzuwürdigen und meine religiösen Bestrebungen zu
verdächtigen und zu erschweren.

Als die Taufe des 12jährigen jüd. Knaben am letzten Ostersonntage in Wien stattgefunden hat, fand ich Gelegenheit über solche traurige Ereignisse meinen tiefen
Schmerz auszusprechen und ich hatte es zu der Zeit nicht
unterlassen den österr. Rabbinern die Mittel und Wege
zu bezeichnen und ihnen die nöthige Wachsamkeit zu empfehlen, um solchen Fällen möglichst vorzubeugen. — Ich
habe auch damals nicht versäumt, um diejenigen Schritte
zu thun, welche in meiner Stellung möglich und gestattet
sind und ich habe gegründete Ursache zu glauben, dass
der Sache die nötige Aufmerksamkeit geschenkt wurde
und wenn hiedurch irgend ein günstiges Resultat für die
Zukunft zu erwarten stünde, so wäre es einzig und allein
dem Umstande zu verdanken, dass man das „einmal Geschehene" bis zur Stunde der Oeffentlichkeit gänzlich entzogen hat, wodurch die Regierungen in solchen Fällen etwas

veranlassen und verfügen können, ohne die Autorität der Kirche irgendwie anzutasten.

Hätten es die jüdischen Reformer mit der Sache der Mortara'schen Familie ehrlich gemeint und hätten sie sich an die päpstliche Regierung in einer Weise gewendet, wie ichs unseren Glaubensangehörigen im Kirchenstaate, gleich in der ersten Zeit durch die Herren Luzzato und Ettlinger empfohlen, wozu auch damals die jüdische Sinode in Jerusalem mit Nachdruck geraten hatte, so wäre es der päbstlichen Regierung vielleicht möglich gewesen, diese Angelegenheit mindestens theilweise zu Gunsten der unglücklichen Eltern zu ordnen, ohne sich und die Kirche angesichts ganz Europas blosstellen zu müssen. Allein eine günstige Entscheidung lag eben nicht in der Absicht der jüdischen Neologen, sie wollten Scandal und Aufsehen erregen, sie wussten, dass sie durch ihr Geschrei in der Presse alle Ungläubigen, somit alle revolutionären Elemente, wenn auch aus ganz anderen Gründen, zu ihrer Unterstützung bereit finden werden und dadurch glaubten sie die Masse der jüdischen Bevölkerung allerwärts für sich zu gewinnen, indem sie scheinbar für ihre heiligsten Lebensinteressen in die Schranken getreten sind.

Nach dieser der Wahrheit getreu dargestellten Sachlage sind es nicht nur die religiösen Grundsätze der orthodoxen Rabbiner, sondern es sind vielmehr die bewährten regierungstreuen Gesinnungen derselben, welche es unter allen Wechselfällen und unter den gegebenen Verhältnissen, mehr denn je dringend erheischen, jedes gemeinsame Vorgehen mit den Reformern entschieden zurückzuweisen, indem die geringste Kundgebung der orthodoxen Juden sich mit den Neologen bei irgend einer Gelegenheit zu vereinigen, die gute Meinung der europäischen Regierungen über die politischen Gesinnungen ihrer altgläubigen israelitischen Staatsangehörigen, die sich in dem letzten Decenium so ziemlich befestigt hat, wesentlich alteriren würde.

Unter solchen Verhältnissen hätte ich weiter keine
Veranlassung gehabt, über das fernere Benehmen der
österreichischen Rabbiner in der Mortara'schen Angelegenheit den geringsten Zweifel zu hegen, oder ihnen sonst
irgend eine Vorsicht zu empfehlen, für nötig gefunden.
Allein seit meinem letzten Rundschreiben hat in London
unter dem Vorsitze des um seine Nation so hoch verdienten Sir Mos. Montefiore ein Meeting stattgefunden, in welchem beschlossen wurde, alle Glaubensangehörigen in
Europa aufzufordern und sie auf eine nachdrückliche
Weise zu vermögen, bei ihren Regierungen zu Gunsten
der Mortara'schen Angelegenheit die nötigen Schritte zu
thun, bei welcher Gelegenheit auf die Mitwirkung der
Rabbiner in Oesterreich und ihrer Gemeindeangehörigen
aus besonderen Gründen ein starkes Gewicht gelegt wurde.

Ich habe mich diessfalls zwar mit Sir Moses und
dem englischen Landesrabbiner ins Einvernehmen gesetzt
und habe ihnen die Folgen dieses Schrittes gebührend ans
Herz gelegt, aber es ist dennoch möglich und ich halte
es sogar für wahrscheinlich, dass eine schriftliche Aufforderung mit dem Namen des Herrn Montefiore versehen
an die österreichischen Rabbiner gelangen dürfte. In dieser Voraussetzung glaubte ich nicht unterlassen zu dürfen
Ew. Ehrwürden die wahre Sachlage und namentlich die
Veranlassung, welche Sir Moses zu solch einem Schritte
bestimmen konnte, bekannt zu geben:

Seit ungefähr 20 Jahren besteht auch unter den
Londoner Juden eine Reformpartei, welche unter der Protection des Sir Is. Leon Goldsmith die äussersten An-
strengungen macht, um an Ausdehnung und Bedeutung
zu gewinnen, da es derselben wohl bekannt ist, dass Sir
Moses bei seinen Glaubensangehörigen in grossem Ansehen steht und derselbe durch die heftigsten Artikel in
den Londoner Wochenblättern so hart gedrängt wurde, so
dass der ehrwürdige 78jährige Greis den Angriffen der

Presse (und man muss nur wissen, was die Presse in England bedeutet) nicht mehr widerstehen konnte.

Nun aber kenne ich den Character und die Gesinnungen des Herrn Montefiore sehr genau, ich bin mit ihm seit Jahren persönlich befreundet und wie Ew. Ehrwürden wissen, war derselbe erst den verwichenen Sommer nach Wien gereist, um mit mir im besonderen Interesse unserer Glaubensangehörigen in Palästina zu sprechen; bei welcher Gelegenheit ich denselben mehreren Räthen der Krone vorzustellen die Ehre hatte. Somit hatte ich Veranlassung genug, mich von den wahrhaft frommen und hochherzigen Gesinnungen des Sir Moses zu überzeugen und er selbst beklagte sich in meinem Hause, dass er von den Reformern in London als Fanatiker verschrien werde. Diess ist nun die einzige und ausschliessliche Ursache, dass Sir Moses diessmal nicht selbstständig und gewiss nicht nach seiner innigsten Ueberzeugung handeln konnte und ich glaube nicht nur der Wahrheit sehr nahe zu sein, sondern ich möchte, ohne etwas zu wagen, mit Gewissheit behaupten, dass das dem Herrn v. Montefiore sehr angenehm sein dürfte, wenn die schriftliche Aufforderung, welche mit seinem Namen versehen, in der Mortaraschen Angelegenheit circulirt, bei allen seinen Glaubensangehörigen ganz erfolglos verharren würde. In diesem Sinne wären nun alle schriftlichen Aufforderungen, welche in der Zukunft über die Mortara'sche Angelegenheit offen oder geheim circuliren sollten, aufzufassen und zu beurtheilen und in diesem Sinne werden Ew. Ehrw. gewiss auch mit demselben frommen Eifer wie bisher, diejenigen Rabbiner und verlässlichen (?) Laien, welche Ihrem Bezirke angehören, von den bestehenden Aufforderungen aus London unterrichten und vorbereiten.

Wenn ich zum Schlusse die Bitte wiederhole, gegen die zweifelhaften Rabbiner dasselbe Verfahren wie das letzte Mal gütigst beobachten zu wollen, so geschieht dies, weil ich mir den Einfluss des Sir Moses und die Bedeutung seines Namens unter unseren Glaubensangehörigen nicht verhehlen kann, wesshalb die gänzliche Hinwegsetzung über seine schriftliche Aufforderung bei Manchen Anstoss finden dürfte.

In der angenehmen Erwartung, dass mir Ew. Ehrwürden die Gesinnungen und die Absichten der Gegner in der Mortara'schen Angelegenheit freundlichst bekannt geben möchten, verharre ich u. s. w.

Wien, im November 1858."

Wer dieses Rundschreiben liest, wird sich verwundert fragen, kennt der Verfasser desselben, er sei Jude, Christ, Mohamedaner oder Heide, rechtgläubig oder ketzerisch in einer dieser Religionen, die Gefühle, die Eltern und Kinder empfinden, wenn sie gewaltsamer Weise von einander getrennt werden? Wir fragen, gibt es einen Menschen, der menschliches Gefühl im Herzen hegt, welcher nicht alle möglichen gesetzlichen Mittel in Anwendung bringen würde, um ein, wider seinen eigenen und der Eltern Willen entführtes, vorenthaltenes, zurückbehaltenes, geraubtes Kind — man gebrauche welchen Ausdruck immer — wieder in den Kreis seiner Familie zurückzuführen. Doch hinweg davon. Wir glauben, und hoffentlich stimmen alle Menschenfreunde mit uns überein, dass jene 34 „deutsche und preussische" Rabbiner, wie sich der Briefschreiber ausdrückt, und insbesondere Herr Dr. Philippson, der den Gegenstand anregte, mögen sie auf religiösem Gebiete welche Anschauung immer haben, sich ein Verdienst um die jüdische Religion und um die Sache der Menschlichkeit erworben haben. Nebenher sei es bemerkt, dass die „berüchtigte" (??) Braunschweiger Rabbinerversammlung im Jahre 1844 stattfand, und dass dieselbe, wie die gedruckten Protocolle beweisen, über die Beschneidungsfrage gar nicht verhandelte. Zugleich mag auch bemerkt sein, dass nur ein sehr geringer Theil der Rabbiner, welche bei der Braunschweiger Versammlung anwesend waren, jene Vorstellung an den Papst und an den Staatssecretair Antonelli unterschrieb; der grösste Theil derselben war bei jener Versammlung nicht anwesend. — Die Rolle, die der Briefschreiber, der, — wir wissen nicht, wer ihn dazu berechtigte — wiederholentlich derartige Epistel an die ungarischen Rabbiner richtete, wie aus dem Schreiben hervorgeht, den Sir Moses Montefiore bei dieser Gelegenheit spielen lässt, etc. wollen wir dahingestellt sein lassen.

Es mag übrigens bemerkt werden, dass dieses Schreiben den Beweis dafür liefert, wie gerne manche Personen das Concordat auch auf jüdischen Boden verpflanzt hätten, wenn nur eine Möglichkeit dazu vorhanden gewesen wäre *). Auf eine nähere Analyse dieses Briefes und der darin enthaltenen Denunciationen verzichten wir. Die Bemerkungen ergeben sich von selbst und wir glauben annehmen zu dürfen, dass der Mann und die Zeit bereits der Vergangenheit angehören und für die Jetztzeit weiter keine Bedeutung haben. Hoffentlich ist ein derartiges Regime auch für alle Zeit überwunden.

Mit dem Erscheinen des Diploms vom 20. October 1860, wirksam für alle Theile der Monarchie, trat diese

---

*) Eigenthümlich genug ist es, dass der Briefschreiber sich blos an die Rabbiner in Ungarn und zwar an die Schaar seiner Auserwählten daselbst wendet. Die Rabbiner der andern Kronländer hatten zu viel Selbstgefühl, um sich von einem Manne ins Schlepptau nehmen zu lassen, dem jede Berechtigung ein Parteiführer zu sein, abgeht, und welcher nicht davor zurückschrack, den Behörden gegenüber seine Glaubensbrüder, die nicht seine Ansichten theilten, und seine Suprematie nicht anerkennen wollten, auch politisch zu verdächtigen und sie als schlechte Patrioten zu bezeichnen, als ob das am Sabbat geöffnete Comptoir eines Juden etc. — wozu sich auch manche orthodoxe und segar solche, die sich als Führer derselben gebärden und den Titel „Herzog von Jerusalem" prætendiren, verleiten lassen — illoyale Gefühle hervorbringen möchte. Eine Petition dieser Rabbiner — mitgetheilt in der allgem. Ztg. des Judenthums 1863 Nr. 11 — wirft ein eigenthümliches Licht auf die Petenten.

Frage in eine neue Phase. Am Concordate wurde wol nicht gerüttelt, allein an die Stelle der religiösen Toleranz trat die freie Ausübung des Cultus. Wenn daher schon vor dem Erscheinen des Diploms von manchen Behörden die Ansicht vertreten wurde, dass man den Bischöfen in derlei Uebertrittsfällen nicht freie Hand lassen solle; da alle Religionsgenossenschaften, wenn im Uebrigen noch so weit auseinandergehend, in dem Einen sich begegnen, dass sie denjenigen, der von seiner Geburtsreligion zu einer anderen übertritt, tadeln und dass hierauf das Widerstreben der Eltern gegen den religiösen Abfall der Kinder beruhe, welches vielleicht bei keinen Glaubensgenossen erfahrungsmässig so gross sei, wie bei den Juden; so stimmten sie nach dem Erscheinen des Diplomes um so mehr für die alten Normen. Durch eine Umänderung der zum Schutze des freien Entschlusses der Neophiten bestehenden alten Normen, meinten sie, errege man den Verdacht der jüdischen Eltern, man wolle jetzt nach der proclamirten freien Cultusausübung eine Beschränkung der bisherigen Schutzmassregeln eintreten lassen. Die berührten Vorschriften von den Jahren 1803 und 1817, deren Aufrechthaltung in Anspruch genommen ward, seien im Interesse der wichtigsten Familienangelegenheiten und des eigenen Seelenfriedens derjenigen, die vom Juden- zum Christenthume übertreten, erflossen. Durch dieselben soll verhütet werden, dass übereilte Uebertritte stattfinden und dass namentlich nicht unmündige Israeliten, d. i. solche, die in einem Alter stehen, in welchem sie zur Selbsterkenntniss und Selbstbestimmung noch nicht befähigt erscheinen, gegen den Willen ihrer Eltern oder deren Stellvertreter zum Uebertritte überredet werden und dadurch Zerwürfnisse im Familienleben, unfruchtbare Reue der zum Uebertritte Verleiteten etc. entstehen. Man sollte wol voraussetzen zu dürfen glauben, dass der katholischen Kirche selbst nur darum zu thun sei, neue Mitglieder, die es aus innerer Ueberzeugung werden, zu gewinnen; aber die Erfahrung lehrt, dass nicht selten Einzelne sich aus übertriebenem Eifer zu Schritten hinreissen lassen, die wol erwogen der katholischen Kirche selbst nur zum Nachtheile gereichen können.

Das Concordat, welches die Stellung der katholischen Kirche zum Staate regelt, kann wol die Gesetzgebung des letzteren zum Schutze der anderen gesetzlich anerkannten Confessionen nicht beirren.

Die oben besprochenen Vorschriften berühren in keiner Weise die Rechte der katholischen Kirche über die zu ihr gehörigen Glieder geistlichen oder weltlichen Standes, sondern israelitische Confessionsangehörige, die erst zur katholischen Kirche übertreten wollen und daher ihrer kirchlichen Jurisdiction noch nicht unterstehen.

Wir glauben, dass auch nur ein geringer Grad von Unparteilichkeit dieser Anschauung beitreten müsste. Die katholische Kirche kann doch nicht im 19. Jahrhundert, wo der Staat, selbst in den Augen der vorgeschrittensten Kirchenfreunde auch ein beachtenswerter Factor ist, verlangen, dass ihr die Herrschaft über die Akatholiken eingeräumt werde. Doch die Angelegenheit blieb in der Schwebe. Es wurden die alten Gesetze über Judentaufen nicht neuerdings den kirchlichen Vorstehern als Norm angegeben, noch wurden die Anschauungen dieser als giltig anerkannt. Die Februarverfassung erschien und man weiss es, dass der Schöpfer derselben die Gleichberechtigung der Confessionen in sein Programm aufgenommen hat und in welcher Weise er diese auszuführen gedenkt, haben wir oben S. 160 angegeben, aber die Februarverfassung wollte mit den Octroyirungen abschliessen und überliess die weitere Ausführung den gesetzgebenden Körpern. Es wird nun diese Frage an die gesetzgebenden Körper herantreten.

Bereits in der ersten Session hat der Reichsrat einen Ausschuss niedergesetzt, welcher ein Religionsgesetz ausarbeiten sollte. Es ist bekannt, dass der Reichsrat nicht auf die Beratung des Entwurfes einging und sind auch die Gründe, warum er die Beratung ablehnte, bekannt. Er wird jedoch nicht umhin können, in der zweiten Session auf diese Frage einzugehen und auch die Zwangstaufe, geübt an israelitischen Kindern, wird an die Reihe kommen.

Versuchen wir nun am Schlusse dieses historischen Berichts diese Frage nochmals zu beleuchten.

Betrachten wir diese Frage vom politischen Standpunkte, so waltet kein Zweifel ob, dass der Staat sich nur um die Bürger, die zu ihm gehören, ohne Rücksicht auf ihr Glaubensbekenntniss, zu kümmern hat. Die Politik kann das religiöse Moment benutzen und es ausbeuten. Es gibt jedoch keine religiöse und noch weniger eine orthodoxe, katholische oder protestantische Politik. Die Diplomatie erkennt jetzt den Grundsatz an, dass sich die Politik blos nach dem Interesse zu richten habe. Der „christliche Staat“ ist eine Erfindung sofistischer Politiker und es zeigt, wie weit die Begriffe sich verirren können, wenn selbst Männer, welchen die Geschichte kein ·fremdes Gebiet ist, sich in den „christlichen Staat“ hineinreden konnten. Wir erinnern daran, dass bis zu den Zeiten Papst Innocenz III. die Juden in Rom am freiesten gelebt haben, während ihre Brüder anderswo hart unterdrückt und verfolgt wurden und christliche Könige und Fürsten ein gottseliges Werk zu üben glaubten, wenn sie die Juden peinigten und marterten etc. und selbst Innocenz III., welcher die Verfolgungen gegen die Juden begann und der dahin strebte, sie zu entwürdigen *) sagt von ihnen: „Der Christ darf sie nicht vertilgen, damit er die Erkenntniss des Gesetzes nicht vergesse. Sie haben Ansprüche auf unseren Schutz. Kein Christ soll einen Juden zur Taufe zwingen, denn der Gezwungene hat keinen Glauben. Kein Christ soll ohne Rechtsurtheil ihre

---

*) S. Grätz, Geschichte der Juden VII a. m. O.

Personen antasten, ihre Habe wegnehmen, oder an Orten wo sie gesessen sind, ihre herkömmlichen Uebungen ändern " *).

Und auch nach Innocenz III. haben die Päpste bis auf den heutigen Tag die Juden geduldet. Der Reichshistoriograph Hurter, dessen Katholicität gewiss niemand in Zweifel ziehen wird, stellt die Behauptung auf und führt Beweise dafür an, dass die Päpste sich den Juden gegenüber humaner benommen haben als die Könige. (S. Hurter: Innocenz III. Band I S. 336 u. s. w.) Hätte der „christliche Staat" wirklich eine Berechtigung, so wäre es zunächst die Aufgabe der Päbste gewesen, den römischen Staat zu einem rein christlichen zu machen. Wir glauben daher, dass die Bezeichnung „christlicher Staat" eben nichts als eitle Täuschung ist. Wie es so oft geschieht, dass die Religion als Deckmantel für Sünden und Verbrechen dienen muss, so hat man auch in dem gegebenen Falle die Religion als Mittel gebraucht, um dadurch den beschränkten politischen Horizont, zu welchem man sich bekannte, zu beschönigen und für die Engherzigkeit eine plausible Entschuldigung zu haben; denn im Grunde wird dieses Steckenpferd geritten, weil man die Concurrenz in dem „Kramladen", auf dem Katheder, in dem Bureau etc. fürchtet.

Betrachten wir die Frage vom religiösen Standpunkte, so dürfte das Resultat der Untersuchung ebenfalls kein günstiges für diejenigen sein, welche vorgeblich blos im Namen der Religion sprechen. Es ist bekannt, dass jede Kirche das Recht in Anspruch nimmt über das Seelenheil derjenigen, die sich zu ihr bekennen zu verfügen. Sie erkennt niemanden das Recht zu, sich freiwillig von ihr loszusagen, behält sich jedoch das Recht vor, gewisse Mitglieder auszuschliessen, zu excommuniciren. Der Jude betrachtet die Taufe überhaupt nicht als

---

*) Epist. II, 302.

einen heiligen Act, sondern für eine blosse Ceremonie,
die weiter keine Bedeutung hat und er hält desshalb einen
Juden der die Taufe empfangen hat, keineswegs für einen
Christen. Wir erinnern daran, dass die Marannen unbedingt
für Juden gehalten wurden. Ja noch mehr, ein Kind von
jüdischen Eltern geboren, wird als ein jüdisches Kind
betrachtet und zwar selbst wenn es ein Knabe ist und
nicht beschnitten wurde. Auch Erwachsene, wenn sie das
Judenthum verleugnen und sich einer andern Religion zu-
wenden, werden nicht als Abgefallene betrachtet, denn
„wenn er auch gesündigt hat, so bleibt er doch Israelit"
heisst es im Talmud Tract. Synhedrin 44. (S. auch Ake-
dath Jizchak von Isak Arama, im Namen von Don Isak
Abravanels zu der Perikope Teze). — Das Christenthum
seinerseits betrachtet jeden, der die Taufe empfangen hat,
für einen Christen, wenn er auch keines der christlichen
Gebote hält und so lange er nicht von der Kirche ex-
communicirt ist, wird er in jeder religiösen Beziehung
von der Kirche als Christ betrachtet. Das Judenthum
unterscheidet sich jedoch darin vom Christenthum, dass
es demjenigen, welcher nicht volljährig zu demselben sich
bekannte, den Rücktritt gestattet. Es heisst nämlich im
Tractate Kethuboth S. 116 und Jore Dea § 268 alinea 7: „Ein
minderjähriger Nichtjude kann, wenn der Vater es wünscht,
in das Judenthum aufgenommen werden, hat derselbe jedoch keinen Vater, so kann er selbst die Aufnahme in
das Christenthum verlangen oder die Mutter kann die
Aufnahme bewerkstelligen. Mag jedoch ein Minderjähriger
aus eigenem freien Willen oder vom Vater oder von der
Mutter dazu veranlasst, das Judenthum angenommen haben;
so kann er, wenn er grossjährig wird, aus dem Judenthume
scheiden und er wird nicht als ein vom Judenthume Ab-
gefallener betrachtet" — und Mardochai ben Hillel Asch-
kenasi, welcher als Märtirer zur Zeit der Judenverfolgun-
gen unter Anführung von Rindfleisch in Nürnberg starb,
sagt in seinem Werke „Mardochai" : „Wenn eine jüdische

Religionsbehörde einen unmündigen Nichtjuden ohne oder wider seinen Willen zum Juden macht, so ist derselbe deswegen noch nicht Jude." *).

Das Christenthum hingegen hat der Taufe einen sacramentalen Character beigelegt und selbst ein neugebornes Kind, welches wider den Willen der jüdischen Eltern getauft wird und herangewachsen sich der Ansicht der Eltern anschliesst, wird von der Kirche nichtsdestoweniger als Christ betrachtet.

Wir haben jedoch nachzuweisen Gelegenheit gehabt, dass drei österreichische Kaiser in gegebenen Fällen den sacramentalen Character **) der Taufe nicht anerkannten. Carl VI. (S. oben S. 25), Josef II. (S. oben S. 93) und Franz I. (S. oben S. 111) und in einem zweifelhaften Falle erkannte auch die Kaiserin Maria Theresia (S. oben S. 71) die Taufe nicht an. Wir brauchen nicht zu sagen, wie sehr sich jedes bessere Gemüt bei dem Gedanken eines Religionszwanges empört und wie sehr in unserer Zeit ein wahrer Schrecken vor diesem Zwange herrscht. Während wir dieses schreiben theilen die Journale ein Schreiben des Papstes Pius IX. an die Kaiser von Oesterreich und Frankreich mit, worin diese Potentaten angerufen werden die unglücklichen unter dem Druck der russischen Orthodoxie seufzenden polnischen Katholiken zu beschützen. Der Papst „fordert

---

*) אם נייר הבית דין קטן מעצמן לא הוי גר .

**) Manche dürften vielleicht die Berufung auf Josef II. nicht als vollständigen Beweis gelten lassen wollen, da Josef II., ihrer Meinung nach — kein frommer Christ war. Es ist hier nicht der Ort den Beweis für den frommen Sinn dieses Kaisers zu führen. Bemerken wollen wir jedoch, Josef II. war human, tolerant; — und Wortführer der Religion der Liebe rechnen es dem Kaiser als Verbrechen an, dass er menschlich fühlte. Welche Verkehrtheit! — kann man dem Christenthume und speciell dem Katholicismus einen härteren Vorwurf machen, als dass er sich nicht mit Humanität vertrage. Und das thun eifrige Katholiken. — Es mag übrigens bei der Gelegenheit bemerkt werden, dass Heinrich IV. den Juden, welche man zur Taufe gezwungen hatte, die Erlaubniss gab, zu ihrem alten Glauben zurückzukehren (S. Ersch und Grubers Encyclopädie, Art. Judenemancipation).

Elf Millionen Katholiken zurück, die gewaltsam zum
Schisma bekehrt wurden und die nur von Russlands Eisenhand verhindert werden, in den Schoss der Kirche
Roms zurückzukehren." Man macht zwar von clericaler
Seite gar oft dem Volke den Vorwurf, dass es ungläubig
sei. Wir glauben jedoch, dass Gläubige und Ungläubige,
so sie nur ein Gefühl für Freiheit und Menschenwürde
haben, mit dem Papste übereinstimmen werden und die
enragirtesten Feinde der Kirche, so sie nicht Feinde der
freien Ueberzeugung sind, werden die Worte des Papstes
angemessen finden *).

Wir erlauben uns jedoch zu bemerken, von dem
Grundsatze ausgehend: was dem Einen recht ist, muss
dem Andern billig sein; wie kommt es, dass man im Va-
tican nicht die unter dem Drucke der römischen Hierar-
chie seufzenden Juden beachtet? dass die Juden in
Rom noch in so erniedrigender Weise behandelt werden
und gezwungen sind zusammengepresst in einem Stadt-
theile zu wohnen, der entschieden der Gesundheit nachträglich ist etc.? Die „Eisenhand" Roms lastet viel schwerer
auf den römischen Juden, als die Eisenhand Russlands
auf den polnischen Katholiken. Se. Heiligkeit fordern in
dem angeblichen Schreiben „die Elf Millionen Katholiken
zurück, die gewaltsam zum Schisma bekehrt wurden".
Wir sind nicht in der Lage die Zahl der Juden, die gewaltsam zum Katholicismus bekehrt wurden, zu fixiren;
wir können auch dieselben nicht zurückfordern —
wir fordern nicht, aber wir bitten, wir bitten demüthig —
den jungen Mortara wieder seinen Eltern zu übergeben.

Wir bekennen überhaupt, dass wir es nicht begreifen,
wie man mit verschiedenem Masse messen kann und doch
den Schein der Gerechtigkeit wahren will. Judenfeinde

---

*) Allerdings wird die Nachricht nachträglich dementirt und
das angebliche Schreiben soll eine blosse Zeitungsente gewesen sein. Wenn
jedoch ein derartiges Schreiben nicht abgegangen ist, so soll der Papst
in ähnlicher Weise mündlich seine Meinung geäussert haben.

werden nicht müde, Stellen aus dem Talmud, aus den Midraschim und der späteren jüdischen Literatur anzuführen, welche beweisen sollen, dass der Talmud und das Judenthum verwerflich sind. Wir fragen jedoch, was würde man vom Judenthume und über dasselbe sagen, wenn es einen Lehrsatz enthielte, dass man berechtigt sei, Kinder ihren Eltern zu entreissen? — „Was wider die Natur ist, ist wider Gott und seinen Willen" und gibt es etwas widernatürlicheres, als Kinder gewaltsam von ihren Eltern zu trennen und das Band, das Gott geknüpft, zu lösen und aus einander zu reissen?

Wir gehen noch weiter, man bezeichnet das Judenthum als starr, als eine gefrorne Formel. Nun denn, man schlage die Bibel, den Talmud, die jüdischen Gesetzescodices auf, und man wird sich überzeugen dass der grösste Theil der Gesetze, die daselbst vorkommen, seitdem Israel zerstreut auf Erden lebt, seine Wirksamkeit verloren hat. Juden und Judenthum haben sich der Zeit und den Verhältnissen accomodirt. Schon Samuel, einer der hervorragendsten Lehrer des Talmuds (geboren um 180) erklärte auf das Entschiedenste: „Das Recht der Regierung ist Recht" (Baba Batra 55a) und stellte somit fest, dass in Streitfragen über Mein und Dein, ohne Rücksicht auf jüdisches Gesetz, nach dem Landrecht zu entscheiden sei. Und was hat das Judenthum ausserdem seit jener Zeit aufgegeben?

Nach der Lehre des Katholicismus hat der Papst die Macht zu lösen und zu binden. Er besitzt die Schlüsselgewalt, nach dem Worte des Evangeliums Matthäi 16; 18 und 19: „Und ich sage dir auch: Du bist Petrus und auf diesen Felsen will ich bauen meine Gemeine und die Pforten der Hölle sollen sie nicht überwältigen. Und ich will dir des Himmelreiches Schlüssel geben. Alles was du auf Erden binden wirst, soll auch im Himmel gebunden sein und alles was du auf Erden lösen wirst, soll auch im Himmel los sein". Der Katholicismus rühmt sich auch, dass ihn der Vorwurf der Erstarrung nicht

treffe, da das katholische Dogma eine fortdauernde Ein-
gebung des göttlichen Geistes annimmt. Bekanntlich
hat der jetzige Papst die Unbeflecktheit der Jungfrau
Maria zum Dogma erhoben. Sollte er nicht die Macht
haben, ein Gesetz, das wider die Natur streitet, aufzuheben? Soll die Religion, welche für sich ausschliesslich
die Liebe in Anspruch nimmt, immerfort in flagranter
Weise dieselbe verletzen und das poetischeste Bild des
Christenthums, welches die Kunst in mannigfachen Arten
verherrlicht hat, die Mutter mit ihrem Kinde, bei den
Juden in der Wirklichkeit nicht gelten lassen?

Vorausgesetzt jedoch, dass unsere Stimme im Vati-
can nicht gehört werde, sie wird, wie so manche stärkere
und mächtigere Stimme vor uns, trotzdem wir von der
Gerechtigkeit unserer Sache aufs innigste überzeugt
sind, verhallen und verklingen, ohne welchen Eindruck
zu machen; so ist es Sache der Regierung und der
gesetzgebenden Körper eine derartige Monstruosität nicht
länger fortbestehen zu lassen. Wir wollen hier nicht
auf die Frage des Concordates eingehen, ob dasselbe ein Staatsvertrag sei oder nicht, ob es dem
Reichsrate zustehe dasselbe zu verändern oder nicht. Erinnern wollen wir jedoch, dass nachdem das Morgenblatt
der k. k. Wiener Zeitung, den Text des Concordates gegeben hatte, brachte das Abendblatt derselben eine officiöse
Erörterung über die wichtige, wir könnten sagen, ver-
hängnissvolle Publication. In derselben heisst es: „Die
Gleichheit vor dem Gesetze, das über alle sich erstreckende
gleiche bürgerliche Recht, die Unparteilichkeit der in
entscheidenden Kreisen vorwaltenden Anschauungen, endlich die ungehemmte Feststellung ihres (der andern religiösen Genossenschaften) Organismus und der Schutz für
dessen Bestand, gibt ihnen genügende Garantien eines
ruhigen Fortbestandes in einer ungetrübten Entwicklung.‟

Wir wünschen nichts mehr als eben die Garantie
eines ruhigen Fortbestandes und eine ungetrübte Entwick

lung. Wir wollen nicht, dass jüdische Eltern so zu sagen von der Gnade ihrer christlichen Dienstboten abhängen, dass diese unversehens ihre Kinder taufen, die Kirche sie reclamire und der weltliche Arm ihr darin beistehe. Mit einem Worte, der weltliche Arm mische sich nicht in kirchliche Angelegenheit. Es zeigt überhaupt von einem geringen Grade des Vertrauens auf die wahrhaft gute Sache, wenn eine Kirche bei dem weltlichen Arm Unterstützung sucht. Eine Religion, welche einen sittlichen Wert hat — und wer wird diesen der christlichen Kirche abstreiten wollen — bedarf keiner Stütze von Aussen. Den schlagendsten Beweis dafür bietet das Judenthum. Von keiner weltlichen Macht getragen, von keiner beschützt, vielmehr hart bedrückt und verfolgt, hat es sich erhalten und wir können ohne Uebertreibung hinzufügen, in Ehren erhalten. Wir verweisen ferner auf diejenigen Staaten, in welchen in vollem Masse Religionsfreiheit vorhanden ist, und der weltliche Arm sich vom kirchlichen Gebiete ferne hält und man wird die Ueberzeugung gewinnen, dass der „Weinberg des Herrn" daselbst nicht nur eben so gut, sondern besser bestellt ist als anderswo, wo Gensdarmen ihn bewachen. Wir möchten ferner fragen, welche Segnungen hat das Concordat in Oesterreich der katholischen Kirche gebracht? Ist wirklich das katholische Leben in Oesterreich heute ein regeres und lebendigeres, ist das katholische Bewusstsein tiefer in das Herz des Volkes gedrungen? Wir glauben nicht, dass diejenigen, die mit den Verhältnissen vertraut sind, welche sich nicht von der Anzahl der Mitglieder gewisser frommer Vereine täuschen lassen, uns eine bejahende Antwort ertheilen werden. Und doch bestehet das Concordat bereits seit sieben Jahren. Man müsste also etwelche Erfolge desselben bereits verspüren.

Wenn wir also für Religionsfreiheit das Wort ergreifen, so geschieht dies nicht blos im Interesse der Akatholiken. Im Interesse des Katholicismus selbst befür-

worten wir sie. Wir haben die Ueberzeugung, dass der
Katholicismus desto mehr nach Innen erstarken würde,
je weniger er von dem weltlichen Arme Hilfe und Beistand
zu erwarten hätte.

Es dürfte, wie bereits angegeben wurde, die Frage
der gewaltsamen Judentaufen bei Gelegenheit des Reli-
gionsedictes oder des Gesetzes zur Regelung der inter-
confessionellen Angelegenheit an den Reichsrat in der bevorstehenden Session herantreten und haben wir die Ueberzeugung, dass er die ihm gewordene weltgeschichtliche Mission zur wahren Ehre Gottes, der der Vater aller Menschen ist, zum Ruhme unseres Vaterlandes, dessen Lebens-
bedingung die Versöhnung der Nationalitäten und Confessionen ist, zum glorreichen Denkmal des Reichsrates
und des Schöpfers desselben lösen wird.

Beilagen.

I.

(Zu Seite 4.)

Von der römisch-kaiserlichen Majestät den geheim-ben Reichshoff und nö Regimentsräthen Herrn Potter, Heinr. v. Strahlendorff, Freiherr Vicepräsident Herrn Joh. Baptista Verda Frh. v. Verdenberg, Hoffcanzler Herr Hanss Heinr. v. Salburg auch Freih. Herr Johan Wenzel und Herr Christ. Schafler der Rechten Dr. hiemit in gnaden anzuzeigen: Beiverwahrt haben Sie zu ersehen, was für Beschwerung wider die allhiesige Judenschaft bei Ihrer k. Majestät einkommen und es wollten dieselben Inen den Juden ein Synagog doch auf gewisse Mass und Weiss zu erpauen allergnädigst verwilligt haben gemeldete Juden solliches überschritten und fast ein Tempel zu erbauen sich vnderstanden, also dass Ihre Majestät solliches gebey einzustellen verursacht werde.

Als haben Ir. k. M. obwol ermelt, Herrn Räth zu Comissarien erkiest und fürgenommen gndst beueblend, dass Sie der Judenschaft Freyheitten abfordern, darin alles Vleiss ersehen und in Berathschlagung ziehen, wie sie zu bestrafen, was für Zeichen sie tragen auch wo und welcher Orten Sie von den Christen zu separiren und zu transferiren sein möchte hierüber wolmeinend gutachten Irer Maystät vnuerlegt eröffnen.

Wien 26. Juny 1623.   Per Imperat.

II.

(Zu Seite 5.)

Wir Ferdinand der Andre etc.

Bekennen öffentlich mit diesem Brieff vnd thun

khundt allermeniglich: dass Vns N. Vnsere befreyete
Juden allhie zu Wien demüettigest zu vernehmen gegeben, Obwol wir Innen am Dato den 25. Juni des verwichenen 1622. Jahres allergnädigst verwilligt und zugelassen, dass Sy in Vnserer Statt Wien allermassen sonsten
zu Prag und anderer Orthen, wo Juden wohnen gebräu-
chig ain S c h u e l oder Synagog zu haltung Irer jüdischen
Ceremonien aufrichten und anstellen mögen: So hetten
Sy doch solche Synagoge bissanhero nur in bürgerlichen
Häussern bestandweiss gehabt. Welche Heusser aber,
baldt durch Verkauf oder Alienirung von ainem zum andern gerathen, dardurch Si Juden mit dem Zinnss offt-
mals hochgesteigert auch bissweilen (Sintemalen die Ver-
kauff allen Bestand auffheben) gar ausgeschaft oder Inen
sonsten allerhand vngelegenheiten und Vnruhe, desswegen
Sy die Obrigkeit mehrmals mit Clagen vberlauffen und be-
helligen müssen zugefügt worden. Diesem Unwesen nun
hinfür zuvorkommen, auch damit Sy Juden hinfüro an einem
gewissen und verbleiblichen Orthe Ire Synagog stifften,
und die Jüdischen Ceremonien ohne Irrung und Hinterniss
exerciren und verrichten khünden, haben Sy Vnns de-
müthigsten Fleisses vnterthänigst gebethen, dass wir Inen
an ainem unter den Juden schlecht abgelegenen Orth in
der Statt, ain bürgerliches Hauss käufflich an sich zu
bringen und darinnen 2 oder 3 Gewölber, zu stifftung
bemelter Irer Synagog und Jüdischen Ceremonien zu-
samen zu brechen und zu erbauen gnädigst geruhen
wollten: da entgegen Sy Järlich zu vnnterhaltung aines
Magistri sanitatis 500 fl. geben. Vnd dann anstatt der
bürgerlichen Behausung ain Freyhauss, zu deren von
Wienn mehrere Nutzen zu erkauffen gehorsamst sich er-
botten. So wir dann ermelter Vnserer befreydten Juden
zu Wienn dehmütigstes bitten im Gnaden angesehen und
zu solches Hausskauff vnsere landtsfürstlichen Consens
gnädigst ertailt und gegeben, Sy die Juden auch darüber
wegen der Maxmilian Schwansserischen Behausung am

K h u e n m a r k t allhie neben den sieben büchern ligend mit denen von Wien Tractation und Handlung gepflogen, auch zugleich ein freyhaus von Uns. Nö. Camer-Rath und Getrewen Lieben Georgen Schröttel von Schröttenstein zum Hagerbrunn zur Auswechslung erstbesagten Schwanserischen burgerlichen Hauss auf gewisse mit dem Ersamen Geistlichen Vnsern lieben Andächtigen Augustin Abbten und Conuent zu Schotten alhier, alss des gemeldeten Schröttel'schen Hauss Grundobrigkait, geschlossene Conditionen erhandelt und wir nicht allein vnter heutigem Dato den 7. Oct. darein gnädigst consentirt und gewilligt, sondern auch alles und jedes was sowol mit ‧ denen von Wien alls ‧ auch dem Abbten und Conuent zum Schotten obberuerter zweier Heusser halber tractiert gehandelt und geschlossen worden approbirt, ratificirt und confirmirt. — Hierumben so haben wir mit wolbedachtem Mueth, guettem zeittigem Rath und rechtem Wissen mehrbesagte Schwanserische Behausung am Khunenmarkt aus der burgerlichen Jurisdiction genzlichen eximirt dauon entledigt bemüessigt und dises Inen Vnseren befreyten Juden mit allen Recht und Gerechtigkeit völlig ein und übergeben, darzue von aller Einquartierung so wol vnsers kayserlichen Hofgesindes, als alles Kriegsvolks, Stattguardiasoltaten und andere dgl. aufflagen befreyet. Inen auch diese Freyheit gnädigst erthailt und gegeben: Thuen das, geben und erthailen Inen dieselb aus Röm. kays. und landesfürstlichen Machtvollkommenheit hiemit wissentlich in Crafft dieses Brieffes, allso und dergestalt, dass ermelte Judenschafft besagtes Schwanserische Hauss nummehr beziehen dasselb in Irer gewaltsamb nehmen und one yedermenigliches Einstandt-Recht (davon wir solche Behausung gänzlich und allerdings befreyt haben wollen) besitzen innehaben nutzen niessen und gebrauchen. Auch darinnen Ir Synagoge und jüdische Exercitia mit deren Rabbinern, Vnterweisern, Vorsingern, Schuelklopfern, Schreibern, Fleischhackern und allen andern darzu notturfftigen Personen so wol von befreydten alls vnbefreydtten Juden ohne menigliches Irrung und verhinternuss wie zu Prag und an andern Ortten wo Juden wohnen stifften, erpauen und auffrichten mögen. Vnd Sy bey solchem Allen vestiglich geschützt und handgehabt auch darwider von Niemanden belässtigt, bekommert oder angefochten werden sollen in kein weiss. — Doch sollen Sy die versprochene 500 fl. zu vnterhaltung eines Magistri sanitatis bey allhiesiger Statt Wien hinfüro järlich und yedes Jahr besonders wann vnd wohin wir solche zu erlegen brauchen werden ordentlich raichen und geben, auch im mehrbesagtem Schwansserischen Hauss, ausser der verwilligten Synagoge ainich andre Hauptgebaw nicht führen und fürnehmen.

Vnd demnach Vns auch zu mehren Malen von denen von Wien für und angebracht worden, Was massen sich die Judenschafft mit allerley frembden und von andern Ortten allhero kommenden Juden vast von Tag zu Tag überheuffen und Inen, denen von Wien zu merklicher der Burgerschaft Nachtail und Schaden auch Causirung vieler anderer vngelegenheiten vnterschlaiff geben, welches Inen denen befreyten Juden selbsten zur Schmelerung Ihrer Narung geraichete: Demwegen so statuiren, setzen und ordnen wir, dass hinfüro und zu allen Zeiten keine frembde einschlaiffende Juden, Sy kommen gleich von wannen Sy wollen, allhie weiters nicht mehr geduldet, weniger denselben von vns ainiche freyhaitten, es besehehe dann mit Vnserer befreydten Juden vorwissen ertheilt und gegeben werden sollen. Da auch hierüber ain oder mehr frembde Juden, wer, oder welche die seyen, etwa freyhaiten aus übersehen oder durch Ir der Juden practiciren erlangen und ausbringen möchten, So sollen Inen doch solche kaineswegs füerträg — und nützlich sein, weniger sich derselben zu gebrauchen und zu geniessen haben Sondern gäntzlich cassirt, crafftlos und Sy die frembden einschlaiffenden Juden, darüber durch Vnsere befreydte

Judenschafft wirklich von den allhierigen Jüdischen Gemain bey dem höchsten Bann ausgeschafft und noch
darzu 1000 Ducaten in Gold zur Straffe in unsere k.
Cammer vnnachlässig zuerlegen verfallen sein. Und ge-
pieten darauf allen und jeden etc. Ernstlich und vestiglich
mit diesem Brieff und wöllen, dass Sy mehrgemelte Vnsere befreydte Judenschafft zu Wien bey obberiert Er-
kaufften und aus der bürgerlichen Jurisdiction exercirten
und befreydten Schwanserischen Behausung ruhiglich verbleiben, dieselbe mit allen dero Recht Ein und zugehö-
rung ohne menigliches Einstandt, Irrung und Verhinter-
niss bewohnen auch Ire Synagoge und jüdische Ceremonien darin erbawen, stifften und auffrichten, Wie nit weniger obgeschriebenen Vnserer wegen ausschaffung der
einschlaiffenden frembden Juden gegeben und ertailten
freyheit und gnad, vnperturbirter nuetzen niessen und gebrauchen lassen, darwider nicht thuen noch dass yeman-
dte andern zu thun gestatten in kain Weis noch weg,
alls lieb einem yeden sey Vnsere schwere Vngnade und
Straff und darzu ein Peen nemblich 50 Mark lettigs
Goldt zu vermeiden, die ain yeder so offt er freuöntlich
hiewider thäte in Vnsere kayserliche Camer zu bezalen
verfallen sein solle.

Mit Vrkundt etc. geben zu Wien 7. Oct. 1622.
Ferdinand.

Ad mand.
Tobias Hertinger.

Johan Baptista Verda.

III.

(Zu Seite 12 Anm.)

רמב׳ם ה׳ מלכים ה׳ י׳א (*

אף ישוע הנוצרי יש׳ו דמה שהוא משיח ונהרג בבית דין כבר
נבא דניאל שנא׳ ובני פריצי עמך ינשאו להעמיד חזון תכשלו. וכי יש מכשול

---

*) Das prachtvolle Manuscript des Jad Hach'sake, welches sich

גדול מזה שכל הגביאים נבאו מהמשיח גואל ישראל ומשיעם ומקבצם ומחזק
מצוותם חה הרשע אריור הגאגרם לאבד ישראל בחרב ולסור שאריתם ולהשמילם
ולהחליף התורה ולהטעות רוב העולם ולעבוד אלוה מבלעדי ד'. אבל מחשבות
בורא עולם אין כח באדם להשינם כי לא דרכינו דרכיו ולא מחשבותינו
מחשבותיו וכן הדברים האלו של ישוע הגצרי ושל זה הישמעאלי שעמד אחריו
שר׳ אינו אלא לישר דרך למלך המשיח ולתקן את העולם כולו לעבוד את
ד' ביחד שנאמר או אהסוך אל העמים שפה ברורה לקרוא כלם בשם ד' ולעבדו
שכם אחר. כיצד כבר נתמלא כל העולם כולו מדברי המשיח ומדברי
התורה ומדברי המצות ופשטו דברים אלו באיים רחוקים ובעמים רבים ערלי
לב והם   נושאים ונותנים בדברים אלו ובמצות התורה אלו אומרין מצות
אלו אמת היו וכבר בטלו ולא היו נוהגות לדורות ואלו אומרים דברים נסתרים
יש בהן ואינן כפשוטן וכבר בא מטיח תלה נסתריהם וכשיעמוד מלך המשיח
באמת, וירום וינשא מיד כולם מיד הם חוזרים ויודעים ששקר נחלו אבותיהם
ושנביאיהם ואבותיהם הטעום

IV.
(Zu Seite 15 Anm.)

Ferdinand!

Edle vnd liebe Getrewen, Vnns khumbt glaubwier-
dig für wie dass die Juden welche in vnnsern Niederösterreichischen Erblanden hanndeln vnd vnns Järlichen
fünf Pfundt gespunnen Gold zugeben schuldig sein, in
dreyen Jaren solche gebürniss nit erlegt haben, vnnss
aber bey Inen zu ersuchen bevorstee.

Darauf Empfelchen wir Euch vnd willen, dass Ir
fuerderliche Verordnung thuet damit solcher Ausstandt
von Inen den Juden vnuerzogenlichen eingebracht vnd
von denselben die geburnus aines Jares das ist fünf
Pfundt gespunnes goldtes vnsern Cammer Diener burg-
grauen alhier vnd getreuen lieben Leopolden Heyperger
vnd dann die geburnus von den anndern zwaien Jaren.
Desgleichen auch volgendts hinfüro Jarlichen vnd Jedes
Jars besonnders die bestimmte geburnus vnnsern geliebten

in der hiesigen Hofbibliothek befindet, ist bekanntlich ein Geschenk
des sel. Herrn J. L. Edl. v. Hofmansthal.

khuniglichen Tochtern zu Innsprugy zugestellt vnd vber-
antwortet werde. Als Ir zu thun wist. An dem beschicht
vnser genediger willen vnd mainung. Geben in vnnsrer
Stadt Wien den 7. July 1556 vnserer Reiche des Römisch.
im 26. und der andern im 30. Jare.
Ferdinand.

> Ad mand.
> Melchior v. Hoberth.
> Erasm. v. Bera.
> Jacob Zoller.

V.

(Zu Seite 15 Anm.)

Ferdinand von Gottes genaden erwölter Römischer
Kaysser zu allen Zeitten merer des Reichs etc.

Edlen vnnd lieben getreuen, Vnnss hat an Jntzo
vnnser Rat, Vitzdumben Osterreich, Vnnder der Ennss
vnd getreuer lieber Hanns Widenpennter gehorsamblich
bericht, wie noch vill Juden in diesem landt vorhannden
sein, Vnd nachdem Er verstannden wir das beruerte Juden noch lenger zuuerbleiben bey vnnss erlangt haben
sollen, hat Er dabey vnnderthänigist beschaid begert, Wie
Er sich gegen Inen mit anschlagung der Steuer vnd ein-
forderung des gespunnen Goldss, So Sy Zuuor Jarlichen
Raichen haben müssen verhalten solle. Dieweill wir
vnnss dann Inen In gemain ainiche bewilligung bey vnnss
geschechen sein, nicht erinndern khunen So ist der
wegen vnser genediger beuelch, Ir wollet euch zum für-
derlichsten erkhundigen, wie viel noch bemelter Juden Im
lanndt vorhanden vnd wo die allenthalben gesessen seien.
Vnd vnnss hinach desselben berichten. An dem beschicht
vnser gefelliger willen vnnd maynung. Geben in vnser
Stat Wien den 15. Tag aprilis ao dmni 60.

Ferdinand.

An etc. verordneten Camerräthen der Nö Landen.

VI.

(Zu Seite 15 Anm.)

Ferdinand von Gottes Gnaden erwelter Römischer Kaiser zu allen Zeitten Meerer des Reichs etc.

Getrewer lieber. Wir beuelhen dir hiermit vnd wollen, das du alles gespunnen Goldt so die handticrunden Juden Järlich in dein Ambtsverwaltung zu geben schuldig sein, Was vnd so uill dessen Jezo vorhanden ist vnd hiefero gefallen wierdet Vnsere geliebten Kaysserlichen Töchtern auf Irer liebden ersuecchen zuestellest vnd vber antwurtest. Solche zuestellung beruertes gespunen Goldts solle dir jetzo vnd khunfftigelich auf diesen Beuelch vnd gebuerlich Quittungen In deiner kunfftigen Raittung für gut gelegt und passirt werden. Vnd du thuest hierinnen vnsern Willen vnd Maynung. Geben in vnser Statt Wien den 11. October anno im sechzigsten.

Ferdinand.

Ad mand
Erasmus von Bera
Lion Pucher von Weille.

VII.

(Zu Seite 15 Anm.)

Edler Gestrenger Herr, Euch sein mein ganz guetwillig Dienst berait, mir ist diese tage ein schreiben von Euch her zu Insprugg den 29. negstuerschinenes Monats October des Juden golds halben an mich aussgangen mit beger so uill ich desselben In haenden meinen genedigiten Frawen zustellen solle zuekummen. Darauf fueg ich den Herrn zu wissen, das wir nach dem 11. October verschienen 60 Jars von der Röm. kays. Mayestät meines allergnädigisten Herrn durch einen sondern Beuelch auferlegt worden das alles Juden golde so ich in hannden hab oder künfftig einnemen werde Inen kays. Mayestät geliebtesten

kays. Töchtern meinen gnedigsten Frauen zu Insprugg auf
Inen ersuechen vberantwurten soll.

Was Ich aber Irer k. M. darauf für schrifftlichen
bericht vbergeben das holt Ir herr auss abschrifften desselben hieneben nach lennger vnd lauter zuuernemen.
Si der Herrn ist mir weder gold noch anderer Beschaid
verner zuekummen, zu dem waiss Ich kainen handtierun-
den Juden mer in diesem lannde, denn als man Inen vor
etlichen Zaiten aus dem lannde gebotten sein sy in andere
lanndt gezogen und zum taill gestorben, es schwaiffen
gleich woll noch etlich Juden im lande vnndt das ist
Innen allain zu ein Reinigung vnd Richtigmachung Irer
schulden und gegenschulden zugelassen aber alle Handtierung verpotten welches Alles Ich dem Herrn also berichten wollen damit meine gndgst. Frauen dessen auch ein
lautteres Wissen haben mugen, denen Ich mich in diesen
vnd allen anndern gehorsamtlich zu dienen schuldig er-
kene vnd vndthenigst beuelhen thue wie auch zu dem
Herrn nach meinem Vermuegen allen dienstlichen Willen
zu beweisen bereit.

Dat. Wien 13. Nov. 1561.

Dem Edlen gestrengen Ritter Herrn Jacob Kuen von
Geluss (?) Rö. kay. May. Rate vnd denselben geliebtesten
kay. Tochter meinen gndgst. Frauen zu Insprugg Oberster Hofmeister meinen sondern lieben Herrn.

VIII.
(Zu Seite 28.)

Specification

der in Wien sich befindenden priv. Judenfamilien:

Sam. Oppenheimer (Priv. ddto. 2. Juni 1691) für
ihn seine 2 Söhne Emanuel und Wolf O. Tochtermänner
und Enkel (zuerst auf 12 J. dann vom 13. März 1699 auf
20 J. verlängert, *exspirirt* 2. Juni 1723).

Simson Wertheimber (Priv. 29. Aug. 1703) für ihn

und dessen Sohn Wolf W., Tochtermänner und Enkel de dato Frankfurt 5. Januar 1712, exspir. 28. Mai 1735.

Isac Nath. Oppenheimer, geniesst das Priv. des Simson Wertheimber.

Gabriel Eskeles, mährischer Landesrabbiner geniesst auch das Priv. von Simson Wertheimber.

Marx und Meyer Hirschel Priv. de dato 7. April 1727 für sie und den Schwestermann Herz Lehman und den Sohn des Max Hirschel, Hirschel Max, ihre Weiber, Kinder, Bediente (dauerte bis 1736).

Isac Arnsteiner Priv. v. 7. April 1727, exsp. 31. Dec. 1736.

Löw Sinzheim, v. 7. April 1727 sammt Bruder Abrah. S. endigte 31. December 1736.

Wolf Schlesingers Witwe, Zärtel, Priv. v. 18. Mai 1733, auch Marx Löwi Gumperts, Marx Schlesinger und Sohn Moses, Tochtermann Löwi Isac Leyderstorffer, exsp. 17. März 1747.

Abrah. Spitz, Priv. de anno 1717 exsp. 1734.

Samuel Simon russischer Kammeragent, Priv. v. 24. October 1733 ohne termino.

IX.
(Zu Seite 28 1. Anm.)

Jüdische Familien in Wien unter Carl VI.

Wolf Wertheimber — 5 Familien — Wolf W. sammt Kind und Familie, dessen Sohn Samuel W. sammt Weib und Familie, Wolf W's Vetter, Israel Brüll sammt Kinder und Familie, Wolf Nassau sammt Weib, Kind und Familie, Gerson Sussman sammt Weib, Kind und Familie, wohnhaft in den Dizentischen und Spiegelschen Häusern in der obern Bräunerstrasse.

Löb Wertheimber sammt Weib, Kind und Familie im Dizentischen Hause.

Isac Nathan Oppenheimer sammt Kinder und Familie und sein Sohn Nathan O. und sein Weib — 2 Familien — wohnhaft im Greinerschen Hause auf dem alten Bauernmarkt.

Isac Arnsteiner sammt Weib, Kind und Familie im Claudischen Hause, obere Bräunerstrasse.

Bernhard Gabriel Eskeles sammt Weib, Kind und Familie im Claudischen Hause.

Oppenheimers — 4 Familien — Judith O., Witwe des Emanuel O. sammt Familie, die Schwiegertochter Rebecca sammt Familie, der Sohn Samuel O., sein Weib, Kinder und Familie, Herz Löb Manasses sammt Weib, Kinder und Familie. Wohnhaft im Claudischen Hause.

Sinzheims — 4 Familien — Löb S. sammt Weib und Familie, Ruben Philipp Hirschel sammt Weib und Familie. Abraham S., Bruder des Löb sammt Weib, Kinder und Familie im Seutnerischen Hause in der Bräunerstrasse.

Schlesingers — 9 Familien — Zärtel S'. Witwe sammt Familie, Marx S. sammt Weib, Kind und Familie. dessen Söhne Moses S und Hirschel S. sammt Weiber, Kinder und Familien, dessen Schwager Moses Weissweiller sammt Weib, Kind und Familie, Marx Lion Gumpertz sammt Weib, Kind und Familie. Isac Leidesdorfer und dessen zwei Söhne Samuel und Löb sammt Weiber, Kinder und Familien. Wohnhaft im Huttnerischen Hause auf dem alten Bauernmarkt.

Abr. Spitz sammt Familie und dessen Sohn Hirschel — 2 Familien — sammt Weiber, Kinder und Familien im Huttnerischen Hause.

Hirschels — 6 Familien — Marx H. und sein Sohn Hirschel sammt Weiber, Kinder und Familien, Mayer Hirschel, Tochtermann Nathan Berend sammt Weib und Familie, Herz Lehman sein Kind und Familie und dessen Sohn Marx L. sammt Weib, Kind und Familie im Grünerschen Hause.

Samuel Simson russischer Agent sammt Weib, Kind und Familie im Heublischen Hause unter den Tuchlauben.

X.

(Zu S. 30 Anm.)

Juden Jurisdictions Strittigkeit zwischen der hochlöbl. Regierung und Herrn Obrist Hofmarschallen erörterung.

Von der römisch kayserlichen auch zu Hispanien Hungarn und Böhaimb königlich Catholischer May. Ertzhertzog zu Oesterreich vnseres allergnädigsten Herrns wegen durch die NÖ. Regierung Denen von Wien hiemit in gnad anzuzeigen:

Es haben Ihre k. und k. Cath. May. mit gelegenheit der allerhöchst derselben von Ihr Regierung wegen der von dem Herrn Obersten Hofmarschallen an einigen hier sich aufhaltenden Müntz Juden verübten Jurisdictions eingriff aller unterthänigst gethaner Vorstellung unter heundtig Dato allergnädigst resolviret dass 1mo die Jurisdiction über die allhier mit würkhlich privilegien versehenen Juden und deren Ihnen verstatteten Familien dem Herrn Obrist Hoffmarschallen über alle andere anhero kommende frembde Juden aber Ihr NÖ. Regierung gebühren, Solchemnach 2do den Herrn Oberst Hoffmarschall der von Ihm wegen eines wider die Juden Ordtnung gemacht seyn sollende negotii in die Straff und in Arrest gezogene Juden Bodenheimber Ihr Regierung und zwahr im fahl von gemelten Juden eine geldstraff schon eingebracht worden mit solcher straff überliffern. Sye Regierung so dann 3tio die angegebene übertrettung untersuchen vnd darüber dass behörige der Judenordtnung und der Justitz gemäss vorkehren. Nicht weniger 4to den Cosman Levi ingleichen den Juden David Marcus einen jedten mit seinen allhiesigen Creditoren ohnverlangt für sich fordern deren Schulden Sach untersuchen vnd dabey die Justitz dergestalten besorgen soll, damit denenselben im fall Sie nicht bey ein oder andern Privilegirten Juden in Ihre Dienst unter die Ihnen erlaubte Zahl also gleich aufgenohmen werden, der aufenthalt wegen Irer privatschul-

den wider die Judenordtnung ohne von Hoff habender
Concession nicht gestattet sondern selbe mit aufhebung
dess von Ihnen abgelegten Juramentes von hier weggeschaffet oder doch im Fahl 5 to sich äussern solte dass der
Judt Levi oder auch der Bodenheimber durch Ihre in
Reich beschehene Proviant liefferung dem Publico guette
Dienste gelaistet, anbey wegen Ihrer derentwegen noch habenden anforderungen zu Process eines oder beeder gegen-
warth noch auf einige Zeith nothwendig allhier wäre, solches durch einen ex offo bericht bey Hoff angezaigt und
wann einer oder der andere inzwischen ausser dem Arrest
auf eine kurze Zeit zu gedulden wäre solches dem Herrn
Obersten Hoffmarschallen. damit Ihnen der aufenthalt in
einer allhiesigen Juden Wohnung nicht verwehrt werde.
insinuirt werden: Vbrigens 6. zwischen beeden Instanzen
und deren von denselben zu deren Juden Visitirungen
verordneten Comissarien zu Exercirung der Juden ordtnung und Befolgung Ihrer kays. Majestät allerhöchsten
Intention guette ein Verständtnuss gepflogen und die-
jenige frembde Juden. so sich allhier ohne Befuegnuss
aufhalten. oder auch wider die Judenordtnung Ihnen
nicht erlaubte negotia treiben. Ihr Regierung oder deroselben Comissaris also gleich angezaigt, von deroselben
so dann in Arrest gezogen und bestraffet und die ohnbe-
fuegte weggeschaffet, den Judischen Hauss-Vatter aber,
oder wer von denen allhiesigen Juden einen unbefuegten
Juden einig unterschleiff gegeben. oder ohne anzaige eng
Verbottene aufenthalt verstattet, von dem Herrn Obersten
Hoff-Marschallen in eine Justizmässige vnd das Verbrechen nicht übersteigende straff gezogen und im Fahl dis-
fahlss wider vermuethen ein oder anderenseiths Conivirt
wurde, solches Ihrer k. M. zur weithern allerhöchsten re-
mediren also gleich angezaiget. damit aber 7. wegen
deren mit schulden beladenen Judenbedienten ins Künfftige
die Judenordtnung nicht übertretten, dass Recht deren Creditoren auch beobachtet werde. allen privilegirten Juden

13*

allhier von dem Herrn Obristen Hoffmarschallen *per de-creta* bedeutet werden solte, dass denenselben im Fahl ein solcher Bedienter allhier schulden halber belanget wurde, nicht erlaubt seyn solle, selben auss Ihrer Famili und Lista hinweg zu thuen und anstatt dessen einen andern aufzunehmen in so lange dess Sach mit denen Creditoren nicht aussgemacht seyn und also der beklagte ohne widerrechtlichen Präjudiz dessen Creditoren hinwegge-schafft werden könne. Wass weithers 8. die sogenannte Müntz Juden belangte Derentwegen demnächsten eine Zusambentrettung mit der Hoff-Cammer gehalten und da-mit einer seiths dass Müntzwesen wegen Mangel deren Silber lifferanten nicht in Abnahme und Schaden verfah-lete, anderer seiths aber auch unter den Nahmen deren Müntz Juden frembde Juden weder Ihre kayserliche Ma-jestät Intention ohne besonderen Nutzen dero *ærary* und ausser der Nothwendigkeit verstattet werden, dass behö-rige concentriret, dabey insonderheit auch die Restringi-rung deren Cammeral Pässen sowohl respectu deren Per-sohnen alss der Zeith deren hereinlassenden Müntz Juden angetragen und Ihrer k. M. zu weiterer allerhöchster Entschliessung vorgetragen, entzwischen die Jenige, wel-che alss Müntz Juden für sich mit würkblichen unter Ihrer k. M. signatur convobirten Cameral Pässen ver-sehen wären, von dem Herrn Obristen Hoffmarschallen biss auf weitherer allergnädigster Verordtnung geduldet dieselbe aber wie andere frembde Juden unter die Juris-diction der Regierung oder Regierung und Camer angehö-ren und damit selbe sich der Judenordtnung gemäss ver-halten genaue obacht gegeben zu dem Ende auch zwi-schen den Herrn Obrist Hoffmarschallen und Ihr Regie-rung dann denen von Ihnen benannten Comissarien die Erforderliche Guette ein Verständnuss gepflogen wer-den soll.

So Mann Ihnen von Wien hiermit zu Ihrer Nach-richt hat Erinnern wollen. Act. Wien 12. Juni 1731.

Joh. Jac. Oberpauer Exped.

XI.

(Zu Seite 38.)

Wien 23. Juny 1727.

Carl VI. etc.

Hoch und Wolgeborn, Wolgeborne und Gestrenge, Liebe Getreue! Wir haben aus Euerem allerunterthänigsten Bericht vom 19. Mai fortschreitenden Jahres vernommen, was für weitere relationes über die Separirung der Judenwohnungen von denen christlichen Kirchen aus dem Brünner und Znaimer Kreiss bey Euch eingeloffen und was Ihr darauf verordnet habet.

Darzugegen wird Euch das von des Bischofen von Olmütz Cardinalen von Schradtenbach Liebden unterm 6. desselben Monats eingesendete· ausführliche Bericht Schreiben sammt denen *allegatis in originali* dann das darauf von Uns unter heutigen Dato an besagter Cardinals liebden ergehende *Rescriptum in Copia* hiebei comunicieret; Und habet Ihr daraus des mehreren zu ersehen, was für ärgerliche irreverenzien in den christlichen Gottesdienst bei vielerley Orten Unseres Erbmarggrafthums Mähren, bishero von der Judenschaft vorgegangen, woraus dann abzunehmen, wie nöthig es sey eine hinlängliche Remedur *pro futuro* fürzukehren und in der Sache recht genau und scharf zu seyn.

In *specie* aber ist eine grosse und sehr ärgerliche Verwegenheit, dass die Judenschaft zu Neuraussnitz vor einiger Zeit, wie im obgedachten Bericht des Olmützer Bischofs pag. 66 angezeigt wird an dem Passionssontag öffentlich sich unterstanden einen nakenden mit Blut bespritzten Juden zum Spott des Erlösers der Welt auf eine Scheibentruhen um die christlichen Kirchen mit allerhand lästerlichen Reden, Gelächter und anderen Insolenzien zu führen, welches Wir dann keineswegs ohne exemplarische Ahndung hingehen zu lassen gemeint seyn und ist solchemnach Unsor gnädigster Befehl, dass aus

Euerem Mittel der Hoch und Wohlgeborne und gestrenge
Unsere Rathe assesores bey unserem kayserlichen Tribu-
nali in Unserem Erbmarggrafthum Mähren und liebe Getreue Augusti Ferd. Graf v. Herberstein und Ferdinand
Heoch v. Peschitz sich ehestens *ad locum* nachher ge-
dachten Neuraussnitz verfügen, daselbst vorläufig bei
den Pfarrern und anderen davon wissenschaft habenden
Personen über diese begebenheit, denselben Umstände
und Complices auf das beste sich erkundigen, diejenigen
so einen Theil daran haben, bey dem Kopf nehmen und
die Inquisition sowohl wider die *particular complices* jedoch
brevi manu und ohne Weitläufigkeit verfahren, folglich bey
Ihrer Zurückkunft nacher Brün ihre diesfällige gutacht-
liche Relation directe an Uns zu Handen Unserer kaiser-
lich böhmischen Hofkanzley erstatten sollen, welches Ihr
also denenselben zu ihrer gehorsamsten Befolgung zu bedeuten habet.

Weilen nun *pro futuro* es hauptsächlich dahin an-
kommt, dass die Absonderung der Judenschaft von denen
christlichen Kirchen nach dem wohlgefassten Vorschlag
des Olmützer Bischofs und wie es nur *pro tollendi omni
scandalo* am besten und sichersten sein kann, bewirket,
auch alle jüdische irreverenz und Aegernus hinlänglich
abgestellet werde, als wollen wir gnädigst, dass Ihr die
bey Euch vorhandenen Nachrichten mit obigen so von dem
Olmützer Bischofen Eingesendet werden wohl combiniren,
deswegen eine Comission zu welcher auch Jemanden abzu-
schicken der Bischof von Olmütz nach Befund einzuladen
sein wird, zusammensetzen und bey derselben sowohl das
Separations Werk der jüdischen Wohnungen an den
christlichen Kirchen als auch ein Hauptregulament wegen
der jüdischen Insolenzion bei christlichen Begräbnissen,
Processionen, besonders in der Frohnleichnamsoctav, bey
Tragung des Hochwürdigsten zu denen Kranken Item wegen vermischter Wohnung und Haltung jüdischer Kramgewölber in christlichen Häusern, derselben Offenhaltung

an Sonn- und Feyertagen, Schänkung des Brantweines *tempore divinorum*, processional tragung der Jüdischen zehn Gebote durch öffentliche Gassen, wie laut bischöflicher Relation zue Jamnitz pag. 52 beschehen sollte und was deme mehr anhängig ist vollständig ausarbeiten lassen, so dann das Comissionsproject zu Unserer Ersehung in ap- :probation anher Einschicken untereinst auch diejenigen Passus welche *pro separatione* der Judenschaft notwendig und für sich ohne weiteren Anfragen an Uns hinlänglich genug seyed, alsogleich an denen Ortern der Judenschaft -befindlich fürkehren und *ad affectum* setzen und wo auch wie solches verordnet worden dem zu erstatten kommenden Bericht *de loco ad locum* zu setzen, wie Jeglichen der sämtlichen Judenschaft, dass sie bei denen christlichen Begräbnissen, öffentlichen Andachten und Processionen in ihren Häusern zu bleiben, Thür, Fenster und andere Oeffnungen versperrt zu halten an Sonn- und Feiertagen die Kramgewölber nicht zu eröffnen noch Handel zu treiben, viel weniger unter christlichen Gottesdienst Brantwein zu schänken auch sonsten aller Insolentien und Spöttlereyen gegen das Christenthum sich unter Galeren und Leibsstrafen zu enthalten hätten *per curreudam* im Lande publiciren übrigens aber mit obigen Bericht die bischöfliche originalrelation anhero zurücksenden sollet.

Hiernach wird allergehorsamst vollbracht Unser allergnädigster Will und Meinung.

Gegeben in Unser Stadt Wien 23. Juny 1727 Unserer Reiche des Röm. im 16. des span. im 24 und des ungarisch-böhmisch 17.

Carl.　　　　　　　Franc. Ferd. Comes Kinsky.

Ad mand.　　　　　Rie Bæ sup. Canalus

Wilh. Graf v. Kollowrat.

　　　　　　　　　　Joh. Christ. v. Jordan.

XII.

(Zu Seite 40.)

1728. Juden in Schlesien.

In Friedenthal: Es werden keine Juden geduldet.

„ Warttemberg: Seit 1676, 2 in der Stadt, zahlen der Herrschaft 8 Thaler Schutz, dem Erzpriester 4 Thaler, der allgemeinen Capitation 3 fl. 36 kr.

„ Militz: Die Juden wurden abgeschafft.

„ Trachenberg Hatzfeldsantheil: 1 Jude. Brandtweinschänker aus Prossnitz, zahlt keine Steuer.

„ Fürstenthum Liegnitz: Kein Jude.

„ (Herrschaft) Losslau: Keine Juden.

„ „ Oderberg: 1 Jude.

„ Fürstenthum Neuss: Keine Juden.

„ Herrschaft Bielitz: 1 Mautpächter.

„ Fürstenthum Teschen: 4, haben 1 Haus und Kram.

„ „ Münsterberg: wird kein Aufenthalt gestattet.

„ „ Schweidnitz und Jauer: Blos zu Jahrmärkten ist der Aufenthalt gestattet.

„ Fürstenthum Brieg: Kein sesshafter Jude.

„ „ Oels: 1 Zolljude.

„ „ Jägerndorf: 4.

„ Herrschaft Trachtenberg: 1.

„ „ Juliusberg: 1.

„ Burglehe Krolikwitz: Keiner.

„ Fürstenthum Wohlau: Keiner.

„ Stadt Breslau: Keine sesshaften Juden, sie werden nicht geduldet, 20 polnische Juden sind daselbst.

„ Bernstadt: 3.

„ Pless: 1 (seit 1659 sind Juden daselbst).

„ Fürstenthum Grossglogau: 1500 (Priv. von Rudolf II.)

„ „ Oppeln und Ratibor: 149.

„ „ Breslau: 48 (haben eine hebräische Druckerei).

XIII.

(Zu Seite 40.)

Dienstags den 12. Januar 1712, so zur Erinnerung der huldigung von der Judenschafft anberaumt war, sind auf Verlangen derer kayserlichen Herren Commissarien wir beyde Morgens gegen zehen Uhr in das ältere, nehm·lich Herrn Baron von Heuvels Quartier auf den Römerberg in der Ecke neben dem Nicolaus Thurm, worin ein reformirter Handelsmann Nahmens Fuchs, wohnhaft, erschienen, und nachdeme dieser wegen einiger Formalien, so in die vorigen Tage *ad commissionem* gesandten Reformation *Nobilissimi Magistratus* eingeflossen ein Moderation verlangete, so wir aber als eine Sache so in unsseren Mächten nicht stünde, *decliniret*, hat man sich *ad locum* der Huldigung so in dem Zeughauss auf der Zeil wäre, in der Ordnung begeben, dass wir beyde Depp.: Vor aus in einer Stadt Kutsche führen, nachgehends der von Reigersperg, so als *Secretarius* den ayd vorgelesen, in einer besondern mit zweyen die Herren Commissarii aber darauf in der dritten mit 6 Pferden bespannet folgeten.

Nachdeme wir an des Herrn Majors Wohnung unter der bornheimer Pforten angelanget, und die beyde Herren Commissarii samt den Secretario hinauf in ein Zimmer geführet, haben jene ihre eine paar Stund zuvor durch einen Diener beschehene Einladung zur Mittags Mahlzeit in das rothe Hauss wiederhohlet; Wir aber wegen der bey denen noch anwesenden Herren Churfürsten und deren Gesandschaften zu nehmen habenden Beurlaubungs Audienzien Uns nochmahlen bedanket, jedoch auf fernerer Instanz. wenn etwan andere Herren an unsere Stadt deputiret werden werden, dahin wir antragen wollten, zue Erscheinung Hoffnung gemacht.

Als nun demnächst die hierauf geforderte Baumeister, dass alles fertig und die Judenschafft versammelt seye, angezeiget, sind die Herren Commissarii nebst

Ihren Secretario und nachmahlen Wir, in den Hoff hinunter gegangen und auf einen erhabenen Orth, so an einen Fenster auf die Zeil Vorhin erbauet gewesen, und mit Tuch be'änget war, anfänglich gedachte Herren Commissarii forne für die hingesetzten 2 Stühle, nachgehends wir hinter dieselbe, und der Secretarius an die Seite allernechst der Treppen getretten. Herr Baron von Heuvel thate die Proposition ohngefähr dahin, Nachdeme Ihro kaysserliche Mayestät von der Judenschaft die Huldigung ebenfalls einnehmen zu lassen gut befunden, und Ihnen beyden sothane Commission allergnädigst aufgetragen, als solten Sie den Aydt, so ihnen vorgelessen werden würde, anhören, und die Pflichten darauf mit Mund und Hertzen gebührend leisten und abstatten.

Welchem nach von den Secretario erstlichen der in der Cammer Gerichtsordnung enthaltene Juden Aid und darauf die Huldigungsformul. wie solche die Bürgerschaft praestirt, ausser dass *loco Verborum*, getreuste Unterthanen. getreue Knechte, und anstatt. so wahr mir Gott helffe etc. So wahr mir helff Adonai gesetzet war der Judenschafft vorgelesen und von solchen mit bedecktem Kopf, ohne Aufhebung der Finger nachgesprochen worden. Als dieses geschehen, hat Herr von Heuvel noch eine kurtze Rede ohngefehr dahin gehalten. Er werde kayserliche Mayestät dass, Sie, Juden die Huldigungs Pflicht so willig geleistet, anzurühmen wissen, und daferne dieselbe gegen allerhöchst gnädige kayserliche Mayestät und das Römische Reich ihre Treue Gehorsam und Unterthänigkeit versprochener massen in der That bezeugen würden, sollten Sie sich des kayserlichen Schutz und Schirms jederzeit gewiss zu versichern haben etc.

Worauf wir beyde zuerst hinab getretten, durch das neben stehende Thor auf die Zeil zur Kutsche gegangen, demnächst die Herrn Commissarii und der Secretarius gefolget und in der Ordnung als man angekommen, in

Herrn Baron von Heuvels Behaussung zurückgefahren.
Nachdeme Wir allerseits in dessen Zimmer angelanget,
hat derselbe, das *Ampliss. Magistratus* durch Veranstal-
tung dieses Actus Ihro Kayserliche Mayestät die allerunterthänigste *devotion* bezeuget, geruhmet, und gegen
Uns gehabter Mühe halben sich weitläufftig bedanket
Nos haben unsern Missfallen über diesen Actum bezeuget,
insonderheit dass man nicht des Magistrats etc. als der
Juden ordentlicher Obrigkeit mit einem Wort gedacht,
sondern dieselbe nur auf Kayserliche Mayestät und das
Reich wegen leistenden Gehorsams und Unterthänigkeit
gewiesen, insonderheit auch die Juden *in allocutione* jederzeit mit dem Wort Sie. *item* man wollte Ihr Bezeugen
Kayserlicher Mayestät anrühmen, nur hoffärtig gemacht.
und endlich damit geschlossen: Wir bedauerten. dass
Uns die Wahl betroffen hätte, Zeugen zu seyen von einem
so betrübten Actu für E. Hochedlen Magistrat und ge-
sammte Bürgerschafft. bezogen uns nochmalen auf die
gestern übergebene Reservation Dni Commissarii suchten
Uns durch allerley Vorstellungen diese Meynung zu benehmen, bathen nochmals Mittags bei der Mahl Zeit zu erscheinen. *Nos* zweifelten ob wir würden abkommen können,
und nahmen Unseren Abschied, liessen auch kurtz darauf bey nochmaliger Invitation zur Mahlzeit, uns der
Ehre bedanken, und entschuldigten Uns. dass wegen Vie
ler Geschäften es ohnmöglich seye, wolltens vor empfangen annehmen Wobey man es lediglich gelassen und
Dni Commissarii ohne dass jemand von Uns Sie weiter
gesprochen, einige Tage hernach davon gereisset.

H. Sondershausen.
H. Ochss.

XIV.
(Zu Seite 41).

praes. 14/24 April 1685.

Allerdurchlauchtigster. grossmächtigster unüberwind-
lichster römischer Kayser etc.

Allergnädigster Kaiser und Herr.

Nachdem Ew. kayserliche Mayestät auf allerunterthänigstes Anhalten und Bitten der gemeinen Judenschaft in Frankfurt die grosse Gnad gethan und derselben gnädigst verwilligt, dass der aus mildester Concession weyland Kaiser Matthiae glorwürdigsten Gedächtnuss an denen drey Thoren der Judengasse zu ihrem Schutz an geschlagen gewesen und in der anno 1711 entstandenen grausamen Feuersbrunst verbronnene kayserliche Adler mit seiner ehemaligen Umschrifft wiederumb angeschlagen werden solle. So erstatte Ew. kayserliche Mayestät nahmens meiner Principalen ich für diese erzeugte grose Gnade aller unterthänigsten Dank und Bitte gehorsamst die Nöthige Verordnung an dero kayserlichen Reichshoffcanzley ergehen zu lassen damit obgedachte dero mildeste entschliessung und verliehne kayserliche Freyheit besagter Judenschafft und deren Nachkommen zu ewigen Angedenken und Wissenschaft durch die aussfertigung eines kayserlichen Gnadenbrieffs angedeyhen möge.

Ich getröste mich allergnädigst Erhörung und verharre in tiefster Erniedrigung

Ew. K. M. etc.

allerunterthänigster gehorsamster

Emanuel Drach

gemeiner Judenschafft abgeordneter.

XV.

(Zu Seite 41.)

Wir Carl der Sechste (tit. Major) bekennen offentlich mit diessem Brieff und thun kundt allermäniglich, dass unss die gemeine Judenschafft in unsser und dess heiligen Reichs Stadt Frankfurt allerunterthänigst zu vernehmen gegeben, wassgestalten weyl. Unsser Vorfahren am Reich Kaysser Matthias glorwürdigsten Gedächtnuss dersselben die besondere kayserliche gnad gethan und zu deren mehrere schutz, schirm und sicherheit an denen drey Thoren ihrer Gassen den kayserlichen Adler mit

denen dabey geschriebenen Wortten: Römisch kayserliche Mayestät und des heyligen Reichs-
schutz anzuschlag, allergnädigst verwilligt und erlaubt
habe: Und Unss demnach in unterthänigkeit angelangt
und gebetten, dass weilen in dem anno 1711 erlittenen
grossen Brand obgemelte drey thüren mit dem kayserl.
Adler Verbrennung, wir Sie in ansehung und mildester
Beherzigung dass sowohl durch die erste, als die zum
anderen mahle entstandenen grausamen Feuersbrunst
überkomen grossen schadens mit Unseren kayserlichen
Adler zu ihrer schutz, schirm und sicherheit, wiederumb
zu begnaden und die kayserliche Freiheit zu ertheilen
gnädigst geruhet, damit denselben Sie an obgemelte ihre
drey thore jetzt und allezeit so oft es die noth und ihr
schutz und sicherheit erfordert, oder Sie wie obgehörter
Massen geschehen durch Zufälle drumb könne anzuschlagen befugt und berechtigt sein mögeten.

Wenn wir nun gnädigst angesehen solch obbesagter
unter kayserlichen Schutz, Schirm und Verspruch stehenden Judenschafft allerunterthänigste Bitte und anbey betrachtet den grossen Schaden in welche diesselbe durch
obgemelte zwey Feuersbrünste verfallen und dahero Unseres kayserlichen schutzes umb so mehr höchstens be-
dürfftig seyn, damit sie sich vermittelst desselben umb
so ehender erholen und wiederumb auffhelffen können;

So haben Wir demnach mit wohlbedachtem muth,
gutem rath und rechtem Wissen mehrerwähnte Judenschaft die besonders kayserliche Gnade gethan und Freyheit gegeben, thun das auch in Krafft diesses Brieffs auss
kayserlicher macht Vollkomenheit und Verleihen, geben
gönnen und erlauben denselben, dass Sie jetzt und ins
künfftig so offt es die nothdurft erfordert und Sie es zu
ihrer Sicherheit zu seyn erachten Unsern kayserlichen
Adler an die drey Thore ihrer Gassen mit obgemelter
innschrift zu männiglicher wissenschaft, dass Sie unter
Unsserem und des Reiches Schutz stehn mit gebührender

ehrerbiethigkeit anzuschlagen befugt und berechtigt sein
solle ungehindert mänigliches.

Gebiethen darauff allen und jeden Churfürsten *(ad
longum)* ins Reich ernst und vestiglich mit diesem Brieff
und wollen, dass sie obgedachte Judenschafft in Unser
und des heyligen Reichs Stadt sich den auss besonderer
kayserlicher Gnad zu ihrem schutz schirm und sicherheit
verliehenen kayserlichen Adler wan und so oft sie es
nöthig befindet, an die drey thore ihrer gassen anschla-
gen und diesse ihr gnädigst ertheilte kayserliche Freyheit
ruhig geniessen lassen daran nicht hindern, irren noch
bekümmern, alss lieb einem jeden sey Unssere und des
Reichs sichre Ungnad und dazu eine peen nemblichen 20
Mark lothigen Golds zu vermeiden, die ein Jeder, so offt
er freventlich hierwieder thete, Unss halb in Unssern und
dess Reichs Cammer und den andern halben Theil vielbe-
sagter Judenschaft zu bezahlen verfallen sein solle. Mit
urkundt dieses brieffs besiegelt mit Unsseren kayserlichen
anhangenden Insiegel, der geben ist in Unserer. Stadt
Wien den 8. Tag Monaths Januarii nach Christi unseren
lieben Herrn und seeligmachers gnadenreiche geburth in
1722. Unserer Reiche dess Römischen im 11. dess
hispanischen im 19. dess Hungar. und Böheim. aber auch
im 11. Jahre.

XVI.

(Zu Seite 81.)

Um die in Meinen Erblanden so zahlreichen Glieder
der jüdischen Nation dem Staate nützlicher zu machen, als
sie bey den ihnen so sehr beschränkten Nahrungszwei-
gen und auch nicht zugänglich verstatteten und eben
deswegen ihnen überflüssig erschienenen Aufklärungsmit-
teln bisher nicht werden konnten, so wird der erste zu-
trägliche Schritt durch unvermerkte Beseitigung ihrer
Nationalsprache, bey dem einzigen Gottesdienst ausgenommen, mit dem geschehen können: dass sie verhalten

werden, alle ihre Contracte, Verschreibungen. Testamente,
Rechnungen, Handelsbücher, Zeugnisse, kurz alles, was
eine Verbindlichkeit in Gericht oder aussergerichtlichen
Handlungen haben soll, in der gerichtsüblichen Sprache
jedes Landes, bey Strafe der Nullität und Verweigerung
der obrigkeitlichen Assistenz auszufertigen.

Den Anlass und Ursache hierzu mögen vielerley
Fälle geben. wo in Gericht und ausser gerichtlichen Handlungen Verwirrungen entstanden sind, man eigene Dol-
metscher hiezu halten musste und wegen der Verschiedenheit ihrer Sprache durch unverlässige Verdolmetschung
ihnen selbst oft Nachtheil erwachsen seyn mag.

Hiezu wäre ihnen jedoch eine Zeitfrist von 2 oder
3 Jahren, um in der Landessprache den erforderlichen
Unterricht einholen zu können, einzuberaumen, welche
dadurch ungemein befördert würde, wenn hierzu bey den
Hauptsynagogen jeden Landes eine nach der Normalleseart
eingerichtete Schule, unter der Leitung der ohnehin jeden
Landes bestehenden Schuldirection, jedoch ohne mindeste
Beirrung ihres Gottesdienstes und Glaubens eingeführt
werde. Und ich wäre nicht ungeneigt, ihren Kindern
die Frequentirung der schon bestehenden öffentlichen
Schulen nicht allein zu gestatten, sondern wären selbe
auch dazu anzuhalten und wo nöthig die ersten Jahre
und bis zu ihrer etwas vollkommenen Begründung aus
den jüdischen Steuern und von Ehen bestimmten Taxen
etwas zu diesem heilsamen Geschäfte zu verwilligen.

In den Hauptstädten wären die Vermöglicheren
auch nicht von höheren Schulen und dort wo Universitäten sind, von keinem Studio (die Theologie ausgenommen) auszuschliessen; und so wie ihnen hernach gleich
allen andern Unterthanen die Lesung aller nach den
Censursgrundsätzen gestatteten Bücher unbenommen wäre,
so müsste dagegen die Einfuhr ihrer jüdischen Bücher
von auswärts eingestellt und so wie in Böhmen die Auf-
lage ihrer jüdischen Bücher in eigens dazu bestimmten

Buchdruckereien unter der deswegen bestehenden Censur eingeleitet und überall eingerichtet werden.

Damit sie aber auch durch vermehrte und erweiterte Nahrungszweige von dem ihnen so eigenen Wucher und betrügerischen Handel abgeleitet werden; so wäre ihnen:

1. Der Ackerbau, jedoch nur pachtweise besonders von unbearbeiteten und uncultivirten Land, auch cultivirte Grundstücke jedoch nicht unterthäniger Contribuenten auf 20 oder mehrere Jahre gegen dem zu überlassen, dass alle Ackerbauarbeiten auf diesen gepachteten Grundstücken durch jüdische Hände zu geschehen hätten, und wenn sie Christen werden, könnten sie auch das Eigenthum derselben gesetzmässig erwerben.

2. Könnten sie auch Fuhrleute abgeben.

3. Unter den Handwerkern wären sind zu Schustern und Schneidern auch Mauerern, Zimmerleuten und welche sonst zu Führung eines Baues erforderlich sind bis zu Baumeistern und Architekten, wenn sie die Architectur mathematisch erlernt hatten, zuzulassen.

4. Wenn sie zeichnen können, sind sie zu Kunsttischlern und dergl. die Zeichenkunst erforderlichen Gewerben zu gebrauchen, ihnen auch die freien Künste als Mahlerei, Bildhauerei etc. zu erlauben.

5. Da sie erfindsam sind und leicht Compagnien stiften, können ihnen alle Arbeiten, die in Fabriken geschehen müssen, und wozu besondere und kostbare Maschinen erforderlich sind eingestanden: Endlich auch

6. Alle jene Manufacturen, die als freie Arbeiten durch Gesätze erklärt sind als Spinnen, Weben der leinen Waaren, Taffetmacher u. dergl. zu treiben gestattet werden.

Uebrigens sind auch alle jene demütigende und den Geist niederschlagende Zwangsgesätze, die den Juden einen Unterschied der Kleidung und Tracht oder besondere äusserliche Zeichen auflegen, zu beseitigen.

Wie nun diese Meine Absicht nach Unterschied der
Länderverfassung und der für die Juden geeigneten Nah-
rungswege in jedem Land in Ausübung gebracht werden
solle, wird jede Landesstelle unter Leitung der Kanzlei
die gedeihlichsten Mittel anwenden.

Ich versehe mich sowohl zu der Hof- als zu den
Länderstellen, dass sie sich durch minder wichtige Anstände nicht irre machen lassen, im Erheblichen aber mit
Erstattung ihres Gutachtens die weitere Belehrung einholen werden, wie sich dann auch alljährlich über den
Fortgang der Sache, die Berichte aus jedem Lande und
die Vorträge darüber erwarte.

   Wien 13. May 1781.

                                                    Joseph.

An den Grafen Blümegen.

Druckfehler.

Seite 41 von oben Zeile 13, statt Thoren, lies Thore.

„ 45 „ unten Anm. Zeile 2, statt halten, lies hatten.

„ 58 „ oben Zeile 10, statt Resrcsipt, lies Rescript.

„ 81 „ „ „ 14, „ XV lies XVI.

„ 112 „ unten Anm. Zeile 5, statt Apostatie, lies Apostasie.

„ 113 „ oben „ „ 5, „ „ „ „

„ „ „ „ Zeile 21, nach und, lies ehemaligen.

„ 130 „ „ „ 5, „ bis, lies zu.

„ 159 „ „ „ 12, statt as, lies Das.

„ 176 „ „ „ 14, „ Abravanels, lies Abravanel.

„ 181 „ „ „ 6, st. Angelegenheit, l. Angelegenheiten.